THÉATRE CHRÉTIEN

D'ÉDUCATION

PAR

LE R. P. G. LONGHAYE

DE LA COMPAGNIE DE JÉSUS

TRAGÉDIES EN CINQ ACTES ET EN VERS :
JEAN DE LA VALETTE — CONNOR O'NIAL
LES FLAVIUS

COMÉDIES EN UN ACTE ET EN VERS :
LE SOUPER D'AUTEUIL — RICHELIEU HOMME DE LETTRES
A FERNEY

TOURS

ALFRED MAME ET FILS

ÉDITEURS

THÉATRE CHRÉTIEN
D'ÉDUCATION

PROPRIÉTÉ DES ÉDITEURS

THÉATRE CHRÉTIEN

D'ÉDUCATION

PAR

LE R. P. G. LONGHAYE

DE LA COMPAGNIE DE JÉSUS

TRAGÉDIES EN CINQ ACTES ET EN VERS :
JEAN DE LA VALETTE — CONNOR O'NIAL
LES FLAVIUS

COMÉDIES EN UN ACTE ET EN VERS :
LE SOUPER D'AUTEUIL — RICHELIEU HOMME DE LETTRES
A FERNEY

TOURS

ALFRED MAME ET FILS, ÉDITEURS

—

M DCCC LXXIX

AVANT-PROPOS

Le titre que nous donnons à ce recueil ne sera pas une recommandation pour tout le monde; mais il dit seul ce que nous avons fait ou voulu faire. C'eût été peu, à notre sens, d'offrir aux jeunes gens un divertissement honnête : nous avons voulu faire œuvre d'éducation. Nées dans les collèges, ces pièces n'ambitionnent point de sortir des collèges ou autres réunions analogues; mais nous n'avons pas estimé comme plusieurs que nos visées dussent pour cela se borner à une médiocrité décente. Bien au contraire, il nous semble que tout ce qui a l'honneur de servir à l'éducation devrait être parfait, exquis dans la mesure possible, et nous n'excluons pas le théâtre pour sa part modeste, mais sérieuse, de concours. Nous lui demanderions avant tout d'élever bien haut l'idéal de la grandeur morale, en quoi nous mettons sa meilleure utilité. C'est dire que nous le voudrions chrétien, non pas seulement par le choix des sujets, mais surtout par les sentiments qui font sa réelle puissance; chrétien par l'âme, et non par la seule couleur archéologique; chrétien en dehors des excentricités réactionnaires qui vont à supprimer l'art tout simplement. Par suite, nous le voudrions classique, au sens large, au sens généreux du mot, sans superstition pour quelques procédés consacrés mais contestables, unités de temps et de lieu par exemple, division en cinq actes, etc.; mais sans faiblesse aucune pour les préjugés bien autrement funestes que le romantisme a fait prévaloir. L'effet n'est pas le beau, et il importe, en éducation surtout, de satisfaire de concert et selon l'ordre toutes les facultés humaines. L'art n'est donc pas d'étourdir l'imagination par le spectacle ou les surprises, ni de provoquer hâtivement des émotions sans profondeur ni durée. Les incidents ne font pas tout le drame; le large développement des caractères entre dans l'action comme partie intégrante, principale même. Ne faut-il pas, au théâtre comme partout, instruire l'intelligence et lui apprendre l'âme et la vie? Enfin, les négligences de forme ne nous paraîtront jamais une garantie ou un signe d'inspiration, loin de là. Nous pensons que ni la libre allure du sentiment ni la vivacité naturelle du dialogue ne sont inconciliables avec la pureté rigoureuse du style. Nous pensons qu'un certain coloris moderne de bon aloi s'applique de la meilleure grâce du monde sur les lignes sévères de notre grande versification classique. Pour tout dire, nous souffrons de voir des œuvres d'ailleurs belles se condamner à mourir vite parce que la forme manque, c'est-à-dire le soin et le travail.

Voilà quelques-uns des principes qui nous ont guidé. Nous ne les développerons pas, faute de place. Nous ne les avons point énoncés par un besoin d'étalage, mais dans l'espoir d'éveiller peut-être l'attention de quelque bon esprit engagé dans la même carrière. Nous n'ignorons pas du reste que toute œuvre dégénère de son idéal, et nous n'avons pas qualité pour juger dans quelle mesure la nôtre participe à cette commune disgrâce. Le grand point est d'être utile. Quelques-unes de ces pièces ont déjà paru l'être. Dieu veuille leur continuer cette fortune! C'est où va notre ambition.

Le recueil se termine par trois courtes comédies empruntées à l'histoire littéraire. C'est là une veine entre autres; nous sommes loin de prétendre que ce soit l'unique. Mais ce qui nous semble hors de doute, c'est que, dans un répertoire dramatique d'éducation, la comédie est la partie de beaucoup la plus difficile. Nous sommes d'ailleurs convaincus qu'elle a fait tout ce qu'elle peut et doit faire, quand elle a tenu les jeunes esprits dans la saine et lumineuse atmosphère du bon sens.

JEAN DE LA VALETTE

TRAGÉDIE

EN CINQ ACTES ET EN VERS

PERSONNAGES

Jean de la VALETTE, grand maître.
Don JAIME, prieur de Saint-Jean.
Pierre de MONTI, amiral (langue d'Italie).
Jean de la CERDA, commandeur (Castille).
Raoul COPPIER, maréchal (Auvergne).
Constantin CASTRIOT, commandeur (Portugal).
Melchior de ROBLÈS, commandeur (Portugal).
Carlo MANFREDI, chef des milices maltaises.
Rodrigue de la CERDA, volontaire.
Henri de la VALETTE, } pages du grand maître.
Frédéric de TOLÈDE,   }
IBRAHIM, agha des janissaires.

La scène est au Bourg, ancienne capitale de Malte, dans le grand couvent de l'ordre, juin à septembre 1565.

En 1532, Soliman le Magnifique avait inauguré son long règne en enlevant Rhodes aux Hospitaliers de Saint-Jean de Jérusalem. Quarante-trois ans plus tard, il essayait de les chasser de Malte, leur nouvel asile. Plus heureux que le glorieux vaincu Villiers de l'Isle-Adam, Jean de la Valette, avec quelques milliers de soldats et quelques centaines de chevaliers, tint quatre mois en échec toutes les forces ottomanes, jusqu'au jour où la lutte fut décidée en sa faveur par les tardifs secours du lieutenant de Philippe II en Sicile. Ce fut le 8 septembre 1565. En mémoire de cette délivrance, la population maltaise célèbre encore avec une pompe singulière la fête de la Nativité de Notre-Dame.

Le siège a deux phases distinctes. Pendant trente jours, les Turcs s'acharnent contre Saint-Elme, fort détaché qui commandait l'entrée des ports. Saint-Elme forcé après des pertes énormes, la flotte et l'armée de Soliman investissent le Bourg, ancienne capitale de Malte. Trois mois se passent encore en luttes continuelles, et les chevaliers vainqueurs ne conservent que des ruines. Mais, avant de mourir, la Valette jette sur la presqu'île où avait été Saint-Elme les fondements de la capitale nouvelle à laquelle il donnait son nom.

JEAN DE LA VALETTE

ACTE PREMIER

SCÈNE I

LA CERDA, RODRIGUE

LA CERDA

Quoi! toujours lui! toujours don Rodrigue me jette
Comme un amer défi ce nom de la Valette!

RODRIGUE

Comme un défi, mon oncle! Aurais-je dû penser
Que louer le grand maître...

LA CERDA

                Eh bien, c'est m'offenser.
Sachez-le désormais.

RODRIGUE

                Lorsque Malte assiégée,
Avec un noble orgueil autour de lui rangée,
Dans ce chef, après Dieu, met son plus ferme espoir,
Qu'entends-je? la Cerda refuse de le voir!
Même il ne souffre pas que ma bouche le nomme!

LA CERDA

Non, ne me parlez plus, Rodrigue, de cet homme,
Et n'empoisonnez pas avec son souvenir
Un premier entretien qui va si tôt finir.

Vous, qui d'un frère aimé me rendez le visage,
Vous, son unique fils et sa vivante image,
Depuis un mois à peine arrivé parmi nous!...
J'étais absent alors, car déjà, loin de vous,
Sur les rochers perdus où Saint-Elme succombe
L'ordre de la Valette avait marqué ma tombe.

RODRIGUE, à part.

Quels soupçons!

LA CERDA

Aujourd'hui, député sur ce bord
Par les tristes débris qui défendent le fort,
Pour la première fois à vos yeux je me montre.
Je ne dois qu'au hasard cette chère rencontre...

RODRIGUE

Mon oncle!...

LA CERDA

Et des moments si courts, si précieux,
Vous les voulez remplir de ce nom odieux!
Près de ce la Valette, ah! Rodrigue m'oublie,
Et mon tyran jaloux, le fléau de ma vie,
De tous mes intérêts le rival triomphant,
M'a dérobé déjà le cœur de cet enfant!

RODRIGUE

Je n'ai rien oublié. Je me souviens sans cesse
Que mon père, en mourant, vous légua ma jeunesse;
Mais...

LA CERDA

Mais ce noble père, il était chevalier.
Devant un la Valette il n'eût pas su plier.

RODRIGUE

Mon père était chrétien. Devant toute puissance
Inclinant sans rougir l'orgueil de sa naissance,
L'aîné des la Cerda vécut fier et soumis.
Du Ciel où je le vois il maudirait son fils,
Si, flattant vos chagrins, sans raison, sans justice,
De griefs mal connus je me rendais complice.

Quels sont-ils? Je l'ignore et je veux l'ignorer.
Mais j'ai vu la Valette et j'ai dû l'admirer.
C'est mon chef et le vôtre; il est bon, magnanime.
Les vertus du grand maître ont ravi mon estime;
Comblé de ses bienfaits...

LA CERDA

Vous l'aimez?

RODRIGUE

Oui, seigneur.

LA CERDA

Qui? lui! cet intrigant, cet heureux suborneur,
Dont le zèle affecté, le fastueux courage
Naguère de tout l'ordre égara le suffrage
Et conquit un pouvoir... qu'un autre...!

RODRIGUE, à part.

Ah! j'ai compris!

LA CERDA

Non, plus rien entre nous que haine et que mépris.
Enfant, de votre cœur je veux une réponse;
Entre cet homme et moi j'exige qu'il prononce.
Vous l'avez entendu : l'aimer c'est me trahir,
Et qui ne me hait pas doit vouloir le haïr.
Le voulez-vous?

RODRIGUE

Mon Dieu!

LA CERDA

Je le vois qui s'avance.
Voilà votre héros. Moi, je fuis sa présence.
Votre choix est-il fait?

RODRIGUE, essayant de l'arrêter.

Mon oncle, au nom du Ciel!

LA CERDA, le repoussant.

Lâche, demeurez donc.

Il sort.

RODRIGUE

Lâche! Affront trop cruel!
Moi lâche!

Entrent le grand maître et le prieur.

SCÈNE II

LA VALETTE, DON JAIME, RODRIGUE

LA VALETTE

Eh bien, Rodrigue, il est toujours le même,
Il me fuit donc toujours. — Vous l'avez vu, don Jaime ;
Combien, depuis sept ans, sa haine m'a coûté !
Mais pour la vaincre aussi que n'ai-je point tenté !
Vains efforts !

DON JAIME

Monseigneur, Dieu vous faisait connaître
Que de nos volontés il est l'unique maître.
Pour abattre d'un coup cet orgueil obstiné
Savons-nous l'instrument qu'il a prédestiné ?
Peut-être... cet enfant.

RODRIGUE

Moi !

LA VALETTE, à don Jaime.

Le Ciel vous inspire.

A Rodrigue.

Sur l'âme de votre oncle avez-vous quelque empire ?
Vous aime-t-il ?

RODRIGUE

Hélas ! qu'attendez-vous de moi
Lorsque de vous haïr il m'impose la loi ?

DON JAIME

Pourtant c'est une chance.

LA VALETTE

Et mon cœur veut y croire.

A Rodrigue.

De ses ressentiments vous a-t-il fait l'histoire ?

RODRIGUE

Il s'est trahi d'un mot.

LA VALETTE

Malheureux la Cerda !
Quand le commun suffrage entre nous décida,

Il y vit pour ses droits une mortelle injure.
Ni le temps ni mes soins n'ont guéri la blessure.
Car je l'aimais toujours ; à cet amour vainqueur
Toujours je me flattais de regagner son cœur.
Mais non ; traînant partout sa sombre inquiétude,
A me désespérer il a mis son étude ;
Il redoute ma vue, il m'évite en tout lieu.
Pourtant de quel bonheur, — vous le savez, mon Dieu, —
Abdiquant en ses mains cette haute fortune
Que son chagrin jaloux me rend plus importune,
Je recevrais de lui mon poste de combat,
Comme son lieutenant ou son dernier soldat !

DON JAIME

Vous laisseriez tout l'ordre au pouvoir de l'intrigue.
Gardez votre fardeau, seigneur.

LA VALETTE

Au moins, Rodrigue,
Daigne le Ciel par vous en alléger le poids !

RODRIGUE

Que puis-je ?

LA VALETTE

Croyez-en cette secrète voix
Qui d'abord vous gagna tout le cœur du grand maître ;
Dieu même tout à l'heure a parlé par son prêtre.
Fléchissez la Cerda, rendez-le sans retour
Au devoir, à l'honneur, à l'ordre, à mon amour.

RODRIGUE

Ah ! serait-il possible ?

LA VALETTE

Enfant, sur ce rivage
Vous venez des combats chercher l'apprentissage ;
Éprise des vertus qui font l'Hospitalier,
Votre âme par nos vœux brûle de se lier ;
Attendant ce bonheur, vous m'avez par avance
Engagé les serments de votre obéissance.

Eh bien! sauvez votre oncle : à votre ambition
Je ne saurais offrir plus noble mission.
RODRIGUE
J'embrasse avec transport une tâche si chère.
Ainsi Dieu me protège et la Vierge sa mère!
Je tremble cependant.
DON JAIME
Non, vous triompherez.
Le temps vous apprendra sur les cœurs ulcérés
Quelle est d'un cœur aimant l'influence bénie.
A ses pas attaché comme un heureux génie,
Priez, pressez, pleurez, Rodrigue...
LA VALETTE
Oui, désormais,
Quoi qu'il puisse advenir, ne le quittez jamais.
Je veux que de Saint-Elme il reprenne la route;
Suivez-le. Quelque jour vous le vaincrez sans doute...
Mais tout serait perdu s'il pouvait concevoir
Que mon ordre en secret vous en fait un devoir.
RODRIGUE
Oh! comptez...
LA VALETTE
Après Dieu, c'est en vous que j'espère.
Allez donc.

Rodrigue baise la main du grand maître et sort.

SCÈNE III

LA VALETTE, DON JAIME

DON JAIME
Noble enfant!
LA VALETTE
Mais savez-vous, mon père,
Dans quelle extrémité de vertige et d'erreur

Tombe de la Cerda la jalouse fureur?
Sa voix doit appuyer l'ambassade ennemie;
Il vient en plein conseil proposer l'infamie,
L'abandon de Saint-Elme.

DON JAIME

Est-il vrai?

LA VALETTE

J'en suis sûr.
Oui, cette fière élite, au dévouement si pur,
Qui briguait à genoux l'honneur de le défendre,
Qui jurait dans mes mains de ne jamais le rendre,
Après dix-huit assauts en vingt jours repoussés,
Après six mille Turcs à ses pieds renversés,
Lasse de tant de gloire, ou séduite peut-être,
Se croit sacrifiée, accuse le grand maître,
S'irrite, et, désormais refusant tout effort,
Menace hautement de déserter le fort.
J'en avais dès hier la nouvelle secrète.
La révolte aujourd'hui m'envoie un interprète;
De ses vœux insolents don Juan est porteur.
Il s'en fait le complice; en serait-il l'auteur?
 Ainsi de nos calculs l'événement se joue.
J'avais cru tout prévoir, hélas! et, je l'avoue,
Trop sûr de tous les miens, je n'avais pas compté
Sur tant de perfidie ou tant de lâcheté.
Pourquoi suis-je leur chef?

DON JAIME

La douleur vous égare.
Si de quelques soldats l'épouvante s'empare,
Que d'autres, Monseigneur, plus forts et plus soumis,
Tiendront jusqu'à la fin ce qu'ils vous ont promis!
Monti, Coppier, Roblès, Castriot : que de braves,
De l'honneur et des vœux religieux esclaves,
Avec tous les Maltais autour de nous serrés,
Veulent mourir au poste où vous les placerez!

LA VALETTE, avec amertume.

Oui, don Jaime, ils mourront, car tout nous abandonne.
Eh quoi! depuis un mois Hussein nous environne;
Et, pour nous arracher des mains de ce bourreau,
Pas un glaive chrétien n'est sorti du fourreau!
Que font les nations? Quelle crainte les glace?
Ont-elles oublié le sort qui les menace?
Ce Gusman de Tolède, indigne de son nom,
Qui des ports de Sicile entend notre canon,
Que fait-il? Ses lenteurs fatiguent le courage
De deux cents chevaliers qu'il enchaîne au rivage.
Et les troupes que Rome envoie à mon secours
Attendent les vaisseaux qu'il leur promet toujours.
Telle est du vice-roi la prudence timide.
A l'égal de son fils que n'est-il intrépide?

DON JAIME

Et faudra-t-il, seigneur, croire que votre foi
Attend sa délivrance ou d'un peuple ou d'un roi?
 La France, qui jadis nous prêtait son épée,
De ses propres périls tout entière occupée,
S'unit pour maintenir sur le trône ébranlé
De ses lis très chrétiens l'honneur immaculé.
L'empire va croulant. La vieille Germanie
Égare dans l'erreur son orgueilleux génie
Et n'enfante que trouble et que confusion.
Hélas! l'île des saints, l'infidèle Albion,
De ses maîtres divers adorant les caprices,
Entre l'appât de l'or et l'effroi des supplices,
Change, quitte, reprend ses dogmes amoindris.
L'Espagne pour un temps semble sourde à nos cris.
Mais Dieu nous reste encor; notre cause est la sienne.
Dans ce poste avancé de l'Europe chrétienne
Lui-même transporta notre ordre obéissant.
Faut-il une victime aux fureurs du Croissant?
Le Ciel a-t-il voulu que notre humble milice
Donne seule pour tous le sang du sacrifice?

Ne calculons plus rien, soyons fiers de mourir :
Du fond de nos tombeaux la croix va refleurir.

LA VALETTE

Don Jaime, pardonnez un moment de faiblesse.
Vous connaissez mon âme et le trait qui la blesse.
Les périls, l'abandon, ne m'épouvantent pas;
Mais voir la trahison se lever sous mes pas,
Mais me sentir haï par un ingrat que j'aime,
Ah! voilà du pouvoir l'amertume suprême.
La Cerda, qu'as-tu fait?

DON JAIME

Courage! Il reviendra.

LA VALETTE

Mon père, je ne sais si Dieu vous entendra;
Mais j'offre sans murmure à ses lois souveraines
Les larmes de mon cœur et le sang de mes veines.
Qu'il ordonne, et de tout je saurai le bénir.

SCÈNE IV

LES MÊMES, HENRI DE LA VALETTE,
puis LE CONSEIL, puis IBRAHIM

HENRI

Monseigneur, le conseil vient de se réunir.

LA VALETTE

Qu'il entre. Allez, Henri.

Henri introduit le conseil. Entrent Monti, Roblès, Coppier, Castriot, Manfredi, la Cerda, puis les deux pages, Henri et Frédéric de Tolède. Tous restent debout à leurs places.

LA VALETTE

Prions.

Un moment de silence.

DON JAIME, lisant la formule.

Au nom de la très sainte Trinité, frère Jean Parisot de la Valette, maître de l'humble maison de l'Hôpital de Saint-Jean de Jérusalem, donne à tous ici présents pleine et entière liberté de s'exprimer sur les affaires de l'ordre.

On s'assied.

LA VALETTE

Nos adversaires
Ont député vers nous l'agha des janissaires,
Le seigneur Ibrahim. Nous l'allons recevoir.

Sur un signe, Henri va le chercher.

La sagesse et l'honneur nous en font un devoir.

Entre Ibrahim.

IBRAHIM

Chevaliers, voudrez-vous m'écouter sans colère?
Parfois de nos destins tel est l'ordre sévère,
Que des cœurs généreux, dignes de s'admirer,
Vivent pour se haïr et pour se déchirer.
Pour moi, j'apporte ici l'estime et non la haine;
Le Ciel m'en est témoin. — Mais le devoir m'enchaîne,
Et voici du sultan les décrets absolus.
Malte parmi les flots ne promènera plus
La bannière écarlate à la croix argentée,
Des mers de l'Orient si longtemps redoutée.
Malte...

LA VALETTE

Pardon, seigneur; vous oubliez, je crois,
Qu'il faut être vainqueur pour imposer des lois.
Soliman ne l'est point.

IBRAHIM

Mais il va bientôt l'être.
Saint-Elme avant deux jours succombera.

MANFREDI

Peut-être.

LA CERDA

J'affirme que l'agha vous dit vrai.

ROBLÈS
Malheureux!

MONTI

C'est nous trahir.

La Valette impose silence du geste.

IBRAHIM

Eh bien! mon maître est généreux.
Généreux comme lui, son lieutenant m'envoie
Vous ouvrir du salut la plus facile voie;
Car, Saint-Elme réduit, tout le golfe est à nous,
Et le Bourg avant peu tomberait sous nos coups.
Chevaliers, épargnons tant de sang inutile.
Gagnez dès aujourd'hui les ports de la Sicile.
Vos trésors vous suivront.

LA VALETTE
Qu'entends-je?

CASTRIOT
Et notre honneur,
Nous suivra-t-il aussi? Le croyez-vous?

IBRAHIM
Seigneur,
Avec tant de noblesse, ayez plus de mémoire.
Quand votre l'Isle-Adam, trahi par la victoire,
Au même Soliman qui vous parle aujourd'hui
Consentait à se rendre et tout l'ordre avec lui,
Et quand il s'en allait loin de Rhodes conquise
Redemander un poste au chef de votre Église,
De votre vieil honneur ce fidèle héritier
Croyait, même en fuyant, l'emporter tout entier.
Imitez son exemple ou condamnez sa vie.
Je n'ai plus rien à dire et ma tâche est remplie.

LA VALETTE
Nous répondrons...

Ibrahim sort, reconduit par Henri.

SCÈNE V

LE CONSEIL

COPPIER
Pourquoi ces délais superflus?
ROBLÈS
A quoi bon consulter?
MONTI
Nous sommes résolus.
MANFREDI
Malte subira tout plutôt que l'esclavage.
CASTRIOT
L'ordre jusqu'à la mort défendra ce rivage.
MONTI
Oui, nous l'avons juré.
COPPIER
Sur la croix.
LA CERDA
Un moment.
D'autres n'acceptent pas cet aveugle serment.
COPPIER
Et qui donc?
ROBLÈS
Est-ce vous qui songez à vous rendre?
LA CERDA
Avant de m'attaquer, Roblès, il faut m'entendre.
LA VALETTE
Mes frères, calmez-vous. Le député du fort
Nous fera, je le sais, un affligeant rapport.
Mais nous l'écouterons; l'équité le commande.
LA CERDA
Ah! je suis prévenu; l'on connaît ma demande,
Et déjà, par avance, on daigne s'affliger! —

Mais tandis qu'on déploie, à l'abri du danger,
Des vertus de parade et qui ne coûtent guères,
Sait-on dans quel abîme on a jeté des frères?
A-t-on vu ces combats du jour et de la nuit,
Ces efforts prolongés sans espoir et sans fruit,
Qui de quelques héros épuisent la vaillance
Et désolent enfin leur longue patience?
Saint-Elme, on vous l'a dit, touche à l'extrémité.
Non, Saint-Elme n'est plus : voilà la vérité.
Tous ses murs sont détruits, broyés, réduits en poudre.
Sur ce rocher sanglant qu'a sillonné la foudre,
Il n'est plus de défense, il n'est plus de remparts,
Plus de canons, plus rien que des débris épars,
Hélas! à peine assez pour couvrir notre tombe!
Et pour qui mourons-nous? A qui cette hécatombe?
De tant de sang versé quel est le digne prix?
Quelques heures de plus posséder ces débris,
Attacher à son nom cette gloire frivole,
Voilà, voilà l'honneur auquel on nous immole.

LA VALETTE

Dieu juste!

MONTI

C'est indigne!

LA CERDA

Oh! ne murmurez pas.
Je ne dis plus qu'un mot. Pour d'utiles combats
Je vous adjure ici de conserver encore
Les soixante mourants dont la voix vous implore...
Vous refusez?... Demain ils auront péri tous,
Et leur sang prodigué retombera sur vous.

LA VALETTE

Injustement blessé par tant de violence,
Le grand maître a le droit de garder le silence.
D'autres vous répondront.

MONTI

Oui, certes!

CASTRIOT

       Mais d'abord,
Qui représentez-vous? Les commandants du fort
Vous ont-ils, en leur nom, dicté cette demande?

ROBLÈS

Oui, qui faiblit d'entre eux?

COPPIER

     Serait-ce Lamirande?
Serait-ce Guimeran?

DON JAIME

   Ou le brave Bridiers?

MANFREDI

Serait-ce Négrepont, la fleur des chevaliers?

LA CERDA

Quand soixante guerriers vous parlent par ma bouche,
Qu'importe de ceux-là le désespoir farouche?

DON JAIME

Ah! j'y comptais, ceux-là n'ont pas failli du moins.

CASTRIOT

Recueillez cet aveu.

COPPIER

   Nous en sommes témoins.

CASTRIOT

Pour moi, trois jours passés, j'ai vu la forteresse
Et de ses défenseurs l'héroïque détresse;
Mais du sol tourmenté par d'incessants travaux
S'élevaient d'autres murs et des remparts nouveaux,
Et Bridiers me disait : « Nous mourrons à la tâche.
Quand l'ouragan de feu, qui nous bat sans relâche,
Une dernière fois aura ruiné tout,
La mort sur ces débris nous trouvera debout,
Et nous ferons encor, vivante citadelle,
Une dernière fois reculer l'infidèle. »
Ainsi parle un héros.

LA CERDA

   Un héros, commandeur,

Ne prend point pour vaillance une stérile ardeur;
Un héros...
ROBLÈS
Mais enfin, qu'appelez-vous stérile?
COPPIER
De Saint-Elme à vos yeux la gloire est inutile?
MANFREDI
Quoi! vous comptez pour rien plus de vingt jours gagnés,
Plus de vingt jours de siège au Grand Bourg épargnés;
Dix-huit assauts perdus et six mille cadavres
Couchés sous notre terre ou flottant dans nos havres;
Le superbe Hussein, trompé dans son orgueil,
Mesurant aujourd'hui, plein de rage et de deuil,
Ce qu'il faudra de sang pour payer notre perte;
La mer à nos vaisseaux restée encore ouverte;
Des moments précieux donnés au vice-roi,
Sa flotte rassemblée...!
LA CERDA
En croyez-vous sa foi?
Tolède vous oublie, il vous trahit sans doute.
FRÉDÉRIC
Mon père!
LA VALETTE
Songez-vous que son fils vous écoute?
Il parle à l'oreille de Frédéric, qui se retire.
DON JAIME
Et si personne enfin ne vient nous secourir,
Quand, vaincus et trahis, nous n'aurions qu'à périr,
La mort des saints de Dieu n'est jamais inféconde,
Et le sang des martyrs fait la rançon du monde.
LA CERDA
De ceux qui m'envoyaient on veut donc le trépas.
Soit. — Mais que ferez-vous s'ils n'obéissent pas?
LA VALETTE, se levant.
S'ils n'obéissent pas! — C'est trop. Je vais moi-même
Opposer aux mutins l'autorité suprême,

Et s'ils osent alors méconnaître mon droit,
Qu'un grand maître égorgé soit leur dernier exploit.
Je pars. Venez, Monti.

Entre Henri.

SCÈNE VI

LES MÊMES, HENRI

HENRI

Monseigneur, une lettre.

LA VALETTE

De Saint-Elme! Ah! voyons.

LA CERDA, à part.

Que dois-je m'en promettre?

CASTRIOT, bas, à Roblès.

Le grand maître a pâli.

ROBLÈS, bas, à Castriot.

Serait-ce?...

LA VALETTE, après avoir lu.

Gloire à Dieu!

Il passe la lettre à don Jaime.

Lisez, mon père.

DON JAIME, lisant.

Il n'y a plus de rebelles à Saint-Elme; tous nos chevaliers sont prêts à combattre; l'auteur de la révolte n'est plus dans le fort.

LA CERDA, à part.

Ah! Ciel!

CASTRIOT, bas, à Roblès.

Non, il est dans ce lieu.

DON JAIME

Béni soit le message et celui qui l'envoie!

LA VALETTE

Mais de quel prix, hélas! payons-nous cette joie!
Continuez, don Jaime.

DON JAIME, lisant.

*Ce matin même, l'infidèle nous donna une fausse alerte.
Par un reste d'honneur, tous avaient couru à leurs postes.
Tout d'abord, un coup mortel atteint le brave Bridiers
de la Gardampe. On s'empresse autour de lui. Mais il
nous repousse doucement : « Songez à l'ennemi, nous
dit-il : je n'ai plus qu'à mourir. » — Et nous le vîmes se
traîner tout sanglant vers la chapelle du château.*

ROBLÈS

Il est mort?

LA VALETTE

Écoutez.

DON JAIME, lisant.

*Après le combat, nous y courons. Le héros respirait
encore; il était devant l'autel, son sang avait rougi le pavé
du sanctuaire. Bientôt tous furent réunis autour de lui,
car tous le vénéraient comme leur modèle. Il souleva sa
main mourante, et montrant le crucifix : « Obéissez
comme votre maître, » murmura-t-il, et il expira.*

CASTRIOT

En martyr.

DON JAIME, lisant.

Dès lors tous étaient fidèles. Tous m'ont supplié d'implorer pour eux le pardon du grand maître et de l'assurer de leur obéissance. — BAILLY DE NÉGREPONT.

Ainsi Dieu change les volontés.

HENRI, à la Valette.

Monseigneur, sur un bruit qui vient de se répandre
Que des voix à Saint-Elme ont parlé de se rendre,
Nombre de chevaliers, accourus près de vous,
Sollicitent l'honneur d'embrasser vos genoux.
Ils voudraient dans le fort...

LA VALETTE
                    Dites-leur la nouvelle.
Que pour d'autres périls ils gardent tout leur zèle.
                    HENRI
Et moi-même, seigneur, ne puis-je l'obtenir?
Toujours loin des hasards veut-on me retenir?
                    LA VALETTE
Vous, aller à Saint-Elme, Henri!
                    HENRI
                         Qu'on me permette
D'honorer à mon tour le nom de la Valette.
                    ROBLÈS
Enfant, qu'y feriez-vous?
                    CASTRIOT
                    Nous plutôt, nous irons.
        HENRI, aux pieds du grand maître.
Monseigneur!
    LA VALETTE, après un moment d'hésitation.
            Eh bien! soit : gagnez vos éperons.
En voyant le grand maître exposer votre vie,
Mes frères jugeront si je les sacrifie,
Et si Dieu vous appelle, heureux dans ma douleur,
J'aurai donné du sang pour le mêler au leur.
Marchez donc au péril, et peut-être au martyre.
                         A la Cerda.
Quant à vous, commandeur, je n'ai rien à vous dire :
Votre devoir est simple; allez vous y ranger.
                         A Henri.
Qu'on ramène Ibrahim.
            Henri sort. Tous reprennent leurs places.
            LA CERDA, à part.
        Que d'affronts à venger!

SCÈNE VII

LES MÊMES, IBRAHIM

LA VALETTE

Ibrahim, écoutez... Si le poste où nous sommes
Venait de notre choix ou de la main des hommes,
Avant de perdre cœur et de le déserter,
Tout au moins aurions-nous l'honneur à consulter.
Mais le chef des chrétiens, le successeur de Pierre,
A Malte au nom du Ciel a mis notre bannière,
Et, moi vivant, j'en prends à témoin mes soldats,
Vers de nouveaux exils elle ne fuira pas.
Aux tentes du pacha l'on va vous reconduire.
Vous avez ma réponse; à vous de l'en instruire.
Le conseil est levé.

Il sort, et tous après lui. Pendant ce temps, la Cerda attire Ibrahim dans un coin du théâtre.

LA CERDA

Si vous le voulez bien,
Ménageons-nous, seigneur, un moment d'entretien.

ACTE DEUXIÈME

SCÈNE I
DON JAIME, MONTI

DON JAIME
C'en est donc fait, Monti ?
MONTI
Trop fatale journée !
Saint-Elme est pris, don Jaime, et Malte consternée
Pleure tant de héros que lui ravit la mort.
DON JAIME
Eux du moins sont heureux.
MONTI
Je ne plains pas leur sort,
Je l'envie; et pourtant je sens venir des larmes.
Guimeran..., Négrepont..., mes vieux compagnons d'armes,
Expirant loin de moi, sanglants, percés de coups !...
DON JAIME
Leur trépas est-il sûr ?
MONTI
Don Jaime, en doutez-vous ?
Eux, ces deux braves cœurs, accepter de se rendre !
Croyez qu'à cette honte ils n'ont point pu descendre.

Je vous dis qu'ils sont morts, puisque Saint-Elme est pris.
Je les connais.
DON JAIME
D'ailleurs n'en a-t-on rien appris?
MONTI
Rien, mon père. Et qui donc eût porté le message?
Nous avons de nos yeux le cruel témoignage,
Rien de plus. Comme nous, vous avez pu tout voir.
DON JAIME
Dans le grand hôpital retenu jusqu'au soir,
J'ai de quelques blessés béni l'heure suprême,
Et je les quitte.
MONTI
Eh bien, louez-en Dieu, don Jaime :
Il vous a d'un supplice épargné votre part.
Pour nous, durant ce temps, debout sur le rempart,
De ce combat lointain spectateurs immobiles,
Muets et refoulant nos transports inutiles,
De l'espoir à l'effroi nous passions tour à tour,
Et cette amère angoisse a duré tout un jour.
Dès le soleil levé, d'un fracas de tonnerre,
Les canons ennemis faisaient trembler la terre.
Saint-Elme, enveloppé de flottants tourbillons,
Où mille jets de flamme ouvraient d'ardents sillons,
Nous semblait un vaisseau disparu dans l'orage.
Quelquefois, si la brise écartait le nuage,
Si la lutte, un moment, suspendait ses fureurs,
Sur le mât des signaux, dominant tant d'horreurs,
A nos yeux consolés, comme un rayon d'aurore,
La blanche croix de Malte apparaissait encore.
Mais la trêve était courte : un nuage nouveau
Effaçait les couleurs de notre saint drapeau,
Et l'espoir dans les cœurs s'éclipsait avec elles...
Concevez-vous le poids de ces heures cruelles?
Attendre, rester là, ne pouvoir secourir
Des frères, des héros que nous sentions mourir,

Nous consumer en vain de rage et d'impuissance!...
Qu'exigiez-vous, grand Dieu, de notre obéissance,
Et quel supplice affreux n'eût pas été plus doux?
DON JAIME
Que faisait le grand maître?
MONTI
      Il était parmi nous.
Cachant sous un front calme une angoisse infinie,
Des héros de Saint-Elme il suivait l'agonie;
Mais dix fois supplié d'envoyer un secours,
Son austère sagesse a refusé toujours.
DON JAIME
Hélas! il jugeait bien qu'un vain éclat d'audace,
Loin de sauver le fort, pouvait perdre la place.
MONTI
Vous dites vrai. — Le terme approchait cependant.
A l'heure où le soleil pencha vers l'Occident,
De moins sanglants reflets nos côtes se teignirent;
Tous les feux ralentis par degrés s'éteignirent;
Le silence régna, puis de longs cris confus,
Puis le silence encor... Saint-Elme n'était plus;
Et déjà l'infidèle, affirmant sa conquête,
Arborait sur le cap l'étendard du Prophète.
Heureux alors les yeux que fermait le trépas!
DON JAIME, après un silence.
Dieu l'a voulu, Monti; ne nous en plaignons pas.
Et voyez : au désastre il mêle une victoire;
Le crime d'un moment disparaît dans la gloire;
Les rebelles d'hier sont martyrs aujourd'hui.
Tous jusqu'à la Cerda...
MONTI
      Que parlez-vous de lui?
DON JAIME
N'est-il pas mort?
MONTI
     Il vit, plus que jamais coupable.
Vous l'ignoriez?

DON JAIME
Mais oui.

MONTI
Qui l'en croyait capable?
Qui jamais eût pensé que ce provocateur
Finirait comme un lâche et comme un déserteur?
Il a fui de Saint-Elme.

DON JAIME
O honte!

MONTI
Et par la ville
Il se montre aujourd'hui, le front haut, l'œil tranquille.
De nos plus saintes lois bravant l'autorité,
Il jouit de son crime et de l'impunité.

DON JAIME
Mais le grand maître?...

MONTI
Hélas!

DON JAIME
Amiral, qu'est-ce à dire?

MONTI
Mon père, entendez-moi. Je l'aime, je l'admire;
Mais il a des vertus que je m'explique mal.
Prodigue de bontés pour un ancien rival,
De ce cœur endurci croit-il fléchir la haine?

DON JAIME
Il se peut.

MONTI
Eh bien! non : son espérance est vaine;
L'épreuve doit suffire à l'en désabuser.
Après sept ans!

DON JAIME
Monti, craignez de l'accuser.

MONTI
Je ne l'accuse pas; j'invoque sa justice.
Qu'il consente à punir le traître... et le complice.

DON JAIME

Le complice?

MONTI

Oui, Rodrigue.

DON JAIME

Un enfant! Qu'a-t-il fait?

MONTI

Il a de la Cerda partagé le forfait,
Malheureux que l'exemple entraîne dans la honte.

DON JAIME

N'en croyez point, de grâce, une chaleur trop prompte.
Je connais cet enfant.

MONTI

Je le connais aussi ;
Mais il avait un poste, et je le vois ici.
Le grand maître à Saint-Elme avait marqué sa place :
Pourquoi du déserteur a-t-il suivi la trace?

DON JAIME

De sa conduite un jour vous saurez la raison.

MONTI

A mes yeux, sa conduite est une trahison.

DON JAIME

Je l'affirme innocent.

MONTI

J'entends peu ce mystère,
Et pour son oncle au moins, je prétends...

Entre Henri de la Valette en costume de janissaire. Il court dans les bras de don Jaime.

SCÈNE II

DON JAIME, MONTI, HENRI

HENRI

Ah! mon père!

DON JAIME

Que vois-je? Henri!

HENRI

Lui-même.

MONTI

Henri nous est rendu!

DON JAIME

A cette joie, ô Dieu! me serais-je attendu?
C'est vous, enfant?

HENRI

C'est moi vivant, sauvé du glaive.

MONTI

Quel prodige!

HENRI

Amiral, je crois sortir d'un rêve.

En disant ces mots, il porte la main à son front, et, rencontrant le turban qu'il porte, il l'arrache.

Ah! profanes atours que j'avais oubliés,
Signes du mécréant, que je vous foule aux pieds!

DON JAIME

Le grand maître sait-il?...

HENRI

Ici je vais l'attendre.
Du maréchal d'Auvergne il aura pu l'entendre.

MONTI

On vient à nous.

DON JAIME

C'est lui.

SCÈNE III

LES MÊMES, LA VALETTE

HENRI, *courant au-devant du grand maître.*
Monseigneur!
LA VALETTE
Arrêtez.
J'ignore quel accueil, Henri, vous méritez.
MONTI
Comment?
LA VALETTE
De ma tendresse êtes-vous encor digne?
Tiendrai-je ce retour pour un miracle insigne?
Dois-je avec pleine joie en bénir le Seigneur?
Ou l'auriez-vous, hélas! payé de votre honneur?
HENRI
Ce retour... mon honneur... que dites-vous? — Mon père,
Don Jaime, attendiez-vous ce langage sévère?...
Moi, payer!... — Monseigneur, je ne vous comprends pas.
LA VALETTE
Hier, vous imploriez votre part des combats.
Je fis céder ma crainte à cette noble envie,
Aux hasards d'un assaut j'exposai votre vie;
Et quand vos compagnons, dans la gloire endormis,
Ont péri tous au poste où je les avais mis,
Seul vous manquez la palme acquise à leur vaillance!
Faut-il que je l'impute à quelque défaillance?
Avez-vous fui la lutte, oublié le devoir?
Répondez : votre chef a droit de le savoir.
DON JAIME
Vous ne le croyez pas.
MONTI
Épargnez son jeune âge.

HENRI

Ah! mon oncle et seigneur accuse mon courage!
Si ce doute cruel m'attendait au retour,
Deviez-vous, ô mon Dieu, me conserver le jour?
Reprenez cette vie au péril arrachée,
Et rendez-moi la mort que j'ai si bien cherchée.

MONTI

Vous l'entendez.

DON JAIME

Pourquoi ces pénibles soupçons?

HENRI, à la Valette.

Estimez-vous si peu le fruit de vos leçons?
Estimez-vous si peu votre sang, votre race?
Moi du fer ennemi redouter la menace!...
Hélas! pour le convaincre où chercher des témoins?
Qui m'a vu? Qui le sait? — Vous le savez du moins,
Ames de nos héros, légion fortunée,
Mais sans moi triomphante et sans moi couronnée,
Martyrs qui de Saint-Elme êtes montés aux cieux!
J'ai marché dans vos rangs, j'ai lutté sous vos yeux.
Parlez : si ce n'est vous, qui prendra ma défense?
Vous qui la connaissez, vengez mon innocence,
Vengez d'un doute affreux mon honneur assailli,
Dites à monseigneur que je n'ai point failli;
Dites-lui qu'au martyre empressé de vous suivre,
Intrépide et surtout craignant de vous survivre,
Aux plus funestes coups je brûlais de m'offrir;
Dites-lui que j'avais mérité de mourir.

DON JAIME

Croyez-en sa parole.

MONTI

Henri n'est point parjure.

LA VALETTE

Viens donc, viens dans mes bras. Si je t'ai fait injure,
Pardonne, pauvre enfant, cet instant de rigueur.
Non, je n'ai point douté de mon sang, de ton cœur;

Mais Henri doit savoir que, malgré ma tendresse,
J'aimerais mieux pour lui la mort qu'une faiblesse.

DON JAIME

Et le Ciel vous le rend digne de votre amour
Pour embellir la fin d'un aussi triste jour.

LA VALETTE

Mais qui vous a sauvé? Contez-nous ce miracle.

MONTI

Vous seul de la défaite avez eu le spectacle :
Vous avez vu combattre et tomber nos héros.

DON JAIME, le faisant asseoir.

Il est blessé, Monti; laissons-lui du repos.

HENRI

Oui, mille souvenirs de douleur et de gloire
Comme un songe confus flottent dans ma mémoire;
Sous tant d'émotions je la sens défaillir.
Accordez-moi le temps de les mieux recueillir.
De Saint-Elme demain je vous dirai la chute,
Du moins ce que j'ai vu; car, au fort de la lutte,
Un effroyable coup m'a soudain renversé.
J'ignore depuis lors tout ce qui s'est passé.

DON JAIME

Pauvre Henri!

HENRI

De mes sens quand je repris l'usage,
Mes yeux ont d'Ibrahim rencontré le visage.

LA VALETTE

Ibrahim, dites-vous?

HENRI

C'est à lui que je dois
L'espoir d'aller combattre une seconde fois.

MONTI

Ce janissaire altier qui naguère, ici même...

HENRI

Oui...

DON JAIME

Noble cœur!

HENRI

C'est lui qui m'a sauvé, don Jaime.

LA VALETTE

Et comment?

HENRI

Dieu le sait. — Quand mon œil s'est rouvert.
De ce déguisement je me suis vu couvert.
J'étais sous une tente. Assis près de ma couche,
Immobile, attentif et le doigt sur la bouche,
Ibrahim vers mon front se penchait à demi.
« Vous êtes, me dit-il, dans les mains d'un ami. »
Puis son geste aussitôt m'ordonna le silence.
J'obéis; mais, tout bas, au Dieu qui récompense
J'ai d'un rayon du ciel demandé la faveur
Pour ce noble infidèle, aujourd'hui mon sauveur.

LA VALETTE

Il la mérite.

DON JAIME

Et vous, l'aurez-vous obtenue?

HENRI

Plaise à Dieu! — Cependant l'ombre était revenue;
Mes forces renaissaient. Appuyé sur sa main,
De la ville à pas lents je repris le chemin.
Ma fuite s'acheva sans rencontre funeste,
Et je vous vois. Demain vous connaîtrez le reste.

LA VALETTE

Cherchez donc le repos dont vous avez besoin.
Vous êtes épuisé.

DON JAIME

J'en prends sur moi le soin.

Il sort avec Henri.

SCÈNE IV

LA VALETTE, MONTI

LA VALETTE
Eh bien, brave amiral, à vos ardeurs guerrières
Je n'opposerai plus d'odieuses barrières.
C'est notre tour.

MONTI
Demain nous serons assiégés.
Les pesants galions, sur deux lignes rangés,
Déjà malgré la nuit, la houle et la rafale,
Commencent vers le Bourg leur marche triomphale.

LA VALETTE
Saint-Elme a résisté trente jours, et j'entends
Que le Bourg à forcer leur coûte plus de temps.

MONTI
Et rien du vice-roi ?

LA VALETTE
Non, rien que des paroles.
Qu'ai-je affaire pourtant de promesses frivoles ?
Un chevalier de plus vaudrait tous les discours
Que Salvago m'apporte au péril de ses jours.

MONTI
Intrépide marin ! pour un pareil message
Voilà dix fois déjà qu'il tente le passage.

LA VALETTE
Il ne le fera plus, amiral, pour si peu.
Lisez plutôt.

Il lui donne une lettre. — Entre Rodrigue, une flèche à la main.

SCÈNE V

LA VALETTE, MONTI, RODRIGUE

LA VALETTE
Rodrigue à cette heure, en ce lieu!
RODRIGUE
Rodrigue devant vous redoutait de paraître :
Il est si malheureux, si coupable peut-être!
Mais voyez.
Il lui présente la flèche, à laquelle est attaché un billet.
LA VALETTE, *le prenant à part.*
Qu'est-ce à dire, enfant?
RODRIGUE
Sur le pavé
Ce carreau d'arbalète à mes pieds s'est trouvé.
LA VALETTE
Un billet! sous mon nom!
RODRIGUE
Par cette étrange voie
Peut-être est-ce un avis que le Ciel vous envoie.
LA VALETTE, *après avoir lu.*
Dieu!... la Cerda!
RODRIGUE
Mon oncle! On vous parle de lui?
LA VALETTE
Hélas! — Mais dites-moi, qu'a-t-il fait aujourd'hui?
Vous le savez?
RODRIGUE
Moi? non : j'évite sa rencontre.
Et comment à ses yeux vouloir que je me montre,
Après que, cette nuit, dans son crime entraîné...? —
Monseigneur, Monseigneur, m'avez-vous condamné?

LA VALETTE

Vous!

RODRIGUE

J'ai fui de Saint-Elme. O remords qui m'accable!
Mais non : j'hésite encore à me juger coupable.
Ne m'aviez-vous pas dit : « Rodrigue, désormais,
Quoi qu'il puisse advenir, ne le quittez jamais? »
Rester c'était faillir à vos vœux, à ma tâche...
Mais déserter, mais fuir, n'était-ce point d'un lâche?
L'honneur est-il sauvé? L'honneur est-il trahi?
Qui suis-je et qu'ai-je fait?

LA VALETTE, avec empire.

Vous m'avez obéi.

RODRIGUE, baisant la main du grand maître.

Merci!

LA VALETTE

Plus que jamais vous avez mon estime.
D'un devoir sans éclat généreuse victime,
Vous l'avez préféré même à l'honneur humain.
Suivez donc jusqu'au bout votre austère chemin.
Pour sauver le coupable, ayez part à sa honte,
Et gardez mon secret. Dieu vous en tiendra compte.
Allez.

RODRIGUE

Et ce billet?

LA VALETTE

Je dois vous le cacher.
Mais courage!

A Monti qui s'est écarté pour favoriser leur entretien.

Amiral, vous pouvez approcher.

Rodrigue sort.

SCÈNE VI

LA VALETTE, MONTI

LA VALETTE

Pardonnez, noble ami, cette ombre de mystère.
Voyez donc.
Il lui présente le billet apporté par Rodrigue.

MONTI, lisant.

Veillez. La Cerda vous trahit — LASCARIS.

LA VALETTE

Est-ce un piège? Un avis salutaire?
Veut-on nous éclairer? Veut-on nous désunir?

MONTI

Monseigneur, disons tout. Vous tremblez de punir.

LA VALETTE

Mais, amiral...

MONTI

Un piège! A quoi bon nous le tendre?
Quel profit son auteur en pouvait-il attendre?
L'homme que par ces mots on livre à nos soupçons
N'a plus d'honneur à perdre, et nous le connaissons.
Non, vous n'en doutez pas, l'avis est véritable.

LA VALETTE

D'un si lâche attentat l'estimez-vous capable?

MONTI

L'orgueil l'a fait jaloux, rebelle, déserteur :
Des crimes les plus bas il peut le faire auteur.
Quand ce tyran superbe est entré dans une âme,
Lui-même la châtie en la rendant infâme.
J'en appelle au grand maître : il le sait comme moi.

LA VALETTE

D'un obscur délateur en croirons-nous la foi?
Quel est ce Lascaris?

MONTI

Je l'ignore. Eh! qu'importe?
Si l'indice est confus, la vraisemblance est forte.
Si le crime incertain vous touche faiblement,
D'autres, bien avérés, veulent un châtiment.
Contre le déserteur je demande justice.

LA VALETTE

Ah!

MONTI

Nous avons des lois. Eh bien! qu'il les subisse,
Et qu'il n'étale plus devant l'ordre irrité
Le scandale insolent de son impunité.
Monseigneur, il le faut.

LA VALETTE

Voulez-vous me contraindre?
Vous m'accablez, Monti, quand il faudrait me plaindre.

MONTI

Excusez un ami qui vous presse à regret.
Au fond de la pitié qui suspend votre arrêt
J'entrevois d'un grand cœur l'héroïque scrupule;
Mais un loyal soldat jamais ne dissimule,
Et je crains...

LA VALETTE

Parlez donc.

MONTI

J'ose le déclarer,
L'ordre de vos lenteurs commence à murmurer.
Le péril est pressant et l'heure solennelle.
Quand tous nos chevaliers, bouillant du même zèle,
S'apprêtent à mourir à la face de Dieu
Pour l'honneur de l'Église et pour leur triple vœu;
Un chef, un commandeur, avec pleine licence
Du moine et du soldat rompra l'obéissance,
Des droits les plus sacrés hardi violateur,
Intrigant, factieux, rebelle, déserteur!
Il sera criminel, il sera sacrilège!

Quel est-il donc, cet homme, et par quel privilège
Devient-il en deux jours coupable tant de fois?
Quel charme l'a rendu plus puissant que les lois?
Craint-on d'envenimer sa longue jalousie?
Craint-on que son délire ou son hypocrisie,
Imputant à vengeance une juste rigueur,
N'accusent...?

LA VALETTE

Brisons là, de grâce, et de mon cœur
Laissez-moi pour un temps vous cacher la blessure.

MONTI

Monseigneur...

LA VALETTE

Toutefois que l'ordre se rassure.
Au maintien de ses lois j'ai juré de pourvoir,
Et vous me rappelez mon douloureux devoir.
Cherchez donc la Cerda : je veux qu'on l'emprisonne.
Vous-même assurez-vous, Monti, de sa personne.

MONTI

J'y vais.

Il sort.

LA VALETTE, seul.

Dieu! jusque-là fallait-il en venir?
Moi qui veux le gagner, devrai-je le punir?

ACTE TROISIÈME

SCÈNE I

RODRIGUE, HENRI, FRÉDÉRIC.
Frédéric, à une table, écrivant.

RODRIGUE, entrant.
Le grand maître est absent?
HENRI
Absent depuis une heure.
RODRIGUE
Je me retire. Adieu.
HENRI
Non, Rodrigue, demeure.
Attends-le près de nous; il ne tardera pas.
FRÉDÉRIC
Vers le grand hôpital il a porté ses pas.
RODRIGUE
Heureux sont nos blessés d'entendre sa parole.
FRÉDÉRIC
Son ardeur les soutient, sa bonté les console.
HENRI
Moi-même, en le suivant, je l'ai vu bien des fois,
Il n'est point de douleurs que ne calme sa voix;
La plainte expire alors ou devient moins amère.

FRÉDÉRIC

Brave comme un lion, tendre comme une mère :
Voilà bien monseigneur.

RODRIGUE

Mais il a beau parler ;
Je sais, moi, des douleurs qu'il ne peut consoler.

FRÉDÉRIC

Les tiennes ?

HENRI

Quoi ! toujours cette noire tristesse !
Ici même, avec nous !

RODRIGUE

Jamais elle ne cesse,
Henri : tout l'entretient, tout lui sert d'aliment.
Nous parlons des blessés : eh bien ! dans ce moment,
A nos frères souffrants tout bas je me compare ;
Et sais-tu quel regret de mon âme s'empare ?
Après l'ardente lutte et mille exploits fameux,
Sur leur paille sanglante agoniser comme eux ;
Consacrer par la foi cette fière agonie,
L'offrir au Dieu mourant, sainte, utile, bénie :
O beau rêve ! ô bonheur où je croyais toucher !
Gloire que de si loin j'étais venu chercher !
Je ne devais trouver que stérile amertume,
Repos avilissant qui ronge, qui consume,
Où s'éteint ma jeunesse, où je succombe.

FRÉDÉRIC

Et moi,
Suis-je donc plus heureux ?

HENRI, demi-railleur.

Un fils de vice-roi
N'expose point ses jours : il se doit à son père,
Frédéric.

FRÉDÉRIC

Et voilà ce qui me désespère. —
Mais, Rodrigue, entends-tu cet heureux favori ?

HENRI
Qui ? moi ?

FRÉDÉRIC
Tous les bonheurs viennent au seul Henri.
Pour aller à Saint-Elme il n'eut qu'un mot à dire.
Il se cachait de moi pour voler au martyre.
Conçois-tu pire injure aux droits de l'amitié ?

HENRI
Mais aussi du martyre il n'eut que la moitié ;
Ce fut son châtiment.

RODRIGUE, avec amertume.
Oui, quelle différence !
Il revient ; un miracle a fait sa délivrance ;
De tous nos chevaliers le respect et l'amour
Couronnent à l'envi son triomphant retour.
Mais moi...!

HENRI, suppliant.
Rodrigue !

RODRIGUE, s'exaltant.
Moi, qu'avais-je fait la veille ?
Déserteur ! — Que de fois, ô honte ! à mon oreille
Depuis ces quinze jours le mot a retenti !
Rodrigue un déserteur ! — Non, tu n'as pas senti
Ce qu'ont de révoltant le mépris et l'outrage,
Ce qu'ils mettent au cœur de dégoût et de rage.
Si tu m'étais moins cher que je serais jaloux !
Rodrigue un déserteur !

HENRI
Mais nous le savons, nous :
Par des ordres secrets tu te laissais conduire.
Le grand maître aussitôt daigna nous en instruire.

FRÉDÉRIC
Sa tendresse voulait te donner pour soutien
Deux cœurs initiés au mystère du tien.

HENRI
Songe, songe d'ailleurs au prix du sacrifice.

FRÉDÉRIC
Oui, quand aura sonné l'heure de la justice,
Quand ce fier la Cerda, si longtemps égaré,
Viendra, docile enfin...
RODRIGUE
Que n'en suis-je assuré !
Si Dieu, pour adoucir le dégoût qui m'abreuve,
Me montrait la victoire au terme de l'épreuve !...
Mais qui sait l'avenir ? Je vois, et j'en frémis,
A de si faibles mains cet intérêt commis !
Accablé de ma tâche et de mon impuissance,
J'ai pour gage d'espoir la seule obéissance.
HENRI
La prison n'a donc pas étonné son orgueil ?
RODRIGUE
La prison ! Chaque fois que j'en franchis le seuil,
Je trouve le captif plus farouche et plus sombre.
De ses ressentiments elle a grossi le nombre.
Je n'entre que tremblant, je ne sors que brisé.
FRÉDÉRIC
Si ton oncle est flétri, mon père est accusé.
Honte, angoisses, regrets, en tout je te ressemble.
N'est-ce pas moins souffrir que de souffrir ensemble ?
Vois plutôt : j'écrivais à mon père et seigneur
Que mille voix à Malte attaquent son honneur,
Et j'osais ajouter que, s'il ne vient à l'aide,
Il me faudra rougir du beau nom de Tolède.
HENRI
Amis, trêve un moment à ces tristes propos.
Tiens, Rodrigue, vois-tu ces armes, ces drapeaux ?
Des triomphes d'hier c'est le glorieux gage.
RODRIGUE
Quels triomphes ?
FRÉDÉRIC
Comment ?

HENRI
Il semble, à ton langage...
RODRIGUE
Parlez : j'ignore tout.
FRÉDÉRIC
Quoi! l'attaque du port,
Du féroce Dragut la défaite et la mort,
Les eaux engloutissant le tiers de sa flottille!
HENRI
Et l'inutile assaut du poste de Castille,
Hussein battu, fuyant et sauvé par la nuit!
FRÉDÉRIC
Tu ne le savais pas?
RODRIGUE
Et qui m'en eût instruit?
Qui parle au déserteur? Qui souffre son approche?
On me lance de loin l'injure ou le reproche,
Et moi je fuis au temple, où je vis en reclus.
Là du moins les affronts ne me poursuivent plus.

SCÈNE II

LES MÊMES, DON JAIME

DON JAIME, entrant, à Rodrigue.
Vous ici, pauvre enfant!
RODRIGUE
J'attendais le grand maître.
DON JAIME
Devant ses officiers vous ne pouvez paraître.
Ils viennent : tout à l'heure un conseil aura lieu.
Allez. — Pour la Cerda, Rodrigue, implorez Dieu.
RODRIGUE
J'obéis. Mais pourquoi ce long regard sévère?
En nommant la Cerda vous frémissiez, mon père.
Dois-je craindre pour lui quelque nouveau danger?

DON JAIME

Je ne puis vous le taire : on veut....

RODRIGUE

Quoi?

DON JAIME

Le juger.

RODRIGUE

On veut le juger! Ciel! qui saura le défendre?
Je ne suis qu'un enfant; mais qu'on daigne m'entendre!

DON JAIME, se désignant lui-même.

Voilà son défenseur.

RODRIGUE

Et que dirais-je, hélas!
A l'arrêt qu'il mérite il n'échappera pas.
Tout est perdu.

DON JAIME

Priez; comptez sur le grand maître.

RODRIGUE, suppliant.

Et sur vous?

DON JAIME

Sur mon cœur.

Entrent Coppier et Castriot.

SCÈNE III

RODRIGUE, HENRI, FRÉDÉRIC, COPPIER
CASTRIOT, DON JAIME

COPPIER, apercevant Rodrigue.

Ah! le neveu du traître!

RODRIGUE, vivement.

Traître! Non, maréchal; il n'est que soupçonné.
Avant son jugement l'avez-vous condamné?
Il serait noble à vous d'épargner ma faiblesse.

COPPIER

Rodrigue!

DON JAIME, à Coppier.
Assez, de grâce!
A Rodrigue.
Et vous, priez sans cesse.
Bon espoir!
Il sort avec Rodrigue et les deux pages.
CASTRIOT
Quel langage et quel ton résolu!
COPPIER
La fierté lui sied mal.
Entre la Valette suivi de Monti.

SCÈNE IV

LA VALETTE, MONTI, COPPIER, CASTRIOT,
puis DON JAIME

LA VALETTE
Vous l'avez donc voulu :
Nous voilà réunis pour accabler un frère.
De nos travaux guerriers fallait-il nous distraire?
A pareil jour!
CASTRIOT
Eh quoi! pouvait-on mieux choisir?
MONTI
Dieu pour venger ses droits nous accorde un loisir.
COPPIER
Un loisir glorieux conquis par la victoire.
LA VALETTE
Et moi, je pense au deuil quand vous parlez de gloire.
Tant de cœurs généreux vont nous manquer ici :
Mello, Savoguerra, Simiane, Quincy!
Que leur sang m'a coûté!
COPPIER
Que leurs palmes sont belles!

LA VALETTE

Et nous allons déjà sur leurs tombes nouvelles
Dresser un tribunal, peut-être un échafaud !

MONTI

Eux-mêmes, s'ils vivaient, nous diraient qu'il le faut.

CASTRIOT

Leur voix nous presserait de hâter la justice.

COPPIER

De laver d'un affront notre sainte milice
Et de nous assurer contre la trahison.

LA VALETTE

Mais que peut la Cerda du fond de sa prison ?
Vous le tenez captif, impuissant à vous nuire.
Qu'exige-t-on de plus ? Où veut-on le réduire ?
Non, non, qu'à d'autres temps le procès soit remis.

MONTI

J'ose vous rappeler que vous avez promis.

LA VALETTE

Hélas ! vous dites vrai : ma parole est donnée.
Je me débats en vain contre ma destinée,
Contre l'arrêt d'en haut qui trace mon devoir.
Il faut sévir, il faut abjurer tout espoir ;
C'en est fait.

COPPIER

Monseigneur, ce coup vous désespère ?

CASTRIOT

Pourquoi tant de regrets ?

LA VALETTE

Castriot, je suis père.

CASTRIOT

Mais vous l'êtes de tous, et votre fermeté
Pour d'autres criminels avait moins hésité.

COPPIER

Croirons-nous qu'un seul homme... ?

LA VALETTE

Eh bien ! je vais tout dire.

Il faut qu'à vos regards le voile se déchire,
Que mon âme, une fois, se montre à découvert,
Et que vous compreniez tout ce qu'elle a souffert.
　Des torts de la Cerda l'origine est connue :
Il me hait. Dès longtemps sa haine entretenue
De vertige en vertige au crime l'a poussé.
Serments, noblesse, honneur, elle a tout effacé.
Et quand je m'en souviens, quand je ne puis me taire
Que je suis de ses maux la cause involontaire,
Que peut-être aujourd'hui, fidèle, obéissant,
Si je n'étais son chef il serait innocent,
Que veut-on que je fasse? Où trouver le courage
De punir des erreurs qui semblent mon ouvrage?

MONTI

Mais d'un scrupule vain n'est-ce pas vous charger?

COPPIER

Monseigneur, à ses torts vous êtes étranger.
Qu'il n'accuse que lui!

CASTRIOT

　　　　　　Que son crime l'accable!

MONTI

Quoi! parce qu'il vous hait serait-il moins coupable?

LA VALETTE

Et que pensera-t-il dans dans son aveuglement?
Que j'écrase un rival sous mon ressentiment.

CASTRIOT

Qu'importe qu'il s'aveugle et qu'il vous calomnie?

LA VALETTE

Qu'importe? — Ah! connaissez le secret de ma vie.
Je l'aime, ce rival, et, dussé-je en mourir,
Je voulais tout donner pour le reconquérir.
Oui, j'ai durant sept ans caressé ce doux rêve :
De ses chagrins jaloux obtenir une trêve;
Lié par mes bienfaits, vaincu par mon amour,
Dans mes bras triomphants le voir tomber un jour.
Charmante illusion dont j'ai pu me repaître!

J'aurais eu trop de joie... et trop d'orgueil peut-être.
Mais non : d'un jugement l'opprobre solennel
Creuse entre nos deux cœurs un abîme éternel.
Quel que soit votre arrêt, la suite en est trop sûre :
Je le vois révolté de cette flétrissure,
Plus aigri, plus haineux, plus loin du repentir.
Et ce serait moi...! — Non, je n'y puis consentir.
Le grand maître a promis : que justice soit faite;
Mais d'un soin si cruel déchargez la Valette.
Je vous rends le pouvoir dont j'étais possesseur.
L'ordre sera vengé, mais par mon successeur.

MONTI

Qu'entends-je !

COPPIER

Quel dessein !

CASTRIOT

Quelle surprise extrême!

DON JAIME, qui est rentré sans être remarqué pendant le dernier discours de la Valette.

Non, monseigneur.

LA VALETTE

Eh quoi! vous m'entendiez, don Jaime?

DON JAIME

Vous n'abdiquerez pas; car, je vous le promets,
Jamais vos chevaliers n'y souscriront.

TOUS

Jamais.

LA VALETTE

Hélas!

DON JAIME

Je vous le dis avec pleine assurance :
Étouffez votre cœur, brisez votre espérance,
Mais demeurez au poste où Dieu vous appela.
L'ordre vous en conjure, et le devoir est là.

SCÈNE V

LES MÊMES, ROBLÈS, puis LA CERDA

ROBLÈS

J'amène l'accusé, seigneur.

LA VALETTE, après un silence.

Eh bien! qu'il vienne.
Dieu, qui vois mes tourments, que ton bras me soutienne!

Il prend sa place. Coppier, Castriot, et, un instant après, Roblès, siègent devant lui comme juges; Monti, un peu plus loin, comme accusateur. Deux sièges, de l'autre côté du théâtre, l'un pour la Cerda, l'autre pour don Jaime. — Roblès introduit la Cerda.

DON JAIME, allant au-devant de la Cerda et lui tendant les mains.

Frère...

LA CERDA, l'écartant.

Eh bien, chevaliers, êtes-vous satisfaits?
De votre longue haine admirez les effets.
Suis-je assez avili?

MONTI

Songez à vous défendre,
Commandeur.

LA CERDA

Et pourquoi, si vous voulez m'entendre,
Étouffer ma parole entre ces murs étroits?
Mes juges; qui sont-ils? N'en aurai-je que trois?
Craignez-vous une enquête à vos desseins fatale?
Fuyez-vous la lumière?

MONTI

Aimez-vous le scandale?

LA CERDA

Que l'ordre tout entier juge entre vous et moi.

LA VALETTE

De ceux que j'ai choisis attaquez-vous la foi?
Vous est-elle suspecte? Osez le dire.

La Cerda répond d'un geste.

MONTI

Il n'ose.

LA VALETTE

Quand devant mon conseil j'ai porté votre cause,
J'entendais réserver de pénibles débats,
Ménager votre honneur.

LA CERDA

On ne m'abuse pas.

Mon sort depuis longtemps n'est plus même en balance,
Et l'on veut m'accabler dans l'ombre et le silence.
Faites donc; je me tais.

DON JAIME

Dominez ce courroux.

COPPIER

Ce ton d'accusateur vous sied peu devant nous.

MONTI

A vos propres dangers montrez-vous plus sensible.

LA VALETTE

Et ne vous rendez pas l'indulgence impossible.

LA CERDA, se levant.

Qu'entends-je, la Valette? Et pour qui me prends-tu?
Crois-tu donc à ce point mon courage abattu?
Moi, vivre par ta grâce! Ah! devant toi je jure
De n'accepter jamais cette suprême injure.
Triomphe, écrase-moi de ton inimitié,
Mais à mon désespoir épargne ta pitié.

DON JAIME

Quel orgueil!

CASTRIOT

C'en est trop.

LA CERDA, se rasseyant.

Je ne veux que justice.

LA VALETTE

Malheureux! — Amiral, remplissez votre office.

MONTI

L'homme qui devant vous aujourd'hui comparaît
Par deux fois sur sa tête appela votre arrêt.

LA CERDA

Par deux fois!

MONTI

Déserteur, factieux et peut-être
Digne, après tout cela, du vil renom de traître.

LA CERDA

Voilà tous leurs moyens, l'outrage, les soupçons!

MONTI

Nous avons dit les faits, nous les établissons.
 Au premier de ces chefs il ne peut contredire :
L'évidence l'accable et ce mot doit suffire.
De nos premiers combats quand vient le dénouement,
Quand Saint-Elme épuisé touche au dernier moment,
Bravant, avec l'honneur, tous les ordres contraires,
En face du péril abandonnant ses frères,
Il déserte le poste à leur zèle assigné,
Qu'une heure auparavant lui-même a regagné.
Quoi donc! après trente ans de vaillance et de gloire,
Au-dessus de la peur nous aimions à le croire.
Le cœur lui manque-t-il?

LA CERDA

Prenez garde, Monti.

MONTI

Non, d'autres sentiments lui dictent ce parti.
C'est le dépit, la honte et l'âpre jalousie;
C'est de l'orgueil vaincu l'aveugle frénésie,
Suite d'un premier crime et d'un crime avorté;
Car s'il est déserteur, c'est qu'il fut révolté.

LA CERDA, à part.

Comme il dit vrai!

MONTI

Faut-il que le devoir m'oblige,
De rappeler ici ces heures de vertige
Que racheta si vite une héroïque ardeur,
Et qu'une sainte mort couvre de sa splendeur!
La révolte à Saint-Elme un instant fut maîtresse.

Mais qui la fomentait? Quelle fatale adresse,
Abusant ces héros, les rendait factieux?
Vous cherchez le coupable? Il est devant vos yeux.
LA CERDA
Comment le prouvez-vous?
MONTI, montrant un papier.
     Rappelez le message
Dont j'invoque en ce point le muet témoignage.
Du brave Négrepont vous voyez le rapport,
Cher gage d'une main qu'allait glacer la mort.
Il lit.

Il n'y a plus de rebelles à Saint-Elme; tous nos chevaliers sont prêts à combattre; l'auteur de la révolte n'est plus dans le fort.
A la Cerda.
Quand votre chef dictait cette lettre dernière,
Étiez-vous à Saint-Elme, auprès de sa bannière,
Parmi ces égarés que la voix d'un martyr,
Que le sang de Bridiers gagnait au repentir?
Non, vous étiez ici; plein de fiel et d'audace,
Au grand maître, en leur nom, vous jetiez la menace,
Vous exigiez pour eux une trêve aux combats,
Vous osiez déclarer qu'ils n'obéiraient pas.
LA CERDA
Et ce jeu du hasard...!
MONTI
    Suffit pour vous confondre.
LA CERDA
Vous le croyez, Monti?
MONTI
    Vous pourrez me répondre.
Écoutez, cependant, car je n'ai pas tout dit.
— J'ignore en même temps quelle trame il ourdit,
Mais bientôt dans nos murs une flèche lancée
Apporte cette ligne à la hâte tracée.
Il lit.

Veillez. La Cerda vous trahit. — LASCARIS.

LA CERDA

Comment?

MONTI

Et savez-vous quel fut le délateur,
Quelle main recueillit le signe accusateur?
Savez-vous...?

LA VALETTE

Amiral, permettez qu'il l'ignore.

MONTI

Soit!

LA CERDA

Quel piège nouveau me cachez-vous encore?
Quel est ce Lascaris?

MONTI

On n'en sait que le nom.

LA CERDA

Et sur un tel indice on espère...!

MONTI

Eh bien! non.
D'un si noir attentat ne soyez point coupable.
Mais n'osez pas non plus le dire invraisemblable.
On s'engage bien loin par l'horreur d'obéir,
Et qui peut déserter peut aussi bien trahir.
Pour le reste, à nos lois souffrez que j'en appelle,
Mes frères et seigneurs. Déserteur et rebelle,
A leur juste pouvoir il ne peut échapper.
Ce pouvoir méconnu vous contraint de frapper,
Comme il m'a contraint, moi, par un devoir austère,
D'accomplir devant vous ce triste ministère.
Je le termine ici.

Il s'assied.

DON JAIME, se levant.

Le mien sera plus doux.
Chevaliers!

LA CERDA

Qu'est-ce à dire, et que prétendez-vous?

DON JAIME

Vous défendre.

LA CERDA, se levant.

Moi? Non : je parlerai moi-même.
N'en ai-je pas le droit?

DON JAIME

Vous vous perdrez.

LA CERDA

Don Jaime,
Vous le savez trop bien, je suis déjà perdu.
Mais avant leur triomphe ils m'auront entendu ;
Mais j'aurai flagellé de ma voix libre encore
Et l'orgueil qui m'écrase et la peur qui l'adore.

ROBLÈS

Voyez : déjà l'insulte !

COPPIER

Où va-t-il s'égarer ?

LA VALETTE

Vos juges sont d'accord pour vous en conjurer :
Prenez un défenseur.

MONTI

Que le péril vous touche.

LA CERDA

Ah ! vous êtes d'accord pour me fermer la bouche !
Non, non, je parlerai, vous dis-je : entendez-moi,
Vous le devez. — Monti, j'en atteste la loi.

DON JAIME, se rasseyant.

Hélas !

MONTI

Mais répondez.

LA CERDA

Je réponds. — On m'impute
D'avoir quitté mon poste au moment de la lutte.
J'étais blessé.

CASTRIOT

Blessé ?

LA CERDA

Vous ne m'en croyez point,
Castriot ? Vous l'osez ? Quoi ! même sur ce point,

Il ne vous suffit plus de mon seul témoignage!
Et c'est, après trente ans, le prix de mon courage,
Le prix de tant d'exploits, de tant de sang versé!

MONTI

Mais à Saint-Elme, alors, étiez-vous seul blessé?

LA CERDA

A Saint-Elme! à Saint-Elme!... On a donc pris à tâche
De me jeter ce nom sans trêve, sans relâche?
Est-ce ma faute, à moi, si Saint-Elme a péri?
A moi qu'on emprisonne, à moi qu'on a flétri,
Parce que, des flatteurs secouant la contrainte,
De vos frères mourants j'ai répété la plainte?
Leur plainte! on la transforme en cris séditieux;
Moi-même je deviens un chef de factieux.
Mais quels sont vos témoins? Faites-les comparaître.
Où sont-ils?

COPPIER

Où sont-ils? Où vous devriez être,
Couchés sous le rempart où flotta leur drapeau.

LA CERDA

Malheureux! allez donc les tirer du tombeau.
Ah! c'en est trop. Comment! pour me trouver des crimes,
Dans la paix du cercueil vous troublez vos victimes!

LA VALETTE

Nos victimes, seigneur!

LA CERDA

Arbitres de leur sort,
Vous seuls à l'ordre entier répondrez de leur mort.

DON JAIME

Ne les accusez pas; défendez-vous, mon frère.

LA CERDA

Non, laissez le champ libre à ma juste colère.
Il faut qu'à cet orgueil si lâchement flatté
Le désespoir au moins dise la vérité.
Vengeons tant de héros qu'un barbare caprice

A la gloire d'un seul offrit en sacrifice,
Tant de sang prodigué, de trépas superflus,
Demandons au despote...

<small>Pendant ces derniers vers, Henri est entré et a parlé bas au grand maître; celui-ci appelle Monti et lui dit quelques mots à l'oreille. La Cerda s'en aperçoit.</small>

On ne m'écoute plus!

LA VALETTE, à Henri.

Qu'il entre.

<small>Aux chevaliers.</small>

Permettez qu'un soin plus nécessaire...

<small>Entre Ibrahim conduit par Henri.</small>

SCÈNE VI

LES MÊMES, HENRI, IBRAHIM (LASCARIS)

COPPIER

Que vois-je?

HENRI

Mon sauveur. C'est lui.

CASTRIOT

Le janissaire!

ROBLÈS

Ibrahim!

IBRAHIM

Chevaliers, ce nom n'est plus le mien.
Nommez-moi Lascaris.

LA CERDA, à part.

C'est lui!

LASCARIS

Je suis chrétien.
Ce front, depuis vingt ans chargé de l'anathème,
Garde empreinte à jamais la trace du baptême.
Monseigneur, à vos pieds j'apporte mes remords.

<small>Il se jette aux genoux du grand maître.</small>

LA CERDA, à part.

Lascaris!

LASCARIS
Et je veux, au prix de mille morts,
Expier ces vingt ans d'erreur et de parjure,
Ce passé d'apostat que tout mon cœur abjure.

DON JAIME

Coup du Ciel!

LA VALETTE
Levez-vous, Lascaris. Je vous croi :
Mon Henri conservé garantit votre foi.

LASCARIS, serrant Henri dans ses bras.

Cher Henri!

LA VALETTE
Mais, pour Dieu, dites-nous votre histoire.

LASCARIS
Oui, pour Dieu, monseigneur. Je la dois à sa gloire.
Je dois, à tous les yeux dévoilant mes forfaits,
Du Dieu qui m'a vaincu publier les bienfaits.
  Mes aïeux cinquante ans ont régné sur Nicée.
Héritier d'une race à présent éclipsée,
Dans les murs d'Andrinople au jour je suis venu.
Mon père était esclave; il ne m'a point connu.
Ma mère... Ah! chevaliers, j'étais indigne d'elle!
Je la vis expirer, courageuse, fidèle,
En confessant la foi que j'allais renier.
Je suivis ses bourreaux, j'étais leur prisonnier;
Du sang des Lascaris on épargnait le reste.
Mais que je payai cher cette pitié funeste!
Bientôt de mon baptême il ne me restait rien,
Et par mes seuls remords je me sentais chrétien.
  Des combats cependant j'avais cherché l'ivresse.
Le sultan m'aperçut : le sort, un peu d'adresse,
Quelques exploits heureux m'approchèrent de lui.
Dans ses camps, dans sa cour, je traînai mon ennui;
Car, tandis que la foule adorait ma fortune,

Du Dieu que je fuyais la poursuite importune
Désenchantait pour moi gloire, plaisir, faveur.
Enfin, je vins à Malte. — O bontés du Sauveur !
C'est ici, près de vous, dans cette salle même,
Que la grâce à mon cœur porta le coup suprême...
 Dès lors à vos drapeaux je brûlai de m'unir.
Jusqu'ici toutefois je n'y pus parvenir.
Dieu permit ce retard : il le fallait peut-être
Pour que mon bras sauvât le neveu du grand maître,
Et pour que mes avis détournassent les coups
Du chevalier félon...

MONTI, attirant vivement Lascaris, et lui montrant la Cerda caché jusqu'à ce moment par le groupe des chevaliers.

    Le reconnaîtrez-vous ?

   LASCARIS

C'est lui. C'est la Cerda.

    MONTI

    Venez, noble transfuge,
Confondre le coupable et décider le juge.

Il lui montre le billet.

Cette lettre ?

    LASCARIS

   Est de moi.

    MONTI

   Voilà donc un témoin.

   DON JAIME

Mais un seul.

   LA VALETTE, à Monti.

   Amiral, vous n'irez pas plus loin.

Je le veux.

    MONTI

   Monseigneur...

    LA VALETTE

     Celui que Dieu nous donne
En venant parmi nous n'accablera personne.
Je n'attristerai point par un coup si cruel

Ce retour merveilleux qui réjouit le ciel.
  Chevaliers, de mon cœur souffrez la résistance.
J'ai permis le procès; ajournez la sentence.
Les droits de l'équité ne seront point perdus;
Mais que ses coups du moins demeurent suspendus.
Désormais la Cerda ne vous fait plus ombrage.
Qu'il attende en prison la fin de cet orage.
Nous, chassons l'ennemi, c'est notre unique emploi.
Séparons-nous. — Venez, Lascaris, suivez-moi.

ACTE QUATRIÈME

Un crucifix entouré de deux flambeaux est placé sur une table vers le fond du théâtre.

SCÈNE I
LASCARIS, HENRI

LASCARIS
N'en doutez pas, Henri : la prochaine journée
Nous dira le secret de notre destinée.
Demain, la grande lutte et le dernier effort.

HENRI
Demain donc, la victoire.

LASCARIS
    Ou peut-être la mort.
Mystère qu'à nos yeux cache la Providence.

HENRI
Mais pourquoi dès demain?

LASCARIS
    Croyez-en l'évidence.
Épuisés par cent jours de carnage et d'horreurs,
Les derniers survivants de ces longues fureurs
Vont en désespérés s'entre-choquer encore.

Tenons ferme, et Hussein fuira vers le Bosphore.
Déjà même en son camp, je l'ai vu du rempart,
Aussi bien qu'à l'assaut tout s'apprête au départ.
Mais nous!... Depuis trois mois toujours la charge sonne,
Toujours le canon gronde et le glaive moissonne.
Que de morts! Et chez ceux qui sont restés debout,
Le cœur est bien entier, mais la force est à bout.
Comptez les feux éteints et les brèches ouvertes.
Avoir sans défaillir essuyé tant de pertes,
C'est une œuvre au-dessus de tout pouvoir humain!
C'est un vrai coup du Ciel, un miracle; et demain,
Si Dieu n'en fait un autre...

HENRI

    Est-ce là tout l'obstacle?
Ah! si pour nous sauver il ne faut qu'un miracle,
A l'appel de nos cœurs le miracle viendra.
Invoquons Notre-Dame, elle l'accomplira;
Et n'est-ce pas demain le jour de sa naissance?

LASCARIS

Heureux présage!

HENRI

    Eh bien! vous verrez sa puissance.
Et le vœu du grand maître! Il y faut bien compter.
Notre-Dame l'accepte et veut le mériter,
Cet autel brillant d'or... Quoi! je vous vois sourire?

LASCARIS

Non, je ne souris pas, Henri; je vous admire,
Et ma foi se réchauffe à cette jeune ardeur.
Mais des conseils divins qui sait la profondeur?
La ruine de Malte, en désastres féconde,
Peut-être va punir l'indolence du monde,
Et Dieu, pour réveiller les peuples et les rois,
Ne va-t-il point permettre une seconde fois
Que le croissant vainqueur et ses hordes sauvages
De l'oublieuse Europe infestent les rivages?

HENRI

Y croyez-vous?

LASCARIS

Peut-être.

HENRI

Avant de le souffrir,
Sur la brèche en chrétiens nous aurons su mourir,
Lascaris.

LASCARIS

Et faut-il que l'ordre du grand maître
Aux yeux des mécréants me prive de paraître!
Depuis que du transfuge ils ont proscrit les jours,
A l'abri de leurs coups on me retient toujours.
Que dis-je! à tant d'honneur je n'ai point dû m'attendre.
Hélas! et de quel front oserais-je prétendre
Que Dieu, dont la bonté souffre mon repentir,
Accorde au renégat les palmes du martyr?

HENRI

Vous vivrez, Lascaris, et de leur faux prophète
Vos regards consolés auront vu la défaite.
Quant à moi, je l'attends, j'y compte; mais tout bas
Quelque chose me dit : « Tu ne la verras pas. »
Ah! voici Frédéric.

SCÈNE II

LASCARIS, HENRI, FRÉDÉRIC

FRÉDÉRIC

Nuit sainte! nuit bénie!
D'un ordre tout entier magnifique agonie!
Spectacle que le Ciel pourra seul effacer!
Mais la parole expire... Et comment retracer
Les contrastes sacrés dont cette nuit est pleine?

Il s'approche d'une fenêtre.

Mes amis, écoutons... Du camp et de la plaine
Entendez-vous monter ces confuses rumeurs,
D'où sortent par instants de farouches clameurs?
Et quel silence au Bourg!... Tandis que le barbare
Dans l'ivresse et l'orgie au combat se prépare,
Sous les regards de Dieu, plus tranquille, plus fort,
Tout un peuple à genoux se dispose à la mort.
Que faisons-nous ici? N'irons-nous pas au temple
Recueillir notre part d'un si sublime exemple?
Lascaris, il faut voir nos autels assiégés,
Dans un calme divin les fidèles plongés,
Et tous ces fronts vaillants, que la gloire couronne,
Saintement inclinés sous la main qui pardonne.
Hâtons-nous. A leurs vœux il est temps de s'unir.

HENRI

J'attendais le grand maître : il doit bientôt venir.

FRÉDÉRIC

Je l'ai vu tout à l'heure au poste de Castille,
Mesurant du regard cette haute bastille,
Qu'en ce lieu le pacha fait dresser contre nous.

LASCARIS

C'est la perte de Malte, Henri.

HENRI

       Que dites-vous?
Cette bastille? Eh bien! ne peut-elle être prise?

LASCARIS

Et qui voudra s'offrir à pareille entreprise,
Enfant? Les plus hardis pâlissent d'y songer.

HENRI

Mais, s'il le faut pourtant, qu'importe le danger?

LASCARIS

Il le faudrait.

FRÉDÉRIC

    Sans doute, et chacun se l'avoue.

HENRI

Et nul ne se présente! et nul ne se dévoue!
Quoi donc! sans coup férir on les tient pour vainqueurs,
Et la froide épouvante a glacé tous les cœurs!

LASCARIS

L'espérance est trop faible, et le péril extrême
Fait encore hésiter le grand maître lui-même.

HENRI

Il n'hésitera plus. Dieu m'appelle; j'irai.

LASCARIS

Vous prendrez la redoute, Henri?

HENRI

Je la prendrai.
J'y périrai du moins.

FRÉDÉRIC

Et moi, je veux te suivre.

HENRI

Demeure.

FRÉDÉRIC

Épargne-moi l'horreur de te survivre.

LASCARIS

Que faites-vous?

FRÉDÉRIC

Oh! viens : je veux combattre aussi.

LASCARIS

Sans l'aveu du grand maître! Attendez.

HENRI

Le voici.

SCÈNE III

LES MÊMES, LA VALETTE, ROBLÈS, MONTI

LA VALETTE, à Roblès, en entrant.

Non, jamais, commandeur, jamais ce sacrifice.
Abandonner le Bourg serait une injustice,
Une honte, un forfait. Vous m'avez entendu :
Je n'y souscrirai point.

ROBLÈS

Mais le Bourg est perdu.

MONTI

S'ils conservent demain leur nouvelle redoute,
C'en est fait.

ROBLÈS

Monseigneur, le mettez-vous en doute?

MONTI

Saint-Ange est mieux armé pour de nouveaux combats,
Et l'on peut dans ses murs...

LA VALETTE

Nous ne céderons pas.
Voulez-vous entasser dans une étroite enceinte,
Avec les demeurants de la phalange sainte,
Ces généreux Maltais liés à notre sort?
Voulez-vous en fuyant les livrer à la mort?
Nous resterons ici.

HENRI

Daignerez-vous m'entendre,
Monseigneur?

LA VALETTE

Oui, parlez.

HENRI

Nous allons vous surprendre;
Mais Frédéric et moi nous avons fait un vœu.

LA VALETTE

Lequel?

HENRI

Nous prétendons, à la gloire de Dieu,
Pour le salut de Malte exposer notre vie.
Commandez : nous prendrons la redoute ennemie.

LA VALETTE

Vous!

MONTI

Deux enfants!

FRÉDÉRIC

Seigneurs, nous l'avons résolu.

LASCARIS

C'est folie.

HENRI

Et je sens que le Ciel l'a voulu.

MONTI

Du moins qu'on fasse appel à des bras moins débiles.

ROBLÈS

Nous sommes prêts.

FRÉDÉRIC

Demain vous serez plus utiles.

HENRI

L'entreprise est à nous; laissez-nous-en l'honneur.

FRÉDÉRIC

Et vous nous vengerez au besoin.

HENRI, à la Valette.

Monseigneur,
Par cette autre faveur à Saint-Elme obtenue!

FRÉDÉRIC

Au nom de Notre-Dame!

LA VALETTE, après un silence.

Eh bien! l'heure est venue
Où le bras d'un enfant n'est plus à dédaigner,
Et personne aujourd'hui n'a droit de s'épargner.
Allez, délivrez-nous de l'angoisse où nous sommes.

Dites à Castriot de vous donner cent hommes,
Et Dieu soit avec vous!

Les deux enfants s'éloignent, puis s'arrêtent et semblent délibérer entre eux, tandis que Lascaris s'approche du grand maître.

LASCARIS, à la Valette.

Ne les suivrai-je pas?

LA VALETTE

Non, prince. Vers Saint-Jean rendez-vous de ce pas.
Amenez-en Rodrigue. Ici je vais l'attendre.

Lascaris sort.

Le grand maître aperçoit Henri et Frédéric encore présents.

Qui vous arrête, enfants?

HENRI, embarrassé.

Un intérêt plus tendre.
Nous voulions...

LA VALETTE

Quoi?

HENRI

L'honneur de presser votre main,
De la baiser.

FRÉDÉRIC

Hélas! le pourrons-nous demain?

LA VALETTE, les attirant à lui.

Sur mon cœur, ah! venez que je vous serre encore...
Me les garderez-vous, Dieu clément? Je l'ignore...
Mais non. Dans cet adieu pourquoi nous attendrir?
La victoire s'apprête ou le ciel va s'ouvrir.
Courage! à Notre-Dame, enfants, je vous confie.
Allez.

Les enfants s'éloignent entourés des chevaliers présents, qui leur serrent la main.

Dieu, qui voyez ce que je sacrifie,
Que ne puis-je affronter, plus libre et plus heureux,
Ma part des coups mortels qui vont tomber sur eux!

SCÈNE IV

LA VALETTE, MONTI, COPPIER, ROBLÈS

COPPIER
La jeunesse aujourd'hui fait honte aux barbes grises.
LA VALETTE
Oui, d'une sainte ardeur leurs âmes sont éprises.
Pourtant, sans être injuste à leurs jeunes vertus,
Il est un autre enfant que j'admire encor plus.
ROBLÈS
Et qui donc, monseigneur?
LA VALETTE
Vous allez le connaître.
MONTI
Partout, mêmes transports.
COPPIER
Ah! pourquoi le grand maître
Ne pouvait-il jouir du tableau glorieux
Que le grand hôpital vient d'offrir à mes yeux!
Les blessés m'assiégeant de leurs vœux, de leurs larmes...
« Qu'on nous mène aux remparts, qu'on nous rende nos armes.
Disent-ils... Puisque Dieu daigne encor nous laisser
Un peu de vie à perdre et de sang à verser,
Attendrons-nous ici le coup de l'infidèle? »
D'autres, déjà baignés de la sueur mortelle,
Sur leurs grabats sanglants soulevés à demi,
Pour expirer du moins la face à l'ennemi,
Implorent une main qui les porte aux murailles.
ROBLÈS
L'ordre s'apprête ainsi de telles funérailles,
Que s'il est condamné, que s'il touche au tombeau,
Du dernier de ses jours il fera le plus beau.

MONTI
Qu'il tombe avec l'honneur de la tâche accomplie!
LA VALETTE
Mais n'est-il point, hélas! un frère qu'on oublie,
A ces nobles élans resté seul étranger?
Pauvre cœur endurci que rien n'a pu changer!
ROBLÈS
La Cerda?
COPPIER
Monseigneur, quelle pitié vous presse?
LA VALETTE
Quoi donc! à ses périls moi seul je m'intéresse?
Quel sort l'attend!
MONTI
Vainqueurs, il faudra le punir.
LA VALETTE
Et si nous périssons, que va-t-il devenir?

Entre don Jaime.

SCÈNE V

LES MÊMES, DON JAIME, puis LASCARIS

LA VALETTE
Ah! déjà de retour! Vous l'avez vu, don Jaime.
Que dit-il? que fait-il à cette heure suprême?
Du dénouement prochain paraît-il s'émouvoir?
DON JAIME
Espérez en Dieu seul. On ne m'a laissé voir
Qu'un courroux obstiné que le péril exalte,
Appelant de ses vœux la ruine de Malte,
Heureux de notre angoisse et raillant nos douleurs.
MONTI
Il se croit, l'insensé, vengé par nos malheurs.

COPPIER

Nos malheurs, dites-vous. Mais lui seul est à plaindre.

ROBLÈS

Il mourra dans son crime.

LA VALETTE

O Dieu! faut-il le craindre?

DON JAIME

Dans cet orgueil hautain, sombre, ironique, amer,
On croit sentir déjà les fureurs de l'enfer.
Mais non : pour le sauver que l'ordre entier se ligue.
Prions tout d'une voix.

LASCARIS, entrant.

Monseigneur, don Rodrigue.

LA VALETTE

Je l'attends. — Demeurez, mes frères. Que du moins
D'un acte d'équité je vous fasse témoins.

Entre Rodrigue, que Lascaris est allé chercher.

SCÈNE VI

LES MÊMES, RODRIGUE

LA VALETTE

Soyez le bienvenu, Rodrigue. — A pareille heure,
Il faut qu'entre mourants nul secret ne demeure,
Que la justice éclate et frappe tous les yeux.
 Trop longtemps, chevaliers, des soupçons odieux
De ce noble jeune homme ont flétri la conduite.

RODRIGUE.

Monseigneur!...

LA VALETTE

Laissez-moi. — Du jour où dans sa fuite
Il suivit à regret un oncle infortuné,
Par la rumeur publique il s'est vu condamné.

On l'a dit criminel ; il devait le paraître.
Vous-mêmes, chevaliers, vous l'avez cru peut-être.
Et moi dont la parole eût vengé sa vertu,
De concert avec lui, trois mois, je me suis tu.

DON JAIME, à Monti.

Que vous avais-je dit ?

LA VALETTE

Trois mois, cette jeune âme
Du lâche et du fuyard porta la note infâme.
Je pouvais l'empêcher : pourquoi l'ai-je permis ?
Hélas ! Rodrigue et moi nous nous étions promis
De vaincre la Cerda, de fléchir sa vengeance.
Oui, nos cœurs dans ce rêve étaient d'intelligence ;
Mais pour que le captif n'en pût rien deviner,
Rodrigue à vos soupçons a dû s'abandonner.
De votre longue erreur voilà tout le mystère,
Chevaliers : il a su m'obéir et se taire.
Que si ce noble effort n'a pu rien obtenir,
L'innocence réclame et l'erreur doit finir.
Il faut de cet enfant que l'honneur se répare.
Don Rodrigue est sans tache, et, je vous le déclare,
Tandis qu'à l'épouvante il a paru céder,
En secret par mon ordre il se laissait guider.

MONTI

C'est généreux.

ROBLÈS

C'est grand.

LASCARIS

Que Dieu le récompense !

COPPIER

Don Rodrigue, envers vous j'ai commis une offense.

RODRIGUE

Qui ? Vous ?

COPPIER

C'était ici, le jour du jugement.
Vous en souvient-il pas ?

RODRIGUE
Non, maréchal.
COPPIER
Vraiment!
Pour moi, ce souvenir m'importune et m'oppresse.
Noble enfant, d'un soldat pardonnez la rudesse.

Il lui tend la main.

LA VALETTE, à don Jaime.
Le voilà bien.
RODRIGUE
Que vois-je? A mes yeux étonnés...
COPPIER
Ne me direz-vous pas que vous me pardonnez?
RODRIGUE
Ah! s'il en est besoin, mon cœur vous justifie.
Ainsi fasse le Ciel des fautes de ma vie!
COPPIER
Merci donc; et demain, si le trépas m'attend,
Affranchi de ce poids, je mourrai plus content.
DON JAIME
Un grand cœur se relève en se jugeant lui-même.
LA VALETTE
Oui, prévenons l'arrêt de l'équité suprême,
Et s'il nous faut périr, libres entre les morts,
N'emportons avec nous ni dettes ni remords.
Vous attendez un rang dans notre humble milice,
Rodrigue; mais il faut que le temps s'accomplisse,
Et l'on ne dira point que, séduit par mon cœur,
J'ai de nos saintes lois éludé la rigueur.
A leur juste ascendant ma tendresse défère.
Mais je ferai du moins ce que j'ai droit de faire :
Trop nouveau parmi nous pour être Hospitalier,
Je veux que cette main vous arme chevalier.
RODRIGUE
Ah! seigneur!

LA VALETTE
Approchez!

Rodrigue s'agenouille aux pieds du grand maître, qui lui montre le crucifix.

Devant le grand modèle,
A l'honneur, au devoir, jurez d'être fidèle,
De vivre, de lutter, de mourir, s'il le faut,
Pour les droits de l'Église et le nom du Très-Haut.

RODRIGUE
Je le jure.

Coppier enlève le manteau de Rodrigue. Le grand maître lui passe le baudrier.

LA VALETTE
Que Dieu vous arme pour la guerre!

Il tient l'épée nue au-dessus de la tête de Rodrigue incliné.

Au nom du Roi sauveur et de la Vierge mère,
De monseigneur saint Jean, notre gonfalonier,

Il frappe un léger coup sur chaque épaule de Rodrigue.

Rodrigue la Cerda, vous êtes chevalier.

Il lui présente l'épée. Rodrigue la baise, la prend, se relève et la brandit.

RODRIGUE
De la main d'un héros je reçois mon épée;
Mais bientôt dans le sang la verrai-je trempée?
Elle veut son baptême, elle veut sur vos pas
Étinceler joyeuse à l'éclair des combats.
Par un beau coup d'essai souffrez que je l'honore.

LA VALETTE
Mais l'autre tâche, enfant, n'est pas finie encore.
Songez-vous au captif, Rodrigue? Il faut demain
Que de ce cœur fermé vous trouviez le chemin.
C'est votre effort suprême.

RODRIGUE
Et s'il tarde à se rendre?

LA VALETTE
Combattez.

Entre Manfredi.

SCÈNE VII

LES MÊMES, MANFREDI

MANFREDI
Monseigneur, que vient-on de m'apprendre?
On dit que leur bastille est en notre pouvoir.
LA VALETTE
Emportée?
LASCARIS
O miracle!
DON JAIME
Acceptons-en l'espoir.
MANFREDI
Ce n'est qu'une rumeur.
LA VALETTE
Il en faut plus connaître;
Et j'y cours.
MONTI
Allons tous.
ROBLÈS
Inutile peut-être.
J'aperçois Castriot.

SCÈNE VIII

LES MÊMES, CASTRIOT

LA VALETTE, à Castriot.
Que nous annoncez-vous?

COPPIER
La victoire?

CASTRIOT
Oui.

DON JAIME
Grand Dieu!

LA VALETTE
Leur bastille est à nous?

CASTRIOT
Monseigneur, il est vrai; nos gens l'ont enlevée.

LASCARIS
Ainsi par deux enfants Malte sera sauvée.

RODRIGUE
Deux enfants!

Lascaris lui parle bas.

COPPIER
Où sont-ils, nos jeunes combattants?

ROBLÈS
Que de gloire!

CASTRIOT
Arrêtez, frères...

LA VALETTE
Je vous entends.
Ils sont morts, n'est-ce pas?

CASTRIOT
Ces pleurs trop légitimes...
Monseigneur...

RODRIGUE
Ils sont morts!

DON JAIME
Salut, pures victimes,
Couple heureux, dans la tombe et dans la gloire uni!
Salut, fleur des martyrs!

LA VALETTE
O Dieu!... soyez béni!

Un silence.

CASTRIOT
Sous un ciel orageux qui rend la nuit plus sombre,
Au pied de la redoute ils se glissaient dans l'ombre.
Une affreuse lueur soudain frappe nos yeux :
L'ennemi les a vus; il les couvre de feux.
Sous l'orage, un moment, les rangs flottent et plient,
Mais en chefs consommés vos pages les rallient.
Héroïques enfants! de leur tâche occupés,
Tous deux presque à la fois je les ai vus frappés.
Ce coup de nos soldats irrite le courage;
Ils relèvent les corps, et, dans leur sainte rage,
Les portant devant eux comme on porte un drapeau,
Sur le sol ennemi leur cherchent un tombeau.
C'est un élan vainqueur, un flot que rien n'arrête.
La redoute aussitôt devient notre conquête;
Mais les restes bénis de nos jeunes guerriers
Dans le réduit sanglant sont entrés les premiers.

ROBLÈS
O triomphante mort!

MANFREDI
O digne sépulture!

DON JAIME, à la Valette.
Montez donc, oh! montez plus haut que la nature,
Que la chair et le sang, que le cœur et l'amour.
Celui qui n'ôte rien que pour le rendre un jour,
Alors qu'il vous dépouille, alors qu'il vous sépare,
Prélude aux grands destins que sa main vous prépare.

LA VALETTE

Tant de fois à ses pieds j'avais mis pour jamais
Et tout ce que je suis et tout ce que j'aimais!
De quel droit m'étonner s'il accepte l'offrande?

MONTI

Mais pour nous, monseigneur, l'amertume est bien grande,
Lorsque de votre nom vous perdez l'héritier.

COPPIER

Son trépas est un deuil à l'ordre tout entier.

LA VALETTE

Et que ne pleurez-vous sur son compagnon d'armes!
Croit-on que mon Henri me coûte seul des larmes?
De cet amour étroit, non, non, je me défends.
Tous vous êtes ici mes frères, mes enfants,
Égaux devant mes soins et devant ma tendresse,
Et le vœu que pour tous mon cœur au Ciel adresse,
Le prix de vos vertus et de votre valeur,
C'est la mort du soldat, chevaliers; c'est la leur.

MONTI

A cette ambition notre état nous invite.

ROBLÈS

Nous voulons ce trépas.

MANFREDI

Peut-être il viendra vite.
Écoutez... c'est minuit. Salut au jour nouveau!
En verrons-nous la fin?

LA VALETTE

Ce jour! il sera beau.
Oui, j'en porte en mon sein l'indomptable espérance :
Il restera fameux par notre délivrance.
Nous vaincrons. — Cependant il nous faut tout prévoir,
Et je veux accomplir un suprême devoir.
Tout à l'heure à Saint-Jean nous monterons ensemble;
Mais, puisque le hasard en ce lieu nous rassemble,
Pour la dernière fois peut-être, entendez-moi.

Frères, depuis sept ans que l'ordre est sous ma loi,
Je devais, appuyé de votre obéissance,
A l'honneur de Dieu seul employant ma puissance,
Vous offrir un modèle, hélas! qui vous guidât
Vers l'idéal sacré du moine et du soldat.
Je l'ai voulu toujours. Oui, devant cette image,
Je puis, je dois, je veux me rendre un tel hommage.
Si pourtant, bien des fois, l'humaine infirmité
A, dans ce saint labeur, trahi ma volonté,
Par Celui qui bientôt nous jugera peut-être,
Mes frères, pardonnez à votre indigne maître.

COPPIER

C'en est trop.

ROBLÈS

Monseigneur, ne parlez pas ainsi.

CASTRIOT

Pardonnez-nous plutôt.

LA VALETTE

Je vous pardonne aussi.
Descends, pitié du Ciel, sur tous tant que nous sommes!
Tous nous avons failli, car tous nous étions hommes.
Du moins que de nos torts l'éclatant désaveu
Pèse de quelque poids au tribunal de Dieu!

Il élève son bâton de commandement.

Du pouvoir souverain vous connaissez l'emblème.
Je l'ai reçu de vous et de Jésus-Christ même.
Le voilà. Qu'il demeure auprès de cette croix.
Aux pieds de mon Sauveur j'abdique tous mes droits.
Même je ne veux plus qu'après cette journée
De ce signe d'honneur ma main paraisse ornée,
Et je vous rends témoins du serment que je fais :
Si je vois aujourd'hui nos ennemis défaits,
Je promets que, sur l'heure et sans plus rien attendre,
A l'autel de Saint-Jean je courrai le suspendre.
Maintenant j'ai tout dit, et, vienne le trépas,
Je suis prêt.

LASCARIS

Monseigneur, ne vous abusez pas.
Le pacha s'est vanté de vous saisir en vie.

LA VALETTE

Ah! j'ai trop de moyens de tromper son envie.
Quoi donc! votre grand maître, aux yeux de l'univers,
Dans Stamboul triomphante irait traîner des fers!
Non, non, à m'égorger je saurai les contraindre.
Moi, captif!

COPPIER

Dieu merci, pour nous rien n'est à craindre.

MONTI

Vaincus, nous savons trop quel sort nous trouverons.

ROBLÈS

Sans doute.

CASTRIOT

Il n'en est qu'un, la mort.

LA VALETTE

Eh bien! mourons.
Mourons pour l'intérêt des rois qui nous oublient,
Pour l'Église de Dieu, pour les vœux qui nous lient,
Pour ces libres serments que nous avons jurés,
Par l'honneur et la foi doublement consacrés.
Oui, renouvelons-les à notre heure dernière,
Ces vœux, gloire et douceur de notre vie entière.
Permettez que ma voix les redise pour tous. —
Entendez-les, mon Dieu. — Chevaliers, à genoux.

Tous s'agenouillent et se découvrent. Don Jaime élève le crucifix. Le grand maître debout dit la formule.

Dieu tout-puissant, sainte et indivisible Trinité, moi, frère Jean Parisot de la Valette, grand maître de l'Hôpital de Saint-Jean de Jérusalem, en présence de Notre-Dame et Souveraine, de saint Jean, gonfalonier de notre ordre, et de saint Michel, chef des phalanges célestes, au nom de mes frères ici présents et de tous les autres encore vivant dans

cette pieuse milice, je confirme et renouvelle le triple vœu
qui m'a fait religieux et Hospitalier.

Tous se relèvent. Don Jaime dépose le crucifix. La Valette continue.

A ceux qui vont mourir prodiguez votre grâce.
Accordez-leur, ô Dieu, ce cœur que rien ne lasse,
Que nul péril n'abat, que nul effroi n'émeut!
Frères, soyons sans peur!

Il tire son épée.

Dieu le veut!

TOUS, tirant leurs épées.

Dieu le veut!

ACTE CINQUIÈME

SCÈNE I

Tous les acteurs de la dernière scène du quatrième acte, excepté Roblès et Lascaris, sont groupés au fond du théâtre, à gauche des spectateurs, la Valette en avant du groupe. Après un instant, Roblès introduit la Cerda par la droite.

LA VALETTE

Oui, c'est le Dieu caché, c'est sa vivante flamme
Qui vient de rallumer ce désir en mon âme,
Et vous y consentez...

LA CERDA, *entrant, conduit par Roblès.*

La Valette! Encor lui!
Quel outrage nouveau dois-je attendre aujourd'hui?
Roblès, dans ma prison je veux qu'on me ramène.

LA VALETTE, *avec empire.*

Restez. — L'heure n'est plus à la justice humaine :
Elle appartient à Dieu. Commandeur, écoutez.
 Voilà sept ans déjà que vous me détestez.
Longtemps vous m'aviez craint comme un rival de gloire ;
Mais quand l'ordre sur vous me donna la victoire,
Quand par son libre choix votre espoir fut trahi,

La mesure était comble, et vous m'avez haï.
Ce que j'ai pu souffrir de cette longue haine,
Dieu l'a vu. Laissons-lui le secret de ma peine :
Je n'ai que faire ici de vous le confier;
Encore moins aurais-je à me justifier.
 Toutefois quand je vais au combat, quand peut-être
Au divin tribunal je vais bientôt paraître,
Je tenais à vous dire, et devant ces témoins,
Qu'en m'estimant aigri vous vous trompiez du moins;
Que jamais, non., jamais cette âme tant blessée
N'entretint contre vous une amère pensée.
 M'en croirez-vous? Hélas! peut-être, à cet instant,
Votre esprit soupçonneux murmure en m'écoutant,
Et, docile à flatter le chagrin qui vous ronge,
Vous accusez tout bas mes bontés de mensonge.
Mais Dieu nous jugera; mais, quand viendra son jour,
Dans mon cœur dévoilé vous lirez mon amour;
Vous apprendrez comment, lorsque votre colère
A le décourager paraissait se complaire,
Malgré vous, obstiné dans un meilleur espoir,
Cet amour faisait tout pour vous rendre au devoir.
 J'achève, et dût ce mot qu'en partant je vous laisse
De votre âme ombrageuse irriter la faiblesse,
Frère, je vous pardonne, et tout l'ordre avec moi;
L'ordre vous affranchit des rigueurs de la loi;
Vous êtes libre enfin. Plus heureux et plus sage,
De votre liberté faites un noble usage.

LA CERDA, à part.

Ciel !

LA VALETTE

 Je vous laisse. Adieu, peut-être pour toujours.

Il se retourne vers les chevaliers.

Et maintenant voici le plus beau de nos jours.
Pour la dernière fois allons braver le glaive.
Chevaliers, aux remparts!

TOUS

Aux remparts!

Tous sortent, excepté Rodrigue, qui demeure au fond du théâtre. La Cerda reste, comme accablé, sur le devant de la scène.

SCÈNE II

LA CERDA, RODRIGUE

LA CERDA, se croyant seul.

Est-ce un rêve?
Il était là, cet homme, entouré de sa cour;
Il parlait de pardon, de clémence, d'amour.
Et moi, surpris, frappé d'une stupeur muette,
En coupable, en vaincu, j'écoutais la Valette.
O honte! il m'a fait grâce, et, la rougeur au front,
J'ai paru comme un lâche accepter cet affront.
Que dis-je? en cet instant, quand je veux le maudire,
Il semble malgré moi que mon courroux expire.
Moi fléchir! moi céder! Suis-je tombé si bas?
Tais-toi, voix importune.

RODRIGUE, s'avançant vivement en scène.

Oh! ne l'étouffez pas.

LA CERDA

On m'écoutait!... C'est vous!

RODRIGUE

Il faut que je vous voie,
Il faut que je vous parle.

LA CERDA

Enfant, ma seule joie,
Ange consolateur de ma captivité!
Rodrigue, unique bien qu'ils ne m'ont pas ôté!

RODRIGUE

Mon oncle!

LA CERDA

Près de vous, dans mon âme en détresse
Je sens frémir encore un souffle de tendresse;
Les maux sont adoucis, les ennuis sont charmés,
Car seul, quand tout me hait, Rodrigue, vous m'aimez.

RODRIGUE

Pourquoi de cette erreur vous torturer vous-même?
Qui vous hait? L'ordre entier vous regrette et vous aime;
Monseigneur, l'ordre entier vous plaint et vous défend.

LA CERDA

Rodrigue!

RODRIGUE

Je le sais, j'en suis sûr.

LA CERDA

Pauvre enfant!
Vous n'avez point vécu; l'amère expérience
N'a point dans votre cœur éteint la confiance.
Crédule aux beaux semblants, prompt à les accueillir,
Dieu lui donne, à ce cœur, de ne jamais vieillir!

RODRIGUE

Croyez...

LA CERDA

Qu'avez-vous dit? On m'aime! on me regrette!
Mais de qui parlez-vous? Est-ce de la Valette?
M'oserez-vous nommer quelqu'un de ses flatteurs,
De ses fausses vertus lâches adorateurs?
Rivaux ou courtisans, par crainte ou par envie,
Quand ils ont sans relâche empoisonné ma vie,
Confiné ma vaillance au fond d'une prison,
D'un opprobre éternel souillé notre blason;
Vous croyez aux regrets dont leur pitié m'honore?

RODRIGUE

Mais ce blason terni peut resplendir encore.
Quand tout semblait perdu, Dieu vient de vous offrir
L'infaillible moyen de tout reconquérir.
Heureux pendant vingt ans, voulez-vous encor l'être?
Consentez seulement.

LA CERDA

A ramper sous un maître?
A dire que je cède et que je me soumets?
A me déshonorer? — Non, Rodrigue, jamais.

RODRIGUE

Armez-vous d'une épée et venez aux murailles
Respirer avec nous l'ivresse des batailles.

LA CERDA

Une épée! O fureur! J'en avais une, hélas!
Ils me l'ont prise.

RODRIGUE

Eh bien! vous n'en manquerez pas.
Sur le champ du combat trop de glaives demeurent,
Débris abandonnés par vos frères qui meurent,
Qui meurent quand vous seul ici vous balancez,
Qui meurent, don Juan, quand vous les délaissez.

LA CERDA, prêtant l'oreille.

Oui, l'on combat... — Mais quoi! que veux-tu que je fasse?

RODRIGUE

Venez.

LA CERDA

Moi, dans leurs rangs mendier une place,
A leur cause, à leur gloire, engager ma valeur;
Voir ces fiers ennemis, riant de ma pâleur,
De mon courroux vaincu, de ma haine étouffée,
Me traîner après eux comme un vivant trophée!
Moi, me sacrifiant à qui je ne dois rien,
Mourir pour leur honneur quand ils m'ont pris le mien!

RODRIGUE

Mon Dieu!

LA CERDA

N'espère pas, superbe la Valette,
Que je rende à ce point ta victoire complète,
Non, tu serais trop fier.   Il s'assied.

RODRIGUE

Et moi, trop malheureux

Si je ne vous pressais que de mourir pour eux.
Mais c'est pour le devoir, pour le Ciel.

LA CERDA, ironique.

         Oui, Rodrigue,
Comme vous, de ces mots la Valette est prodigue.

RODRIGUE

Ah! quel que fût celui qui les eût prononcés,
Jadis à votre cœur ces mots parlaient assez.
Votre cœur, en ce temps, brave entre les plus braves,
S'enivrait du danger, s'indignait des entraves,
Ardent au sacrifice et toujours plein de feu
Dès qu'on avait nommé son devoir et son Dieu.
Les récits en venaient jusque dans notre Espagne.
Don Louis, votre frère et sa sainte compagne,
Auprès de mon berceau l'ont conté bien des fois,
Et j'ai connu la gloire au bruit de vos exploits.
Vous fûtes le modèle offert à mes pensées.
Quand expira mon père, entre ses mains glacées
Je promis, je jurai de marcher sur vos pas,
D'apprendre en vous suivant l'honneur et les combats.
Ma mère le voulait : je suis venu loin d'elle
Recueillir vos leçons, contempler mon modèle...
Et j'attends.

LA CERDA

   Il dit vrai. Déchirant souvenir!

RODRIGUE

Souvent, depuis trois mois, daignez en convenir,
Plaignant loin des périls votre ardeur exilée,
Vous avez regretté les cris de la mêlée.
Parfois, dans la prison, — vous en souvenez-vous? —
Quand le bruit de la lutte arrivait jusqu'à nous,
Je vous ai vu frémir de douleur et de rage.
Plus de fers aujourd'hui; tout sert votre courage;
Les ennemis sont là; Dieu vous appelle.

LA CERDA

        Oh! non.

Trop longtemps j'ai vécu dans l'oubli de son nom.
Il ne m'appelle plus.
RODRIGUE
Gardez-vous d'un blasphème.
LA CERDA
Enfant, Dieu n'est que juste. Il se venge.
RODRIGUE
Il vous aime.
Non, ce n'est pas en vain qu'on l'a tant supplié.
Quels que soient vos oublis, lui n'a rien oublié.
Cet héroïque élan de vos jeunes années
D'honneur et de vertu devant lui couronnées,
Tant de sang répandu, tant de faits glorieux,
Tout ce noble passé vit encore à ses yeux.
Pendant la sainte nuit de la veille des armes,
Notre-Dame a compté vos généreuses larmes ;
Son cœur moins inconstant garde en traits immortels
Ce que disait le vôtre au pied de ses autels.
Monseigneur, voulez-vous que le passé renaisse ?
Voulez-vous retrouver votre pure jeunesse,
Reconquérir la paix, la grâce, la fierté ?
Il n'y faut qu'un instant.
LA CERDA
Le sort en est jeté.
Il est trop tard.
RODRIGUE
Eh quoi ! trop tard pour la clémence,
Pour la pitié d'un Dieu, pour cet amour immense
Ouvert jusqu'à la tombe aux plus abandonnés !
Vous ne le croyez pas.
LA CERDA
Et que faire ?
RODRIGUE
Oh ! venez.
Venez sur ce rempart où l'ordre se dévoue,
Sur la brèche où mon sort, où le vôtre se joue.

Retrempé dans le sang et dans le repentir,
D'un baptême nouveau votre honneur va sortir.
LA CERDA, se levant.
Mon Dieu! se pourrait-il?
RODRIGUE
              Hâtons-nous : l'heure avance.
Tous deux par nos exploits illustrons la défense,
Ou périssons tous deux en martyrs de la foi.
Me laisserez-vous seul?
LA CERDA
      Rodrigue, écoutez-moi...
Entre Lascaris.

SCÈNE III

LA CERDA, RODRIGUE, LASCARIS

LA CERDA
Mais que vois-je? Ibrahim!
RODRIGUE
           O fatale rencontre!
LA CERDA
Le Grec, le délateur à mes regards se montre!
LASCARIS
Seigneur!...
LA CERDA
     Viens-tu jouir de mon abaissement,
Ou de tes lâchetés subir le châtiment?
Une épée!
RODRIGUE, à la Cerda.
    Arrêtez.
A Lascaris, en essayant de l'écarter.
      Prince, je vous conjure!...
LASCARIS, à la Cerda.
A vos longues douleurs je pardonne l'injure.
Je cherchais don Rodrigue et ne prévoyais pas,

En le cherchant ici, vous trouver sur mes pas.
Vous souffrez à me voir : je le comprends sans peine.
Il faut de mon aspect vous épargner la gêne.
Je m'éloigne.

LA CERDA
Va-t'en, lâche!

RODRIGUE, à part.
Tout est perdu.

SCÈNE IV

LA CERDA, RODRIGUE

LA CERDA, après un silence.
Rodrigue, il vous cherchait : l'ai-je bien entendu?
Est-il donc votre ami, quand je suis sa victime?
Est-ce en me dénonçant qu'il gagna votre estime?
Et m'expliquerez-vous par quel charme odieux
Tout homme qui me nuit trouve grâce à vos yeux?

RODRIGUE
Faut-il pour un hasard?...

LA CERDA
Oui, sa seule présence
Condamne, sans retour, ma folle complaisance.

RODRIGUE
O malheur!

LA CERDA
Que faisais-je? A quelle indignité
M'entraînait un enfant que j'ai trop écouté?
Qui? moi! je fléchissais! Ma sagesse, endormie
Sous un masque d'honneur, embrassait l'infamie!
Insensé! j'oubliais le jugement, les fers,
Tant d'outrages reçus et tant de maux soufferts!
Cet homme en paraissant m'a rendu la mémoire,
Et l'orgueil de ma race et le soin de ma gloire.

Je triomphe, et ce cœur, que vous aviez surpris,
S'enivre de fureur, de haine et de mépris.

RODRIGUE

Vous repoussez mes vœux ?

LA CERDA

Je n'y vois qu'une offense.

RODRIGUE

Vous ne combattrez point ?

LA CERDA

Jamais pour leur défense.

RODRIGUE

Mais quel sort vous attend ?

LA CERDA

Ah ! le plus rigoureux
L'est bien moins que l'affront de combattre pour eux.
Allez donc, si votre âme y trouve tant de charmes,
Allez, noble hidalgo, pour vos premières armes,
Ou complice ou jouet de mes persécuteurs,
Courtiser jusqu'au sang le maître et ses flatteurs.
Faites-vous un honneur de cette ignominie.
Ma raison vous condamne et ma voix vous renie
Au nom de tant d'aïeux que vous voulez flétrir.
Allez !   *Il s'assied.*

RODRIGUE, après un silence.

Oui, don Juan, je n'ai plus qu'à mourir,
Et j'y vais. — Mais, un jour, Dieu rendra témoignage
Qui de vous ou de moi fit honte à son lignage ;
Mais apprenez, du moins, ce que pour vous je fus,
Et connaissez le cœur que brisent vos refus.

Je n'ai rien épargné pour fléchir votre haine.
Innocent de vos torts, j'en ai subi la peine.
L'opprobre était sur vous ; j'en ai porté ma part.
Tandis que l'ordre entier s'illustrait au rempart,
Moi seul, triste rebut de la sainte milice,
D'un repos dévorant j'ai connu le supplice.

Théâtre chrétien.

Et que dis-je? avec vous partageant la prison,
Abreuvé de mépris, suspect de trahison,
J'ai voulu, j'ai chéri ma renommée infâme :
J'étais libre, à ce prix, d'essayer sur votre âme
Des efforts toujours vains et toujours dédaignés.
Voilà ce que j'ai fait. — Quoi! vous vous indignez,
Vous croyez ma valeur lâchement asservie,
Parce qu'à mon drapeau je veux donner ma vie!
Mais pour vous, pour vous rendre au devoir, au bonheur,
J'ai donné cent fois plus, j'ai donné mon honneur.
  Hélas! de votre voix j'en reçois l'assurance,
Tant d'amour est vaincu, vaincu sans espérance.
Adieu donc. C'en est fait : votre aveugle courroux,
Rompant le dernier nœud qui m'attachait à vous,
Affranchit une ardeur pour vous seul enchaînée.
Je vous quitte et vous laisse à votre destinée,
A cet orgueil hautain que je n'ai pu toucher,
Au remords que l'orgueil ne sait plus vous cacher.
Triomphez, don Juan : votre victoire est belle.
Grâce, nature, honneur, tout vous laisse rebelle.
C'est bien. Dieu se retire et l'enfer applaudit.
Vous avez tout vaincu, tout lassé... — Qu'ai-je dit?
Oh! non, vous ne vaincrez ni le ciel ni moi-même;
Non, je n'ai pas été jusqu'à l'effort suprême,
Et, dans mon désespoir, une espérance a lui.
Seigneur, prenez mon sang; je vous l'offre pour lui.
Adieu!...

Il va pour sortir.

LA CERDA, se levant vivement.

 Rodrigue!

RODRIGUE

 Adieu!

LA CERDA

  Vivez!... Daignez m'entendre.

RODRIGUE, revenant.

Ah! vous tremblez pour moi! Venez donc me défendre.

LA CERDA, avec désespoir.

Je ne puis.

RODRIGUE

Si je meurs, vous viendrez me venger.

Il sort.

SCÈNE V

LA CERDA seul.

Il m'échappe, il s'élance au-devant du danger...
Rodrigue !... — Il n'entend plus. Ah ! douleur trop amère !
Il va périr. Et moi, que dirai-je à sa mère ?
Qu'ai-je fait ? De mon corps je devais le couvrir ;
Lâche ! et si près de moi je le laisse mourir !
Il m'appelle. Cédons.

Il s'élance, puis s'arrête comme accablé.

Cédons ! Le puis-je encore ?
Suis-je mon maître ? — Orgueil, despote que j'abhorre,
Capricieux tyran, sombre fatalité
Qui pèses sur ma vie et sur ma liberté !
Hélas ! j'ai mal connu tes menteuses caresses
Et les dégoûts amers qui suivent tes ivresses.
J'ai trop vite épuisé tes charmes décevants ;
Mais je ne savais pas à quel prix tu les vends.
Au moins, de ces combats m'épargnant la torture,
Il fallait dans mon cœur étouffer la nature.
Je souffre, et je maudis ton empire imparfait.
Tyran, laisse-moi libre ou règne tout à fait.

Il s'assied. Un silence.

Ah ! que n'est-il resté dans notre chère Espagne,
A l'abri du malheur qui partout m'accompagne !
Qui l'appelait ici ? quels rêves imposteurs
L'ont jeté dans les bras de mes persécuteurs ?

Lui, si jeune et déjà marqué pour le carnage!
Ce sont eux, c'est leur voix qui, trompant son jeune âge,
Le poussait à la mort qu'il vient d'aller chercher.
Et pourquoi? Pour le perdre et pour me l'arracher.
Rendez-le-moi, cruels!... Mais quoi! je les accuse!
Non, plus d'illusions : ma douleur s'y refuse.
Las du crime et pourtant si loin du repentir,
A moi-même, au remords, je ne sais plus mentir.
C'est moi qui l'ai perdu, moi seul... — Rodrigue, arrête!
Le cimeterre brille, il menace ta tête.
Je vois ton sang couler, je te vois expirant,
Tu me cherches en vain de ton regard mourant;
Et moi, maudit, maudit du seul être que j'aime,
Toujours... — J'entends des pas. Qui vient?

Entre don Jaime.

SCÈNE VI

LA CERDA, DON JAIME

LA CERDA

C'est vous, don Jaime?
Et Rodrigue?

DON JAIME

Un moment j'ai pu l'apercevoir.

LA CERDA

Que fait-il? Oh! parlez.

DON JAIME

Il remplit son devoir.
Près de moi, l'œil en feu, la tête échevelée,
Je l'ai vu comme un trait passer dans la mêlée.
Il ne m'a dit qu'un mot : « Sauvez mon oncle. »

LA CERDA

Hélas!
Qui le sauvera, lui?

DON JAIME
Pour lui ne tremblez pas.

LA CERDA
Mais je crains tout, je crains sa fougue téméraire...
Il va périr!

DON JAIME
Hé bien! répondez-moi, mon frère.
Au poste de l'honneur s'il succombe aujourd'hui,
Qui jugez-vous à plaindre? Est-ce vous? est-ce lui?

LA CERDA
Ne m'interrogez pas.

DON JAIME
Rodrigue est à sa place :
Il défend sa bannière, il honore sa race.
Il est heureux. Et vous?

LA CERDA
J'accomplis mon destin.
Laissez-moi.

DON JAIME
Songez-vous qu'aujourd'hui, ce matin,
A quelques pas de vous, dans un choc homicide,
De notre sort à tous la fortune décide ;
Que, repoussés deux fois, les flots envahisseurs
Accablent à nouveau nos rares défenseurs ;
Que nos gens épuisés...?

LA CERDA
N'ont-ils pas leur grand maître?
Que fait votre héros? C'est l'heure de paraître.
Qu'il vous sauve, s'il peut.

DON JAIME
Malheureux, arrêtez,
Car c'est à des mourants qu'ici vous insultez.
Ce héros que poursuit votre aveugle folie,
Ne croyez pas du moins que son cœur vous oublie.
Tout à l'heure, au combat, sous le feu, sous les coups,
Devant la mort présente, il me parlait de vous.

LA CERDA, avec hauteur.

Vous venez de sa part?

DON JAIME

Non, c'est Dieu qui m'envoie;
C'est le Dieu qui pardonne et le Dieu qui foudroie,
Le Dieu qui, las enfin de ne rien obtenir,
Voit la mesure comble et s'apprête à punir.
Croyez-vous que sans fin sa justice trompée...?

Entre Manfredi, l'épée de Rodrigue à la main.

SCÈNE VII

LA CERDA, DON JAIME, MANFREDI

MANFREDI

La Cerda!

LA CERDA

Qui m'appelle?... Ah! grand Dieu! cette épée...

MANFREDI

La reconnaissez-vous?

LA CERDA

C'est la sienne?

DON JAIME

Il est mort?

LA CERDA

O terre, engloutis-moi!

Il tombe à genoux.

DON JAIME

Frère, soyez plus fort.

LA CERDA, se relevant à demi.

Voilà le châtiment.

DON JAIME

Non, voilà l'espérance.
Un martyr vous protège.

LA CERDA, se relevant tout à fait.

Ah ! dernière souffrance !
Dernier coup dont je meurs et qui m'était bien dû !
Ne m'a-t-il point maudit ? L'avez-vous entendu ?

MANFREDI

Sa voix, en expirant, vous bénissait encore.

LA CERDA

Moi ! moi !

DON JAIME

Qui l'a frappé ?

MANFREDI

Le trait d'un archer more.
J'étais là ; je l'ai vu pâlir et chanceler.
Soutenu dans mes bras, il a pu me parler.
« Adieu, murmurait-il : c'est mon heure suprême..
Courez vers don Juan ; dites-lui que je l'aime,
Et son cœur, ébranlé par de si longs combats,
A la voix de la mort ne résistera pas. »

LA CERDA

Rodrigue !

MANFREDI

Puis, pour vous me léguant cette épée,
Que dans son propre sang d'abord il a trempée...

LA CERDA

Dans son sang ! Ah ! donnez.

Il saisit l'épée de Rodrigue et la baise.

MANFREDI

« Qu'il la prenne, a-t-il dit,
Qu'avec elle... » — A ce mot, tout son corps se roidit,
L'œil s'égare et s'éteint, la poitrine oppressée
Étouffe en un sanglot sa dernière pensée.
Il expire.

DON JAIME, à la Cerda.

Il expire ainsi qu'il a vécu,
Pour l'honneur et pour vous.

LA CERDA, brandissant l'épée de Rodrigue.

Vengeance !

Il sort.

SCÈNE VIII

DON JAIME, MANFREDI

DON JAIME
Il est vaincu.
Mais il faut au grand maître en porter la nouvelle.
MANFREDI
Où le trouverez-vous?... — Ah! je me le rappelle,
A l'heure où cet enfant reçut le coup de mort,
Vers le poste d'Auvergne il guidait un renfort.
DON JAIME
J'y cours. Vous, Manfredi, retournez aux murailles.
Je l'instruirai de tout.
Entre Lascaris.

SCÈNE IX

DON JAIME, MANFREDI, LASCARIS

LASCARIS
Gloire au Dieu des batailles!
Les galions d'Espagne!... Oui, nous sommes sauvés.
MANFREDI
Se peut-il?
LASCARIS
Dans une heure ils seront arrivés.
N'en doutez pas. Le vent qui les pousse à la terre
Apporte jusqu'à nous le bruit de leur tonnerre.
MANFREDI
Mais en êtes-vous sûr?
DON JAIME
On les a reconnus?

LASCARIS
Ils nous rendent déjà les signaux convenus.
C'est bien le vice-roi.

MANFREDI
Triomphe!

DON JAIME
O jour prospère!
Notre-Dame est pour nous.
Entre la Valette, suivi de Monti et de Castriot.

SCÈNE X

LA VALETTE, MONTI, CASTRIOT, DON JAIME
MANFREDI, LASCARIS

LA VALETTE, à don Jaime.
Venez, venez, mon père!
L'infidèle est en fuite et j'accomplis mon vœu.
Il reprend aux pieds du crucifix son bâton de commandement.
A Saint-Jean!
Il va pour sortir. — Entrent Coppier et Roblès.

SCÈNE XI

LES MÊMES, COPPIER, ROBLÈS

ROBLÈS
Monseigneur, leurs tentes sont en feu.

COPPIER
Les fuyards éperdus se pressent au rivage.
On peut dans ce troupeau faire un affreux ravage.
Commandez.

LA VALETTE
Et pourquoi ces meurtres superflus?

DON JAIME
Pour jeter à l'enfer quelques âmes de plus?

MONTI
D'ailleurs au vice-roi leur défaite les livre.

CASTRIOT
Laissons. Qu'il ait au moins l'honneur de les poursuivre.

LA VALETTE
Oui, venez.

Entre la Cerda, la tête nue, en désordre, l'épée de Rodrigue à la main. Il traverse le groupe des chevaliers et se jette sans rien dire aux pieds du grand maître.

SCÈNE XII

LES MÊMES, LA CERDA

ROBLÈS
La Cerda!

LA VALETTE
Dieu! c'est trop à la fois,
Vous m'accablez... — Mon frère, est-ce vous que je vois?

LA CERDA
Oui, c'est le criminel, monseigneur, c'est lui-même
Qui frémit à vos pieds, qui pleure... et qui vous aime.

LA VALETTE
Enfin! — Merci, mon Dieu! — Don Juan, levez-vous,
C'est ici votre place.
Il le serre sur son cœur.

LA CERDA
Elle est à vos genoux.
J'y voudrais expirer, le front dans la poussière...
Quand d'un enfant martyr la volonté dernière...

LA VALETTE
Rodrigue?
La Cerda fond en larmes sans répondre.

DON JAIME
De sa mort c'est le fruit glorieux.
Il a fait ce miracle; il en jouit des cieux.

LA VALETTE
Il n'est plus!

LA CERDA
L'innocence a payé pour le crime.
Rodrigue est mon sauveur, mais il est ma victime.
Il a fallu son sang pour vaincre mon orgueil.

LA VALETTE
O mystère sacré d'allégresse et de deuil!
Rodrigue!...

LA CERDA
À lui la gloire, à moi la pénitence,
Monseigneur.
Il se tourne vers Monti.
Amiral, j'attends votre sentence.
Ordonnez : mon destin me semblera trop beau,
Si vous me laissez vivre auprès de son tombeau.

LA VALETTE
Nous, punir, quand le Ciel a fait miséricorde!

MONTI
Je ne sais point reprendre un pardon que j'accorde.
Ce matin même, ici, l'oubli fut prononcé,
Commandeur. Entre nous il n'est plus de passé.
Il lui tend les mains, que la Cerda serre en silence.

LA VALETTE
Donnons donc tout ce jour à la joie, à la gloire,
Et que Malte à jamais en garde la mémoire.
Dieu triomphe par nous. Venez, frères, amis,
Accomplir avec moi ce que j'avais promis.
Pour le Croissant vaincu, pour l'Europe sauvée,
A l'autel de Saint-Jean déposons ce trophée.
Il prend la Cerda par la main, et continue s'adressant à lui.
Et nous, qu'ont réunis les bontés du Seigneur,
Nous, qui d'un même deuil payons tant de bonheur,

Demain nous pleurerons sur deux tombes bien chères
Ces larmes de la foi qui ne sont point amères.
Honneur à nos martyrs !

DON JAIME

Oui, voilà les vainqueurs
Qui rachètent le monde et qui changent les cœurs.

FIN DE JEAN DE LA VALETTE

CONNOR O'NIAL

ou

L'IRLANDE SOUS ÉDOUARD VI

TRAGÉDIE

EN CINQ ACTES ET EN VERS

PERSONNAGES

Connor O'NIAL, comte de Tyrone.
Shane* O'NIAL, fils aîné du comte.
Richard O'NIAL, baron de Dungannon, second fils du comte.
Hugues O'NIAL, fils de Richard.
O'KERVALAN, évêque de Clogher.
Lord William GRAY, délégué du lord lieutenant d'Irlande.
NORBERT, ancien serviteur et barde de Connor.
KILDARE**, chevalier de Malte.
O'DONNEL, chef du clan de Tirconnel.
MAGUIRE, chef du clan de Fermanagh.
Mac DORA, ancien chef des Gallow-Glass (gardes des O'Nial).
O'MEAGHLIN***,
Mac GENNIS,   } nobles Irlandais.
O'CARROL
Écuyers, Pages, Archers anglais, Soldats et Paysans irlandais

La scène se passe dans l'Ulster (Irlande du Nord) près du lac Neagh, d'abord aux environs d'Antrim, puis au manoir de Lungar (1549)

(On se rapproche autant que possible de la prononciation anglaise : * Chééne, ** Kildéére, *** O'Miglinn, etc.)

En 1542, Henri VIII entreprend d'imposer à l'Irlande les lois anglaises et le schisme. L'Ulster (Irlande du Nord) se soulève à la voix de Connor O'Nial, son souverain. Mais bientôt le vieux chef, par complaisance pour son second fils vendu à l'étranger, abandonne la lutte, passe en Angleterre et se soumet au roi. Au retour, il se fixe à Dublin, n'osant affronter le mécontentement de ses vassaux.

Enfin, en 1549, sous Édouard VI, il revient dans l'Ulster, où Shane O'Nial, son fils aîné, le regagne à la cause du catholicisme et de l'Irlande.

Plus tard, Shane O'Nial et son neveu Hugues soutiennent glorieusement la lutte contre l'Angleterre (1549-1602).

CONNOR O'NIAL

ou

L'IRLANDE SOUS ÉDOUARD VI

ACTE PREMIER

LES BORDS DU LAC NEAGH AUX ENVIRONS D'ANTRIM. PAYSAGE. UNE CABANE DE PAYSAN AISÉ. UN BANC DE PIERRE PRÈS DE LA PORTE

SCÈNE I

NORBERT, O'KERVALAN

NORBERT

Il est assis sur le banc de pierre. Il voit entrer O'Kervalan, l'examine un instant avec surprise, puis se lève tout à coup.

L'évêque de Clogher !

O'KERVALAN, s'avançant rapidement.

Oui, c'est lui. — Mais silence !
Norbert. De nos tyrans craignons la vigilance.
Le nom d'O'Kervalan leur est trop odieux.
Appelle-moi Gerald.

NORBERT, le faisant asseoir.

Eh quoi ! vous, dans ces lieux !
L'Ulster va donc cesser de pleurer son veuvage.

O'KERVALAN

Hier à Donegall j'abordais son rivage.
A Rome, au Vatican, trop longtemps retenu,
O mon Irlande! enfin, me voici revenu.

NORBERT

Après sept ans d'exil!

O'KERVALAN

Mais quel est ce mystère?
Notre navire à peine avait touché la terre,
Quand un jeune inconnu, qui m'attendait au port
Et de mon nom d'emprunt m'a salué d'abord,
Sans vouloir s'expliquer m'a remis ce message.

NORBERT

Ah! c'est du noble Shane.

O'KERVALAN

Instruit de mon passage,
Vers ta demeure, ici, Shane adresse mes pas.
Qui l'a donc informé?

NORBERT

Ne vous étonnez pas.
Mieux servi, plus aimé que pas un de nos princes,
Shane a des yeux ouverts dans nos quatre provinces.
Du jour où, dans Tarah, le trop faible Connor
Inféoda l'Ulster au second des Tudor,
Par le crime du père un moment consternée,
Vers le fils innocent l'Irlande s'est tournée,
Et, prompte à saluer le vengeur à venir,
Se repose sur lui des affronts à punir.
Oublié des Anglais, sans effort et sans titre,
Shane des clans du Nord est devenu l'arbitre :
Qu'il parle, et dès demain tout le pays en feu
Rappelle ses vainqueurs au jugement de Dieu.

O'KERVALAN

Quoi! Shane y songerait! tu le crois?

NORBERT

Je l'espère.

O'KERVALAN

Et serait-ce bientôt?

NORBERT

Tout dépend de son père.

O'KERVALAN

Oui, de Connor O'Nial.

NORBERT

Prenez garde, seigneur.
L'Angleterre a proscrit ce vieux titre d'honneur.
Le roi qui lâchement lui vendit sa couronne
S'appelle désormais le comte de Tyrone.
L'oubliez-vous?

O'KERVALAN

Qui? moi? Je voudrais le pouvoir.
Oublier tous ces maux que de près j'ai dû voir!
Pour l'Irlande et pour Dieu cette guerre entreprise,
Tant d'espoir, tant de foi; puis un jour, ô surprise!
Au fond de tous les cœurs le courage glacé.
Quel rêve! A l'ennemi Connor avait passé.
Transfuge et renégat de sa propre bannière,
Notre chef nous livrait... et, pour honte dernière,
Aux pieds d'un Henri huit humiliant les droits
Qu'il tenait de Dieu même et du sang de vingt rois,
Au Néron d'Angleterre il en faisait hommage...
Mes yeux, depuis sept ans, en ont gardé l'image.
Il est là, je le vois, ce vieillard à genoux,
Signant le déshonneur pour lui-même et pour nous,
Pâle, abattu, sans voix, l'âme d'horreur saisie,
Acceptant l'esclavage avec l'apostasie;
Tandis qu'à ses côtés le second de ses fils,
Ivre de tant de vœux en un jour assouvis,
Richard, son préféré, l'œil éclatant de joie,
Nous couvait du regard comme on couve une proie...
Oublier! non, jamais.

NORBERT

Plus ferme et plus heureux,
L'exil récompensa vos refus généreux.

O'KERVALAN

Mais, Norbert, est-il vrai que ton coupable maître
Aux yeux de ses vassaux n'ose plus reparaître ?
Loin de vous, à Dublin, se cache-t-il toujours ?

NORBERT

Connor est à Lungar.

O'KERVALAN

Si près !

NORBERT

Depuis dix jours,
L'exilé volontaire a revu son domaine.

O'KERVALAN

Le remords l'en bannit : c'est Dieu qui l'y ramène ;
Il se repent, Norbert.

NORBERT, avec amertume.

Du moins son repentir
Des mains de ses geôliers ne l'a point fait sortir.
Il garde à ses côtés nos deux mauvais génies,
Richard et William Gray.

O'KERVALAN

Ce maître en félonies,
Ce politique froid, légiste, courtisan,
Du crime de Tarah venimeux artisan ?

NORBERT

Il est ici. Dieu sait les maux qu'il nous apporte.
Déjà les cent archers qui forment son escorte
Du palais de Connor ont fait une prison.

O'KERVALAN

Sous le toit des O'Nial l'Anglais tient garnison !

NORBERT

Nous l'attendions, seigneur, et tandis qu'il se vante
De ne trouver chez nous que trouble et qu'épouvante,
Tous les bras sont armés et tous les cœurs sont prêts.
Descendus de nos monts, sortis de nos forêts,
Nous irions dans son antre écraser la vipère,
Si Shane, ambitieux de regagner son père...

O'KERVALAN
Je le connais bien là. — Mais que faire?

NORBERT
Écoutez!
A Lungar aujourd'hui nos chefs sont invités.

O'KERVALAN
Ils iront?

NORBERT
Oui, peut-être. En attendant la fête,
Un autre rendez-vous ici même s'apprête,
Dont Richard et l'Anglais ne seront pas témoins.
Conduit par le hasard, — il le croira du moins, —
Connor doit avec nous se trouver face à face.
Nous parlerons alors.

O'KERVALAN
Et que veux-tu qu'il fasse?

NORBERT
Il cédera.

O'KERVALAN
Craignez d'irriter son orgueil.
Shane est du rendez-vous?

NORBERT
Sans doute.

O'KERVALAN
Et de quel œil
Veut-on que le vieillard soutienne son approche?
Ce fils pour sa faiblesse est un vivant reproche.
Quand Shane à tous les biens préféra le devoir,
Son père fit serment de ne plus le revoir.

NORBERT
Tout est changé depuis. De trop longues souffrances
Ont payé du vieillard les folles préférences.
— On vient.

Entre O'Meaghlin.

SCÈNE II

NORBERT, O'KERVALAN, O'MEAGHLIN

O'MEAGHLIN
Ah! je craignais de les trouver ici.

NORBERT
Déjà, sire O'Meaghlin!

O'MEAGHLIN
Je n'ai pas réussi.

NORBERT
Connor...?

O'MEAGHLIN
Dans un moment tu vas le voir paraître.

O'KERVALAN
Il vient?

O'MEAGHLIN
Mais..., ce Richard!...

NORBERT
Il l'a suivi, le traître?

O'MEAGHLIN
Je n'ai pu l'empêcher.

O'KERVALAN
Funeste contre-temps!

O'MEAGHLIN, à Norbert.
Montre-moi le chemin par où tu les attends.

NORBERT
A droite, au coin du bois, le sentier qui remonte.

O'MEAGHLIN
Il faut les arrêter. Reste et retiens le comte.
Il sort.

O'KERVALAN, à Norbert.
Mais je ne puis non plus demeurer en ce lieu.

NORBERT
Non; suivez O'Meaghlin, maître Gerald. Adieu.
O'Kervalan sort.

SCÈNE III

NORBERT, seul.

Tous nos plans sont détruits, perdus... O Providence!
Quand de tes serviteurs tu confonds la prudence,
Augmente en eux la foi qu'il te plaît d'éprouver
Et sauve malgré tout ce qu'ils voulaient sauver.
> *Il aperçoit de loin Connor et le suit des yeux.*

Mais le voilà; c'est lui. Mon infortuné maître!
A peine en le voyant l'aurais-je pu connaître...
Que sa tête a blanchi! Que ses pas sont pesants!
Ah! le crime à porter pèse plus que les ans...
Dans ses traits altérés la douleur se fait lire.
O Ciel, inspire-moi ce que je dois lui dire.
> *Entrent Connor, Richard et deux pages.*

SCÈNE IV

NORBERT, CONNOR, RICHARD, Pages

NORBERT
Il va au-devant de Connor, met un genou en terre et lui baise la main.

Monseigneur!

CONNOR, le relevant.

Quoi! Norbert, ici je te revois,
Toi, mon page, mon barde, aux beaux jours d'autrefois!
Est-ce là ta demeure, en ce bois solitaire?

NORBERT

Je tiens de vos bontés cet humble coin de terre,
Et, depuis nos malheurs...

RICHARD, sèchement.

Lesquels?

NORBERT, à Richard.
                              Ignorez-vous
Que, sept ans, monseigneur a vécu loin de nous?
Quand le maître aux sujets fit aimer sa puissance,
Peut-être ils ont le droit de pleurer son absence.
              CONNOR, assis sur le banc de pierre.
Autant que les sujets le maître en a gémi,
Et, depuis le retour, crois-moi, fidèle ami,
Il semble parmi vous que mon printemps renaisse.
O théâtre enchanté de ma fière jeunesse,
Mon beau pays d'Ulster où je reviens finir!
Lac, montagnes, forêts! O fleurs du souvenir!
O parfums retrouvés de ce passé que j'aime!
                     A demi-voix, après une pause.
Que ne puis-je aussi bien le retrouver lui-même?
                              Encore plus sombre.
On ne vit qu'une fois.
              RICHARD, intervenant brusquement.
                         Regagnons le manoir,
Mon père. A l'horizon voyez-vous ce point noir?
D'ailleurs il faut hâter les apprêts de la fête.
Retournons.
                    CONNOR
          Quoi! déjà!
                    NORBERT
              Vous craignez la tempête?
                    RICHARD
Que t'importe, vassal?
                    CONNOR
              Non, Richard; un moment.
O'Meaghlin ici près cherche un site charmant
Dont il compte à nos yeux ménager la surprise.
Attendons-le du moins. — Vois comme sous la brise
Tout le lac étincelle en éclairs argentés...
              Richard répond par un geste d'impatience.
Mais, nourri loin de nous dans le bruit des cités,
A ces calmes plaisirs ton âme est plus rebelle.

RICHARD, piqué.

Peut-être.

CONNOR, à Norbert.

Et cependant que notre Irlande est belle !
Et quel barde inspiré ne la nomme en ses vers
L'émeraude du Nord et le joyau des mers ?
N'est-ce pas ?

NORBERT

Monseigneur, Dieu, qui l'a tant chérie,
Entre toutes combla notre sainte patrie.
Voilà pourquoi ses fils, à la vie, à la mort,
Lui gardent un amour et si tendre et si fort.

CONNOR

Mais toi-même, autrefois, chantant sa noble histoire,
A nos festins joyeux tu conviais la gloire.
L'âme des vieux héros tressaillait dans ta voix.
Quel jour t'ai-je entendu pour la dernière fois ?
C'était...

NORBERT, hésitant.

C'était un jour plein d'espoir et d'ivresse...
Dans Tarah ..

RICHARD

Que dit-il ?

CONNOR, à part.

Souvenir qui m'oppresse !
Ne pourrai-je le fuir ?

NORBERT

Le barde, monseigneur,
Veut des jours d'espérance ou des jours de bonheur ;
Et depuis lors...

RICHARD

Tais-toi.

NORBERT

Vous m'imposez silence ?
De quel droit ?

RICHARD

Malheureux !

NORBERT
          Trêve de violence.
Votre père est ici, que j'ai servi vingt ans;
Ses ordres me sont chers, aussi je les attends;
Mais je doute, seigneur, que son âme offensée
Me commande jamais de trahir ma pensée.

CONNOR
Laisse, Richard, et crains la langue du flatteur
Plus que les francs discours d'un loyal serviteur.
Rappelle-toi, mon fils, que, parmi nos ancêtres,
Les plus fiers chevaliers furent les plus doux maîtres.
Toi, Norbert, à Lungar tu viendras aujourd'hui.
Ton seigneur est en fête, il te veut près de lui.

NORBERT
Aimerait-il encor les chants de la patrie?

CONNOR
Oui, dis-nous au festin quelque vieille féerie;
Chante la verte Érin et les noms de ses preux,
          Attirant à lui Norbert et à demi-voix.
Comme tu les chantais quand nous étions heureux.
          Entre O'Meaghlin.

SCÈNE V

NORBERT, CONNOR, RICHARD, O'MEAGHLIN

          RICHARD, *apercevant O'Meaghlin.*
Enfin!

CONNOR
C'est O'Meaghlin?

O'MEAGHLIN
          Pardonnez, milord comte,
D'un vague souvenir je faisais trop de compte
Et j'interroge en vain tous les bois d'alentour.

CONNOR
Tu n'as rien découvert?

O'MEAGHLIN
Non.

RICHARD
Songeons au retour.
Qui nous arrête?

CONNOR
Allons.

O'MEAGHLIN
La brise nous invite
Et la barque au manoir abordera bien vite.

CONNOR, à Norbert.
Mon désir t'est connu.

NORBERT
Vous serez obéi.

Connor sort avec sa suite.

SCÈNE VI

NORBERT, seul.

Chanter à ce festin, dans l'Ulster envahi,
Sous le regard altier des archers d'Angleterre
Qui souillent de nos rois l'asile héréditaire,
Tandis que William Gray, derrière eux abrité,
Prépare un coup mortel à notre liberté!...
Mais Connor l'a voulu. Quel étrange caprice!
Devait-il provoquer ma voix accusatrice
A lui jeter les noms de nos illustres morts?
Trouve-t-on quelque charme à nourrir le remords?
Veut-il, au souvenir d'un âge plus prospère...?
J'aperçois nos amis.

Entre Shane avec les Irlandais.

SCÈNE VII

NORBERT, SHANE, O'DONNELL, KILDARE,
MAGUIRE, O'CARROLL, MAC DORA,
ÉCUYERS

SHANE, à Norbert.
Eh bien! qu'a dit mon père?
Parle. Quels sentiments laisse-t-il entrevoir?

NORBERT
Il souffre, noble Shane.

KILDARE
Est-ce un gage d'espoir?

SHANE
Kildare, en doutez-vous?

NORBERT
Plein du passé qu'il aime,
Il voudrait, m'a-t-il dit, le retrouver lui-même.

O'CARROLL
Est-il vrai?

MAC DORA
Le passé ne se retrouve pas.

SHANE
On le répare.

NORBERT
Il veut qu'aujourd'hui, sur vos pas,
A Lungar, au festin, je reprenne ma place
Pour chanter devant lui les gloires de sa race.

SHANE
Non, le sang des O'Nial ne pouvait pas mentir,
Et bientôt...

O'DONNELL
Vous croyez...

SHANE

                Je crois au repentir,
Je crois aux jours plus beaux dont j'entrevois l'aurore;
Je crois au noble chef que vous aimez encore,
A son cœur faible un jour et sept ans malheureux.
J'en réponds sur le mien.

MAGUIRE

                Vous êtes généreux.

KILDARE

Mais ne vous bercez pas d'espérances trop vaines.

O'DONNELL

Tout le sang des O'Nial a passé dans vos veines,
Brave Shane; et Connor...

SHANE, vivement.

                Est mon père, O'Donnell.

MAC DORA

Mais ce père envers vous n'est-il pas criminel?

MAGUIRE

Quand par un coup soudain Béatrice ravie
Expira dans sa fleur en vous donnant la vie,
Ne l'avons-nous pas vu, par un indigne choix,
Au sang du forgeron mêler le sang des rois,
Et dès lors, amitié, tendresse, confiance,
Prodiguer tout au fils de la mésalliance,
A l'insolent Richard?

SHANE

                Assez, Maguire, assez.
Dieu garde le secret des pleurs que j'ai versés!
Ils ont fait mon trésor; ils feront, je l'espère,
La rançon de l'Irlande et celle de mon père.
— Pardonnez : un moment, j'ai besoin de repos.
— Maître Gerald!

   O'Kervalan sort du groupe des écuyers et s'écarte avec Shane. Tous deux vont s'asseoir sur le banc de pierre.

MAC DORA, aux Irlandais.

                Amis, trêve de vains propos.
L'entrevue est manquée : occupons-nous du reste.

O'DONNELL
Faut-il que ce Richard nous soit partout funeste?

O'CARROLL
Irons-nous à Lungar?

KILDARE
Oui, bravons le destin.

MAGUIRE
Allons.

MAC DORA
Et William Gray sera-t-il du festin?

NORBERT
Eh! sans doute. A Lungar n'est-il pas le vrai maître?

KILDARE
L'espion d'Angleterre?

MAGUIRE
Ah! qu'il ose paraître,
Et nous l'écraserons du poids de nos mépris.

O'DONNELL
S'il nous juge abattus, Norbert, il s'est mépris.

O'CARROLL
Messeigneurs, craignez tout de sa froide colère.

MAGUIRE
Nous, le craindre, O'Carroll!

KILDARE
Devons-nous, pour lui plaire,
De notre sainte Érin dépouiller les couleurs?

O'CARROLL
S'il l'exige?...

MAGUIRE
Aux Anglais nous arrachons les leurs.

O'CARROLL
Folles témérités!

O'DONNELL
Non, pas de complaisance.

MAC DORA
De l'émissaire anglais rejetons la présence.

O'CARROLL
Mais sans doute Connor voudra nous l'imposer.

MAGUIRE
Eh bien!

O'CARROLL
Que ferez-vous?

MAGUIRE
Nous n'avons qu'à briser.

SHANE
Depuis quelques instants il prête l'oreille à leur entretien. — A part.
Briser!

O'DONNELL
Voici le jour de l'épreuve suprême.
Il faut que le vieillard prononce aujourd'hui même.

KILDARE
Il le faut.

MAGUIRE
Jusqu'ici nos clans irrésolus
Demain, s'il reste Anglais, ne le connaissent plus.

SHANE, *à part.*
Malheureux!

O'CARROLL
Mais alors?

KILDARE
Alors! tirons l'épée.

O'CARROLL
Contre lui?

MAGUIRE
Pourquoi non?

O'DONNELL
Si l'Irlande est trompée,
Il n'est plus notre chef, il ne nous est plus rien.
Notre devoir est simple.

SHANE, *intervenant tout à coup,*
Et quel sera le mien?

O'CARROLL
Hélas! *Un silence.*

SHANE

Entre quels droits veut-on que je décide ?
Dois-je sauver l'Irlande au prix d'un parricide
Ou la sacrifier à l'honneur paternel ?
Quel est le plus amer et le plus criminel ?
Heureux, vous qui pouvez, libres de tout partage,
De notre seul pays consulter l'avantage !
Moi, j'ai l'Irlande ensemble et mon père à sauver ;
Et quand le ciel, un jour, voulut, pour m'éprouver,
Que ces deux intérêts fussent mis en balance,
J'ai choisi ; mais au prix de quelle violence !
Dieu l'a vu. Seul témoin de l'horreur de ce choix,
Je doute qu'il l'exige une seconde fois.
Du moins, si j'entends mal ses desseins que j'adore,
Laissez-moi me tromper quelques heures encore ;
Ne poussez point à bout mon père, votre roi.
Grâce, grâce pour lui ! C'est me la faire, à moi.

O'CARROLL

Votre chef a parlé.

MAC DORA

Nous voudrions l'entendre.
Mais l'Ulster, dites-moi, peut-il encore attendre ?
Chaque jour qui s'écoule augmente le danger.

O'DONNELL

Chaque heure, chaque instant profite à l'étranger.

MAGUIRE

Du palais des O'Nial devenu son repaire,
Le lâche William Gray...

SHANE

Que peut-il sans mon père ?

MAC DORA

Connor est son jouet.

SHANE

Doutez-vous que demain
Le jouet révolté n'échappe de sa main ?
Il souffre, on vous l'a dit ; car cette âme en détresse

Ne sait plus renfermer le trouble qui la presse.
Longtemps contre la grâce il osa disputer;
Mais la balance penche et Dieu va l'emporter.

O'CARROLL

Laissez à Dieu le temps d'achever son ouvrage;
Dans l'âme du vieillard ne jetez point d'ombrage.

SHANE

Surtout n'irritez pas, au lieu de le fléchir,
Ce reste de fierté dont il va s'affranchir.

KILDARE

Soit. Mais que faire alors?

MAGUIRE

Déguiser nos pensées?

KILDARE

Nous taire?

SHANE

Pas un mot des misères passées.

MAC DORA

Si Connor en parlait?...

SHANE

Je répondrais pour tous.

O'DONNELL

Je veux bien obéir; mais, Shane, y songez-vous?
L'Anglais vient de l'Ulster achever la conquête;
Il règne dans Lungar.

SHANE

Eh bien?

O'DONNELL

Si cette fête
Cachait...

SHANE

Quoi donc?

O'DONNELL

Un piège.

MAGUIRE

Oui, quelque trahison.

SHANE

Vous voulez que mon père, en sa propre maison,
Du plus vil guet-apens devienne le complice?

KILDARE

Ou que, malgré Connor, un autre l'accomplisse.

SHANE

Quel autre?

KILDARE

William Gray.

SHANE

L'Anglais! Il n'osera.

MAC DORA

Dieu le veuille!

SHANE

Aussi bien mon père, Mac Dora,
Avant de condescendre à pareille infamie,
Périrait sous le fer de la horde ennemie.

O'DONNELL

Et pourtant, seigneur Shane...

SHANE

Arrêtez, O'Donnell;
Respectez mon honneur et l'honneur paternel.
A tous deux à la fois vous feriez trop d'injure.
Devant Dieu qui m'entend, sans crainte je le jure:
A toutes les douleurs ici je me soumets,
Si ce lâche attentat se consomme jamais.
Et maintenant marchons, amis, car le temps vole!
A Lungar!

O'CARROLL

Dieu nous aide!

Tous sortent à la suite de Shane. — O'Donnell retient Mac Dora.

SCÈNE VIII

O'DONNELL, MAC DORA

O'DONNEL
Encore une parole.
Êtes-vous convaincu ?
MAC DORA
Je le suis à demi.
O'DONNELL
Shane se perd. Eh bien ! écoutez, noble ami,
Nous ne partageons point sa fière confiance.
Agissons.
MAC DORA
Je l'ai fait. Grâce à ma prévoyance,
Tous mes anciens soldats, qu'on a su prévenir,
A Ferdick, cette nuit, doivent se réunir,
Deux cents braves au moins.
O'DONNELL
Autour de cette élite,
Nos paysans armés se grouperont bien vite.
MAC DORA
Si le crime est commis, du moins nous sommes prêts.
Comptez sur la vengeance : elle suivra de près.
O'DONNELL
Assemblez donc vos gens et restez à leur tête.
Je vous joins à Ferdick au sortir de la fête.
Si vous ne m'y voyez demain avant le jour,
On nous aura trahis.
MAC DORA
Et ce sera mon tour.

ACTE DEUXIÈME

UNE SALLE DANS LE CHATEAU DE LUNGAR

SCÈNE I

LORD WILLIAM GRAY, seul.

Oui, courage, Irlandais ! J'aime cette allégresse.
Oui, buvez au festin l'insouciante ivresse,
Oublieux du réveil qu'on vous prépare ici.
Je n'attendais qu'un mot : peut-être le voici.
Que nous mande la cour ?
Il s'assied et lit.

Amener Shane à reconnaître la suprématie temporelle et spirituelle du roi.
Il s'interrompt.

Le séduire ? Impossible.
Dieu merci, je prétends le trouver inflexible
Pour le briser enfin. — Jeune présomptueux !
Vous m'avez prodigué vos dédains vertueux,
Quand, du roi mon seigneur vous portant le message,
Dans Tarah, j'essayais de vous rendre plus sage.
Nous nous verrons.

Il reprend sa lecture.

Si le fils aîné du lord comte de Tyrone s'obstinait dans son opposition aux vues de la cour, obtenir du père un acte qui le déshérite et transfère ses titres et seigneuries au second fils, le lord baron de Dungannon.

Il s'interrompt.

        Richard, cet éternel enfant,
Ce baron fait d'hier, favori, triomphant,
Comblé, mais toujours prompt à rêver davantage.
De l'aîné qu'il jalouse il lui faut l'héritage :
Il l'aura.

Il lit.

S'assurer de la personne de Shane et l'envoyer comme otage à Dublin.

        Noble Shane ! on l'aurait cherché loin,
Et lui-même, en venant, nous épargne ce soin.
A merveille ! — Sept ans, sans jeter une flamme,
La vengeance endormie a couvé dans mon âme.

Il se lève avec transport.

Enfin voici ma proie et je vais la saisir.

Il se contient et poursuit avec un demi-sourire.

Non : sachons froidement savourer ce plaisir.
Le cœur de l'homme fort, quand une injure y tombe,
Est fidèle et glacé comme serait la tombe.
Il met sa volupté, son orgueil, son devoir,
A n'oublier jamais sans jamais s'émouvoir.
    Et si pour le héros l'Irlande se soulève,
S'il faut combattre... — Soit ! Vienne l'heure du glaive !
Avec mes cent archers, derrière ces remparts,
Je soutiendrais dix ans le droit des Léopards.
Pour m'assurer d'un coup vengeance, honneur, fortune,
L'occasion manquait : Shane m'en apporte une.
Poussons l'Ulster à bout : la victoire est au roi,
L'odieux à Connor et la dépouille à moi.

Entre Richard.

SCÈNE II

W. GRAY, RICHARD

W. GRAY, assis.

C'est vous ! Et le festin ?

RICHARD

Vous oubliez peut-être,
Milord, qu'un deuil récent me défend d'y paraître.

W. GRAY

Ah ! pardon.

RICHARD

Lord William, vous souriez, je crois.

W. GRAY

Moi, milord ?

RICHARD

Après tout, soyons francs une fois.
Je fais gloire, il est vrai, de ne m'arrêter guère
Aux pertes dont s'étonne un courage vulgaire.
Les nœuds étaient rompus d'ailleurs, et dès longtemps.
Quand naguère, occupé de soins plus importants,
J'appris que la baronne avait cessé de vivre,
Vous savez si le deuil m'empêcha de poursuivre.

W. GRAY

Je l'avoue.

RICHARD

Aussi bien, ces plans que je formais,
Alice Mac Dora ne les comprit jamais.

W. GRAY

Façonné par ses mains dès l'âge le plus tendre,
Croyez-vous que son fils sache mieux vous entendre ?

RICHARD

Hugues ?... Vous blâmez donc...

W. GRAY

Non, je ne blâme rien.

RICHARD

Mais alors?...

W. GRAY

Je m'étonne, et milord le sait bien,
Que ce fils, loin de vous élevé dans Tyrone,
Soit demeuré neuf ans aux mains de la baronne.

RICHARD

Pouvais-je accorder moins à leurs cris éternels?
Et que restera-t-il des discours maternels?
Hugues n'est qu'un enfant. Que voulez-vous qu'il fasse?
Des souvenirs confus qu'une autre image efface,
Quelques pleurs versés vite et plus vite essuyés,
Est-ce là le péril dont vous vous effrayez?

W. GRAY

On se souvient longtemps des leçons d'une mère.
Hugues nous montrera si c'est une chimère.
Doit-on pas à Lungar l'amener aujourd'hui?

RICHARD

Je l'attends d'heure en heure, et j'ai besoin de lui.
Qu'il amuse l'aïeul!... Me trompé-je du reste?
Mais depuis ce voyage à nos desseins funeste, —
De l'orgueil indocile est-ce un premier réveil?
Que sais-je? Est-ce le fruit d'un perfide conseil? —
Le vieillard est moins souple, et son humeur plus haute.
Il se lasse du joug.

W. GRAY

Richard, à qui la faute?
Par vos brusques chagrins pourquoi l'appesantir?

RICHARD

A son retour ici pouvais-je consentir?

W. GRAY

Vous l'auriez empêché. — Plus calme et plus habile,
Menez en la flattant sa volonté débile;
Épargnez-lui toujours la honte de céder;
Faites qu'il obéisse en croyant commander.

RICHARD, piqué.

Voilà bien les secrets de votre politique!

W. GRAY

Vous ne les goûtez pas?

RICHARD

Qui? moi? Je les pratique,
Milord. Voyez plutôt : j'évite le festin.
Libre de nos regards, maître de son destin,
Le vieillard est flatté de son indépendance.
Ai-je si mal compris vos leçons de prudence?
Mac Gennis, il est vrai, le surveille pour nous,
Car je redoute encore...

W. GRAY

Et qui redoutez-vous?

RICHARD

Shane.

W. GRAY

Mais il nous sert.

RICHARD

Vous le croyez?

W. GRAY

J'y compte.
Quand il fut annoncé, j'observais le vieux comte,
Votre père pâlit, puis je vis dans ses yeux
Passer comme l'éclair un dépit furieux.

RICHARD

Mais l'amour en son cœur...

W. GRAY

Est-ce à vous de le craindre,
Vous qui, depuis quinze ans, travaillez à l'éteindre?

RICHARD

Eh bien! oui. Ce héros, ce Shane tant vanté,
Aussi cher à nos clans que j'en suis détesté,
Ce rival qui me hait, qui ne sait que me nuire,
Dans le cœur paternel j'ai voulu le détruire.
Que dis-je? c'était peu de l'amour de Connor.

Il me restait, pour vaincre, à lui ravir encor
Les honneurs que lui donne un vain titre d'aînesse.
Voilà de quel espoir a vécu ma jeunesse,
Milord; c'est là mon rêve et mon triomphe, à moi.

W. GRAY

Vous y touchez.

RICHARD

Comment?

W. GRAY, lui présentant les lettres de la cour.

Lisez l'ordre du roi.

A part, tandis que Richard lit.

Piquons-le jusqu'au vif.

RICHARD

Qu'ai-je vu? La couronne
Promettrait à mes vœux le comté de Tyrone!

W. GRAY

Oui, si Shane à nos lois refuse d'obéir.

RICHARD

O rage! en consentant s'il allait me trahir!...
Mais non...

W. GRAY

Et si Connor, de sa pleine puissance,
Brise en votre faveur les droits de la naissance.

RICHARD

Il le fera. — Voilà le mot que j'attendais.
A moi, Tyrone! Et vous, barbares Irlandais,
Imbécile troupeau, bien fait pour l'esclavage,
Ce Richard méconnu par votre orgueil sauvage,
Vous l'aurez pour seigneur, et de vos longs mépris,
Le joug, un joug de fer, sera le juste prix.
Mais Shane entre ses mains garde nos destinées,
S'il m'arrache, en cédant, le fruit de dix années?...

W. GRAY, calme et froid.

On veut que j'y travaille et de tout mon pouvoir.
Lisez.

RICHARD

Que ferez-vous?

W. GRAY

Je ferai mon devoir.
Les ordres sont précis ; je ne puis m'y soustraire.

RICHARD

Il obéira donc ?

W. GRAY

Espérons le contraire.

RICHARD

Mais enfin, s'il vous trompe ?...

W. GRAY, impassible.

Eh bien, milord ! après ?

RICHARD

Vous aurez de vos mains détruit mes intérêts.

W. GRAY, après une pause.

Vous vous flattez, jeune homme ; à quoi bon vous le taire ?
Car, avant d'être à vous, je suis à l'Angleterre,
Et vous n'attendez pas que son ambassadeur
Poursuive en tout cela votre seule grandeur.
Elle cherche un vassal reconnaissant, fidèle,
Qui lui garde soumis tout ce qu'il tiendra d'elle.
A ce rôle, en naissant, Shâne fut destiné :
Qu'il l'accepte, à nos yeux il redevient l'aîné ;
Et je doute, milord, que Londres s'aventure
A troubler sans raison l'ordre de la nature.

RICHARD

Est-ce bien William Gray qui m'abandonne ainsi ?
Ciel !

W. GRAY, se levant et allant à lui.

Calmez-vous, Richard. L'épreuve a réussi ;
Je suis content.

RICHARD

L'épreuve ?

W. GRAY

Il suffit ; je suis vôtre.
Sous mon rôle d'emprunt, je m'en réserve un autre
Où mes ressentiments seconderont vos vœux.
Oui, que Shane succombe : il le faut ; je le veux.

Unissons ma vengeance et votre... jalousie.
Le mot vous blesse-t-il?

RICHARD, après avoir hésité et comme prenant son parti.

Moins que l'hypocrisie.
Le vulgaire ignorant s'en étonne; mais non :
Où j'accepte le fait peu m'importe le nom.
Appelez donc ainsi l'ardeur qui me dévore.
Ce Shane est mon rival, je le hais, je l'abhorre :
Est-ce vice ou vertu?... — D'ailleurs, ignorez-vous
Qu'ils ont conspiré tous à m'en faire jaloux?
Depuis que je sais voir, on m'obsède, on m'irrite,
On m'accable partout du poids de son mérite.
A lui la beauté fière et la mâle vigueur,
La pureté du sang, la noblesse du cœur.
A moi... mais que vous dire? injure trop amère!
Ils m'ont reproché tout, jusqu'au nom de ma mère.
Malheur donc à celui que l'on m'a préféré!
Il faut que je l'écrase et je l'écraserai.
Ou plutôt non; c'est peu de le frapper moi-même :
Qu'il se sente périr sous une main qu'il aime,
Et que son père...

W. GRAY, l'arrêtant

On vient.

Entre Mac Gennis.

SCÈNE III

W. GRAY, RICHARD, MAC GENNIS

W. GRAY

Mac Gennis!

MAC GENNIS

Oui, j'accours.
Venez : à milord comte il faut porter secours.
Ses vassaux...

RICHARD
Que dis-tu ?
MAC GENNIS
Leur brutale insolence
Peut-être à leur seigneur va faire violence.
RICHARD
Ah ! j'y vais.
W. GRAY
Un moment : il en faut plus savoir.
RICHARD, à Mac Gennis.
Eh bien ?
MAC GENNIS
C'est un complot qui se laisse entrevoir.
Ils parlent de combattre et de briser leur chaîne,
Ivres de liberté, de vengeance et de haine.
Norbert de ces transports a donné le signal.
Il disait les exploits du premier des O'Nial ;
Mais tout à coup le barde au vieux chant populaire
Mêle des traits nouveaux pleins d'une âpre colère.
Tout frémit, tout répond à ses cris belliqueux.
Les Irlandais...
RICHARD, avec impatience.
Et Shane ?
MAC GENNIS
En vain, plus sage qu'eux...

Entre Connor suivi d'O'Meaghlin, qui s'efforce en vain de le retenir.

SCÈNE IV

W. GRAY, RICHARD, MAC GENNIS
CONNOR, O'MEAGHLIN

CONNOR, à O'Meaghlin.
Non, je sors.
O'MEAGHLIN
Oubliez un éclat regrettable,
Monseigneur !

CONNOR
Laissez-moi.

O'Meaghlin disparaît avec un geste de découragement. Connor descend en scène.

Sous mes yeux, à ma table !
Les imprudents !

Il marche avec agitation.

W. GRAY
Milord...

RICHARD
Mon père, qu'ont-ils fait?

CONNOR
Oser tirer l'épée !

W. GRAY, froidement.
Imprudence, en effet.

CONNOR
C'est Shane ; de sa main je reconnais la trace ;
A ces provocateurs il inspire l'audace.
Et que fait-il ici ? Qui l'avait convié ?
De quel front paraît-il ? Ai-je rien oublié ?

RICHARD, ironique.
Mais il fallait montrer, dès votre bienvenue,
Sa tendresse de fils trop longtemps contenue.
Près de vous tout d'abord il venait se ranger,
Et son respect fidèle...

CONNOR
Il venait m'outrager,
Livrer mes cheveux blancs à l'insolence folle
De ces lâches vassaux qui l'ont pris pour idole.
N'ont-ils pas, à mes yeux, tous engagé leur foi
De n'accepter jamais l'autorité du roi ?

W. GRAY
Est-il vrai ?

CONNOR
Contre lui d'en appeler aux armes ?

W. GRAY, froidement.
Démence !

RICHARD
Et pourquoi donc, négligeant mes alarmes,

De cet Ulster maudit reprendre le chemin?
Avais-je tort?

CONNOR

Mon fils, nous partirons demain.

W. GRAY

Y songez-vous, milord? Épargnez votre gloire.
Que penserait la cour et que dirait l'histoire?

CONNOR

Comment donc?

W. GRAY

Fuirez-vous devant des révoltés?

CONNOR

Ils verront si je cède à leurs témérités.
Oui, laissons un exemple à l'Irlande vassale.
Richard, ces factieux n'ont point quitté la salle.
Ordonnez qu'on les chasse.

RICHARD

Et Shane?

CONNOR

Shane aussi.

W. GRAY

Permettez qu'un instant...

CONNOR

Suis-je le maître ici?
Qu'on les chasse, vous dis-je; obéissez.

Il sort.

SCÈNE V

W. GRAY, RICHARD, MAC GENNIS

W. GRAY, arrêtant Richard.

Non certe !
Qu'ils aggravent leur faute et consomment leur perte.

RICHARD

Vous voulez...?

W. GRAY

A tout prix il faut les retenir.
Veillez-y, Mac Gennis.

Mac Gennis sort.

RICHARD, à part.

Où veut-il en venir ?

SCÈNE VI

W. GRAY, RICHARD

W. GRAY

Prenons l'occasion que le destin nous livre.
Votre père est à moi, Richard : je vais le suivre,
Le provoquer, l'aigrir et le pousser à bout.
C'est l'heure décisive et je réponds de tout.
A bientôt.

Il sort.

SCÈNE VII

RICHARD, seul.

Laissons faire. Oui, j'en crois sa vengeance,
Avec moi contre Shane il est d'intelligence.
Incident favorable, et qui va pour longtemps
Nous rendre le vieillard et ses vœux inconstants !

SCÈNE VIII

RICHARD, O'DONNELL, KILDARE, MAGUIRE MAC GENNIS, O'CARROLL, NORBERT

Ils entrent tumultueusement en chassant devant eux Mac Gennis.

O'DONNELL
Arrière, Mac Gennis !

KILDARE
Osez-vous reparaître ?

MAGUIRE
Nous ne souffrirons plus la présence d'un traître,
D'un Anglais.

MAC GENNIS
Montrant Richard qui est descendu à l'autre extrémité du théâtre et que les Irlandais n'ont pas remarqué.

Vos affronts montent plus haut que moi.
Ils atteignent milord.

Il sort.

RICHARD, froidement.
Et le comte et le roi.

MAGUIRE
Il se peut.

O'CARROLL
Voici Shane.

Entrent Shane et O'Meaghlin. — Mac Gennis sort.

SCÈNE IX

RICHARD, O'DONNELL, KILDARE, MAGUIRE
O'CARROLL, NORBERT, SHANE,
O'MEAGHLIN

SHANE
Ah! coupable folie!
NORBERT
Pardonnez, monseigneur, à l'ardeur qui s'oublie.
SHANE
Mais comment de mon père apaiser le courroux?
Où le trouver, Norbert?
RICHARD
En vain le cherchez-vous.
SHANE, qui n'avait pas remarqué Richard.
Ciel! Richard!
RICHARD
Il a fui votre insolent tumulte,
Et vous n'attendez pas, je pense, qu'à l'insulte
Une seconde fois il daigne s'exposer.
SHANE
Est-ce à moi que l'on parle? Ose-t-on m'accuser?
RICHARD
Et qui donc?
SHANE
Il suffit.
RICHARD
Le reproche vous touche?
SHANE
Non.
RICHARD
S'il a moins de poids pour sortir de ma bouche,
Vous avez, noble Shane, un autre accusateur :
Votre père de tout vous déclare l'auteur.

SHANE

Il juge entre ses fils; il voit, trop juste encore,
Qui de nous lui fait honte et qui de nous l'honore.
Pour moi, resté fidèle à tout ce que j'aimais,
Au respect, il le sait, je ne faillis jamais.

RICHARD

Vous le niez? J'ai cru que vous en faisiez gloire.

SHANE

Gloire! moi?

RICHARD

Pourquoi non? N'est-il point méritoire,
Quand on porte en ses mains, héros officiel,
La liberté d'un peuple et l'intérêt du ciel,
D'abjurer, d'immoler à la suprême cause
Les vulgaires devoirs que la nature impose?

SHANE

Prenez garde!

RICHARD

On outrage un père en cheveux blancs.
Je me trompe : on le livre à de vils insolents,
Et, caché derrière eux, insulteur anonyme,
Aux regards de la foule on reste magnanime.

KILDARE, la main à l'épée.

C'en est trop.

SHANE

Arrêtez.

O'DONNELL, tirant l'épée.

A mort le traître!

MAGUIRE

A mort!

RICHARD, la main à l'épée.

Combien sont-ils contre un?

SHANE, aux Irlandais.

Obéissez.

O'MEAGHLIN, contenant Richard.

Milord!

SHANE, aux Irlandais.

Les glaives au fourreau.

A Richard.

Prétendiez-vous connaître
Jusqu'où de ses transports l'homme peut rester maître?
Éloignez-vous.

RICHARD

Un ordre! — Il faudrait décider
Qui de nous dans Lungar a droit de commander...
Mais, sans approfondir, contre moi je décide.
Mieux vaut qu'à sa vertu j'épargne un fratricide.

A Shane, avec un geste provocateur.

Au revoir.

Il sort, O'Meaghlin le suit.

SCÈNE X

SHANE, O'DONNELL, KILDARE, MAGUIRE
O'CARROLL, NORBERT

KILDARE

Folle audace!

O'DONNELL

Il fallait le punir.

MAGUIRE

Nos bras étaient levés : pourquoi les retenir?

SHANE

Moi, j'aurais à vos coups livré le sang d'un frère!
Hélas! que n'a pas fait votre ardeur téméraire!
Quels ordres, quels devoirs n'avez-vous point trahis!
Vous en répondrez tous devant votre pays.
Que dis-je? c'est moi seul qu'on en fera répondre.
Tout m'accable à la fois; tout sert à me confondre.
Quel dessein? Quel remède? Où mon père a-t-il fui?

Entre W. Gray, suivi de Richard, de Mac Gennis et d'archers.

SCÈNE XI

LES MÊMES, W. GRAY, RICHARD, MAC GENNIS
ARCHERS

O'CARROLL
Quoi ! ce Richard encore !
KILDARE
Et l'Anglais avec lui !
MAGUIRE
Des lances !
O'DONNELL
Des archers !

W. GRAY, aux archers, montrant les Irlandais.
Bien. Qu'on les environne.

Un silence. W. Gray continue, un ordre écrit à la main.
Hommes nobles du fief et comté de Tyrone,
Du roi notre seigneur oyez les volontés.
Qu'on arrête milord.
O'CARROLL
Shane !
SHANE, se mettant en défense.
Vous m'arrêtez !
W. GRAY, à Shane.
De grâce ! la bravade ici n'est plus de mise :
Votre dignité seule en serait compromise.
Pour le roi, votre épée.
SHANE, la tirant.
Appelle tes soldats.
Au nom d'un étranger je ne la rendrai pas.
W. GRAY
Au nom de votre père alors.
SHANE
Vile imposture !

W. GRAY, lui présentant l'ordre écrit.

Vous ne m'en croyez pas? Lisez.

SHANE

Sa signature!

Ah! Dieu!

Il remet son épée à W. Gray, qui la passe à Mac Gennis.

O'DONNELL

Qu'avais-je dit?

KILDARE, à demi-voix.

Guet-apens!

MAGUIRE, de même.

Trahison!

W. GRAY, gracieux et souriant.

Le manoir paternel n'est point une prison,
Noble Shane. Acceptez la légère contrainte
De rester quelques jours libre dans son enceinte.
Le lord comte à son fils en fera les honneurs.
Qu'on emmène Norbert...

Deux archers l'emmènent. — Aux Irlandais.

Quant à vous, messeigneurs,
Je ne dirai qu'un mot. La royale clémence
Pardonnera sans doute une heure de démence.
Mais le temps est passé des rêves factieux.
Le roi que nous tenons de la bonté des cieux
A ses droits souverains exige qu'on défère.
Allez.

O'DONNELL

Oui, nous savons ce qui nous reste à faire.

Les Irlandais sortent par la gauche; W. Gray, Mac Gennis et les archers par la droite. Shane reste accablé sans paraître s'apercevoir de ce qui se passe. Richard est demeuré impassible de l'autre côté du théâtre. — Un silence.

SCENE XII

SHANE, RICHARD

RICHARD
Shane, entre ses deux fils le comte a prononcé.

SHANE
Tu n'as plus rien de l'homme, et ton cœur est glacé,
Barbare !

RICHARD
Je le vois, ma présence vous blesse.
Je serai généreux, mon frère ; je vous laisse.

Il s'éloigne lentement.

ACTE TROISIÈME

MÊME DÉCOR QUE DANS LE PRÉCÉDENT

SCÈNE I

SHANE, O'MEAGHLIN

O'MEAGHLIN
L'orage sera court, il sera le dernier ;
N'en doutez pas, seigneur.

SHANE
Prisonnier ! prisonnier
Sous le toit de mon père !

O'MEAGHLIN
Hélas !

SHANE
O ma patrie !
En te voyant aux fers, gémissante, meurtrie,
Dévoré du besoin de lutter, de souffrir,
A toutes les douleurs je brûlais de m'offrir.
Tomber, le glaive en main, sur un champ de carnage,
Te donner tout mon sang dès la fleur de mon âge,
Mourir !... Ah ! ce destin n'eût pas eu de rigueurs.
J'aurais aimé l'exil et ses mornes langueurs.

De la nuit des cachots, de l'horreur des supplices
Pour le ciel et pour toi j'aurais fait mes délices.
Je ne refusais rien; mais fallait-il prévoir
Qu'un père contre moi dût armer son pouvoir?
Mon Dieu!

O'MEAGHLIN

Dès ce moment croyez qu'il le regrette.
L'Anglais a poussé loin sa victoire indiscrète;
Il a trop exigé.

SHANE

Que n'a-t-il obtenu?

O'MEAGHLIN

Mais votre père enfin vous est assez connu.
Plus le courroux est prompt dans son âme surprise,
Plus cet effort soudain la fatigue et la brise.
Le feu brille et s'éteint; la fièvre d'un moment
Tombe et laisse après elle un long abattement.
Si bientôt...

SHANE

L'as-tu vu, dis-moi, depuis une heure?

O'MEAGHLIN

Non, milord, l'Anglais seul auprès de lui demeure.
J'ai voulu m'introduire; on ne l'a pas permis.

SHANE

Il n'accueille, il n'entend que mes seuls ennemis.
Tout me nuit dans Lungar, hélas! ou m'abandonne.

O'MEAGHLIN

Seigneur, le croyez-vous?

SHANE

Cher O'Meaghlin, pardonne.
Trop injuste pour toi, trop coupable envers Dieu,
J'oubliais qu'un ami me reste dans ce lieu.
Mais je veux qu'il me serve autant qu'il me console.

O'MEAGHLIN

Comment?

SHANE

Mon père t'aime; il souffre ta parole.
Fais un nouvel effort et vois-le?

O'MEAGHLIN
Je suis prêt,
Monseigneur; mais il faut que, dans votre intérêt,
Je m'impose la loi de ménager encore
Et Richard que je plains et l'Anglais que j'abhorre.

SHANE
Je ne demande rien qui les puisse alarmer.
Sache quel est mon crime et pourquoi m'enfermer.
J'ai des accusateurs; ne puis-je les entendre?
A me justifier ne saurais-je prétendre?
Aurais-je donc perdu, sous le toit paternel,
Un droit que l'on accorde au plus vil criminel?
Mais non : qu'à ses bontés ta prière s'adresse;
Plutôt que la justice invoque la tendresse.
Pour un fils malheureux qu'a brisé son courroux,
Implore la faveur d'embrasser ses genoux.
Je ne murmure point des coups dont il m'accable;
Mais comment me résoudre à lui sembler coupable?
Qu'il daigne m'écouter. Va.

O'MEAGHLIN
J'y cours.
Il va pour sortir.

SHANE
Oh! merci!

O'MEAGHLIN
Mais que vois-je? Lui-même?

SHANE
Est-il vrai?
Entre Connor.

SCÈNE II

SHANE, O'MEAGHLIN, CONNOR

CONNOR

Vous ici, O'Meaghlin !

O'MEAGHLIN

Votre cœur m'en sait gré, je l'espère, Monseigneur.

CONNOR

Il suffit. Laissez-nous seuls.

O'Meaghlin sort. Connor s'assied à droite. Shane reste debout et découvert. — Un silence.

SCÈNE III

CONNOR, SHANE

SHANE

Mon père,
Un rêve si flatteur ne m'était point permis.
J'avais à vos genoux souhaité d'être admis ;
Et c'est vous...

CONNOR

J'aime à voir que, juste pour vous-même,
Vous ressentez du moins ma complaisance extrême.
C'est le père offensé qui fait les premiers pas
Et...

SHANE

Daignez croire...

CONNOR

Non, ne vous défendez pas.
Aussi bien cette offense est-elle la première ?

SHANE

Au plus profond des cœurs Dieu porte sa lumière,
Et je proteste ici qu'en pénétrant le mien
La lumière d'en haut ne lui reproche rien.

CONNOR

Rien ! C'est trop d'injustice ou trop peu de mémoire.
De nos troubles récents oubliez-vous l'histoire?
Sous les murs de Tarah qu'avons-nous fait tous deux?
Je voulais, fatigué de rêves hasardeux,
Qu'un seul chef réunît l'Irlande déchirée,
Et qu'elle se donnât, libre, fière, honorée,
Au sceptre paternel des monarques anglais.
Oui, quoi qu'on en ait dit, Shane, je le voulais.
M'avez-vous secondé dans ma noble entreprise?
L'avez-vous un moment acceptée ou comprise?
Combattre mes desseins vous a paru plus beau.
Des haines malgré moi rallumant le flambeau,
Vous avez poursuivi cette lutte insensée.
L'orgueil égarait-il votre jeune pensée?
Pour les plans d'un vieillard n'aviez-vous que mépris?

SHANE

O Ciel !

CONNOR

Ou plutôt, non ; moi, je vous ai compris.
Il fallait, — n'est-ce pas ? — aux regards du vulgaire
Poser pour le héros d'une impossible guerre.
Soyez juste : il fallait à votre vanité
Aux dépens de ma gloire un triomphe acheté.

SHANE

Votre gloire !.. Ah ! qu'ici le Seigneur me foudroie
Si jamais... Votre gloire ! Elle est toute ma joie.
A cette heure où je parle, — ô Dieu ! vous le savez ! —
Je donnerais mon sang... pour la rendre...

CONNOR

Achevez.

SHANE

Pour la rendre aussi pure, aussi belle, aussi grande,
Que je l'aimais jadis avec toute l'Irlande.

CONNOR, après un silence.

J'entends. Quand à l'Ulster je donnais un seigneur,
J'ai, si l'on vous en croit, signé mon déshonneur.
Vous pleurez depuis lors sur ma gloire flétrie ;
Vous me signifiez pour vous, pour la patrie,
Qu'il me reste à laver l'opprobre de mon nom.
N'est-ce pas ?

SHANE

O torture !

CONNOR

Osez dire que non.
Pourquoi donc cet éclat, cette rupture altière ?
Pourquoi me condamner par votre vie entière,
Et qui vous inspirait ce contraste odieux ?

SHANE

Ma conscience.

CONNOR

Alors que puis-je être à vos yeux ?
Un traître ? Un apostat ?

SHANE

Non ; vous êtes mon père ;
Et ce cœur déchiré vous aime et vous révère.
J'en atteste l'Irlande : elle a vu mes douleurs ;
J'en atteste le ciel : il a compté mes pleurs.

CONNOR

Non, de ces vains détours je perce le mystère,
Et je n'entends que trop ce que vous croyez taire... —
Mais dis, jeune imprudent, dis-moi, qu'aurais-je fait ?
Te semblé-je coupable, et le suis-je en effet ?
L'Irlande allait sombrer dans un sanglant naufrage.
Eh bien ! fermer l'abîme et dissiper l'orage,
Assurer son repos avec sa dignité
En lui garantissant, par un heureux traité,

Sa rivale d'hier pour sœur et pour amie,
Était-ce là, crois-tu, la couvrir d'infamie?
Quoi! finir ces longs jours d'anarchie et de sang!
La fixer à l'abri d'un trône florissant! —
Je l'avoue, un seul point trahit ma prévoyance :
Henri gouvernait tout, jusqu'à la conscience.
Malheureux! j'ignorais, en acceptant un roi,
Qu'un pontife nouveau s'imposait à ma foi.
Quand on me découvrit cette fatale clause,
Je voulus reculer : toute voie était close;
Nous étions engagés; c'était trop tard.

Un silence.

Eh bien!
M'avez-vous entendu? Vous ne répondez rien?

SHANE
A quelle extrémité réduisez-vous mon âme!
Vous exigez qu'un fils se condamne ou vous blâme.
Me condamner? Jamais! Je ne puis ni ne dois;
Et, si Dieu me rendait la liberté du choix,
J'ose vous l'avouer sans crainte et sans jactance...

CONNOR
Vous agiriez de même?

SHANE
Oui.

CONNOR, à part.
Voilà ma sentence.

SHANE
Mais porter sur un père un œil audacieux!
Juger un père! Oh! non, votre juge est aux cieux.

CONNOR, à part.
Il m'accable!

SHANE
Moi seul j'ai besoin de défense.
De quelques emportés on m'impute l'offense,
Quand mes ordres formels auraient dû prévenir
Le tumulte indiscret dont on veut me punir.

CONNOR, avec amertume.
Vos ordres! Mes vassaux vous tiennent pour le maître?
Vous pouvez tout sur eux?
SHANE
J'ai quelque droit peut-être
D'exiger qu'envers vous ils fassent leur devoir;
Et quand j'obtiens si peu, quel est donc mon pouvoir?

Entre W. Gray.

SCÈNE IV

SHANE, CONNOR, W. GRAY

SHANE, à part.
L'Anglais!
W. GRAY, à Connor.
Je suis venu jouir de votre ouvrage.
CONNOR
Déjà!
W. GRAY, caressant.
Gagnerons-nous ce superbe courage?
Êtes-vous parvenu, milord, à l'adoucir?
CONNOR, avec embarras et dépit.
Mais... en si peu de temps... devais-je réussir?
A part.
Je l'avais oublié.
SHANE, à W. Gray.
Quoi! vous pourriez prétendre...?
W. GRAY
N'écartez pas la main qu'on se plaît à vous tendre.
Vous vous perdez.
SHANE
J'entends; mais j'ignore pourquoi
Vous osez vous jeter entre le comte et moi.
Si mon père et seigneur auprès de lui vous mande,
Je m'incline et je sors.

Il veut se retirer.

CONNOR

Non, je vous le commande,
Écoutez lord William, Shane.

SHANE, revenant.

J'obéirai.
Mais qu'il me soit permis de répondre à mon gré.

CONNOR

Prenez garde. Il y va de votre destinée.

W. GRAY, à Connor.

Je le vois, ma parole est toujours soupçonnée ;
A des calculs de haine on croit que j'obéis.

A Shane.

Eh bien ! non. Je vous aime.

SHANE

Aimez-vous mon pays ?...
Poursuivez.

CONNOR, à part.

Qu'il est fier !

W. GRAY, à Shane.

A cette heure, je pense,
Vous vous croyez captif et par mon influence.
Vous conviendrez du moins qu'une auguste bonté
Allège tout d'abord votre captivité.
Paternelle leçon que trop d'amour tempère !

SHANE

Le plus cher de mes biens est l'amour de mon père,
Milord. Qu'un mot de lui daigne me l'assurer :
Il n'est rien que ce mot ne me fasse endurer.
Mais il a moins de prix dans la bouche d'un autre,
Et devient trop amer en passant par la yôtre.

CONNOR

Shane, contenez-vous.

W. GRAY, à Connor.

Oui, toujours le mépris !
Faut-il qu'à ce héros le temps n'ait rien appris !
Et ne souffrez-vous pas à le voir méconnaître
Ce qu'il est par sa faute et ce qu'il pouvait être ?

A Shane.

Non, milord, non, le ciel ne vous a point formé
Pour vivre en ce désert à jamais enfermé.
Fier, brave, digne en tout de votre antique race,
Près du trône des rois il marqua votre place.
Les jalouses vertus que vous cachez au jour
Devaient s'épanouir au soleil de la cour.

SHANE

A de moindres honneurs permettez que j'aspire,
Milord. La flatterie a sur moi peu d'empire.
Je croyais dans Tarah vous l'avoir dit assez.

W. GRAY

Mais...

SHANE

Vous avez promis : à présent, menacez.

CONNOR

Malheureux! de ses mains il veut donc se détruire!

W. GRAY, à Shane.

Je ne menace point, mais je dois vous instruire,
Et vous accueillerez avec moins de hauteur
Les ordres souverains dont je suis le porteur.
Milord vous le dira : le comté de Tyrone,
Par le droit des traités, est fief de la couronne;
Il ne passera point aux mains d'un insoumis.

SHANE

Et sans doute à Richard on l'a déjà promis.

W. GRAY

On le garde à l'aîné, si l'aîné le mérite.

SHANE

Oui, l'on me déshonore ou l'on me déshérite;
Je comprends. Et mon père a-t-il signé l'arrêt?

CONNOR

J'espère mieux de toi.

W. GRAY.

Ce coup l'accablerait,
Mais enfin...

SHANE, à Connor.

Monseigneur, signez-le.

CONNOR

Tu me braves !

W. GRAY

C'est jouer follement des intérêts bien graves.
Ayez pitié de vous.

CONNOR

Épargne tes enfants.
Tu les perds avec toi.

SHANE

Non, non, je les défends.
Plutôt que leur honneur périsse leur fortune !
Et ne craignez point d'eux une plainte importune.
S'ils connaissent un jour l'angoisse de la faim,
Sous le chaume irlandais ils trouveront du pain,
Et, joyeux de garder, dans leur pauvreté fière,
Votre nom sans souillure et ma foi tout entière,
Mes enfants dépouillés, mendiant s'il le faut,
Devant ceux de Richard passeront le front haut.
Mais pour leur avenir je crains peu la menace.

CONNOR

Et pourquoi ?

SHANE

Monseigneur, on a porté l'audace
Jusqu'à vous dépouiller dès avant le trépas :
J'ose vous rappeler qu'on ne le pouvait pas ;
Et que, dans notre Ulster, la loi des héritages,
Entre les fils des rois suspendant les partages,
Laisse le choix du maître au pouvoir des tribus.

W. GRAY, ironique.

Et vous ferez valoir ces antiques abus ?

CONNOR

Tes lois sont mortes, Shane.

SHANE

Elles peuvent revivre.

W. GRAY

Mais vous êtes captif.

SHANE

Et si Dieu me délivre?

CONNOR

Enfin, ma volonté n'est plus rien à tes yeux?

SHANE

J'invoque, monseigneur, celle de nos aïeux.
L'Ulster, libre toujours de se donner lui-même,
Juge de ses rois morts la volonté suprême.

W. GRAY

Vous perdez, noble Shane, en nous le déclarant.
Prêt à vous dépouiller, je vous estimais grand;
Mais tout change, et l'on peut, sans effort et sans gloire,
Défier le péril quand on n'y veut pas croire.
Toutefois, prenez garde.

SHANE

Abrégeons l'entretien,
Milord. Mon père souffre et vous ne gagnez rien.
De notre seule Érin je défends la querelle.
Je céderais pour moi; je résiste pour elle.
En me déshéritant vous voulez l'appauvrir :
Essayez. Pour ses droits je suis prêt à mourir.

W. GRAY, froidement.

C'est bien.

SHANE

Faites votre œuvre, et je ferai la mienne.

CONNOR

Mais encore une fois, Shane, qu'il t'en souvienne :
Tu n'es qu'un prisonnier.

W. GRAY, à Connor.

Que peut-il contre nous?

SHANE

Prisonnier! Monseigneur, je le suis moins que vous.

A part.

Ah! qu'ai-je dit?

W. GRAY, à Connor.
   C'est moi qui vous contrains peut-être.
Je m'éloigne.
        CONNOR
   Restez.
        W. GRAY
      Non; faites-lui connaître
Que vous savez, milord, en toute liberté
De vos droits paternels venger la sainteté.
        CONNOR
Restez, William.
         A Shane.
   Et toi, cède ou crains ma colère.
        SHANE
Au prix de tout mon sang j'aspire à vous complaire,
Monseigneur. Exigez ce qui dépend de moi ;
Mais laissez-moi l'honneur, la patrie et la foi.
C'est dit.
        CONNOR
   Sortez.
            Shane sort.

SCÈNE V

CONNOR, W. GRAY

        CONNOR
   Mon Dieu! que faire? que résoudre?
        W. GRAY
Vous me le demandez? Il faut d'un coup de foudre
Abattre pour jamais cet orgueil endurci.
        CONNOR
Shane... mon fils !...
        W. GRAY
      Richard est votre fils aussi.
L'heure vient de choisir.

CONNOR
   Choisir...! Êtes-vous père,
Milord?
   W. GRAY, froidement.
   Si je l'étais, je saurais, je l'espère,
Aux faiblesses du cœur donner de justes lois.
Mais l'acte que voici comporte un autre choix.
Le rebelle Irlandais vous outrage ici même;
L'Angleterre d'ailleurs vous honore et vous aime.
Jugez d'un trait de plume entre les deux partis.
   CONNOR
Vous commandez, je crois.
   W. GRAY
   Non, milord, j'avertis.
Lorsque des insolents, sans pudeur et sans crainte,
Jusqu'à vous, tout à l'heure, ont porté la contrainte,
Si leur chef impuni se dérobe à vos coups,
Quel triomphe pour eux! quelle honte pour vous!
Ils ont de vos desseins méconnu la droiture,
Sur votre vie entière épuisé l'imposture.
Parlé d'apostasie...
   CONNOR, à part.
   Hélas!
   W. GRAY
   De trahison.
Prenez garde : fléchir, c'est leur donner raison.
   CONNOR
William Gray, mon dédain suffit à leur répondre.
   W. GRAY
Non; voici l'acte seul qui pourra les confondre.
Signez.
   CONNOR
   Signer l'arrêt qui déshérite un fils?
   W. GRAY
Avez-vous oublié ses outrageants défis?
Il vous disait captif : il voulait dire esclave.

Soyez libre, milord, et perdez qui vous brave.
Signez.

CONNOR

Sans lui donner le temps du repentir?

W. GRAY

O rêve que lui-même a bien su démentir !
Sa parole était franche et vous l'avez comprise :
Vos ordres sont un jeu ; d'avance il les méprise ;
Il provoque les coups de votre autorité,
Pour en faire un triomphe au pays révolté.
Vous n'êtes rien pour lui.

CONNOR

Milord !

W. GRAY

Ce mot vous blesse ?
Non ; poussez jusqu'au bout l'amour et la mollesse,
Achevez : qu'il soit libre ! on le verra demain,
L'insulte dans les yeux et l'épée à la main,
Du peuple qui l'adore invoquant le suffrage,
A l'assaut du manoir guider leur folle rage,
Se déclarer le maître, et, d'un comté si beau,
A peine vous laisser la place d'un tombeau.

CONNOR

Il n'aura pas le temps.

W. GRAY

Et pourquoi ?

CONNOR

Dès l'aurore
Je quitterai Lungar.

W. GRAY

Y songez-vous encore ?

CONNOR

Pour lui, jusqu'à Dublin je le traîne captif.

W. GRAY

Vous ne partirez pas du moins en fugitif,
Et l'Irlande apprendra qui règne en ce domaine.
J'entends des pas.

SCÈNE VI

CONNOR, W. GRAY, RICHARD, HUGUES

RICHARD, à Connor.
Milord, c'est mon fils qu'on amène.
A Hugues.
Saluez votre aïeul, Hugues.
Hugues veut fléchir le genou.
CONNOR, le relevant.
Viens dans mes bras,
Pauvre enfant!
HUGUES
Monseigneur…!
CONNOR
Plus de mère ici-bas!
RICHARD, à Connor.
Mais croiriez-vous, milord, que son faible cortège
N'a réussi qu'à peine à le tirer d'un piège?
CONNOR, écartant l'enfant.
Hugues!
RICHARD
Non loin d'Antrim, un gros de gens armés
L'a retenu longtemps.
W. GRAY
Vous les a-t-on nommés?
RICHARD
Oui, milord.
CONNOR, se levant.
Qui sont-ils? Qui marchait à leur tête?
RICHARD
Maguire, vos vassaux.
W. GRAY
Les héros de la fête!

CONNOR
Et quel fut leur dessein ? Pourquoi le retenir ?

RICHARD
Vous les aviez chassés; on voulait vous punir.

W. GRAY
Aussi bien pour leur chef il eût servi d'otage.

CONNOR
Lâches !

W. GRAY
Et vous pourriez balancer davantage,
Milord ? Jugez de là ce qu'ils feraient demain.
Signez.
Il le ramène vers la table.

CONNOR, à Hugues. — Il se rassied.
Approche, enfant. Tu vois ce parchemin :
On songe à ton bonheur, et voilà qui peut-être
De tout ce beau pays un jour te fera maître.

W. GRAY, à Hugues.
N'en seriez-vous pas fier ?

HUGUES
Moi, maître de ces lieux !

CONNOR
C'est ici, mon enfant, qu'ont régné tes aïeux.
Tu le savais !

HUGUES
Oh ! oui... mais...

CONNOR
Achève. J'écoute.

HUGUES
Le maître...

CONNOR
Eh bien ?

HUGUES
C'est vous, monseigneur.

CONNOR
Eh ! sans doute.
Mais, après moi, ton père à ce rang destiné...

HUGUES

Mon père ?

CONNOR

Pourquoi non ?

HUGUES

Mon père est donc l'aîné ?

CONNOR, à part.

Ciel !

HUGUES

Et mon oncle Shane ?...

RICHARD, à W. Gray, bas.

Il prendrait sa défense !

W. GRAY, à Richard, bas.

Voyez-vous quelles mains ont formé son enfance ?

CONNOR, à Richard et à W. Gray.

Il me parle de Shane. Où l'aurait-il connu ?

HUGUES

Mais bien des fois mon oncle au manoir est venu,
A Dungannon.

RICHARD

Pourquoi ?

HUGUES

Pour visiter ma mère
Et pour la consoler dans sa tristesse amère.

RICHARD

Ah ! Shane, à mon défaut, daignait prendre ce soin !

HUGUES

Ma mère était si triste, et vous étiez si loin !
On dit sans le chagrin qu'elle vivrait encore.

CONNOR, à Hugues.

Et pourquoi ces douleurs ? Le sais-tu ?

HUGUES

Je l'ignore.

W. GRAY, à Hugues.

Votre oncle devant vous ne parlait-il jamais ?

HUGUES

Souvent.

RICHARD
Que disait-il?

HUGUES
Des récits que j'aimais.

CONNOR
Quels récits?

HUGUES
Les exploits des chefs de notre race.

CONNOR
Ton oncle t'ordonnait de bien suivre leur trace?

HUGUES
Oui, puis, en finissant, il voulait qu'à genoux
Je priasse avec lui pour l'Irlande et pour vous.

RICHARD
Pour l'Irlande!

HUGUES
Il disait qu'on veut se jouer d'elle,
Qu'on veut la rendre esclave, hérétique, infidèle.

W. GRAY
Mais qui?

HUGUES
Des Irlandais.

CONNOR, à part.
Oh! Dieu!

RICHARD
Nous comprenons.

CONNOR, troublé.
Hugues... les connais-tu?

HUGUES
Je ne sais pas leurs noms.

W. GRAY
Vous vous troublez, milord.

CONNOR, à part. Il se lève.
O voix de l'innocence!

RICHARD, à Connor.
Ne l'interrogez plus.

Il veut emmener Hugues.

CONNOR, avec hauteur.
Vous dois-je obéissance?
Laissez faire.
A Hugues.
Pour moi tu priais donc ainsi?
HUGUES
Oui, pour vous, monseigneur, et pour mon père aussi.
CONNOR
Quels biens pour tous les deux implorait ta prière?
HUGUES
D'être bénis du ciel à votre heure dernière,
De vivre en Irlandais, de mourir en élus.
CONNOR
Il s'écarte de Hugues, hésite, puis prend son parti, revient et présente à W. Gray l'acte d'exhérédation.
William Gray, prends cet acte et ne m'en parle plus.
Je ne signerai pas.
Il va pour sortir.
W. GRAY, le suivant.
Milord!...
RICHARD
Cette faiblesse...
CONNOR
Je ne signerai pas, vous dis-je. Qu'on me laisse;
J'ai besoin d'être seul.
Il sort.

SCÈNE VII

W. GRAY, RICHARD, HUGUES

W. GRAY
Il m'échappe!
RICHARD
O fureur!
W. GRAY
Trop mobile vieillard!

RICHARD
Inconcevable erreur !
Je tenais mon triomphe, et cet enfant me l'ôte !
J'avais compté sur lui : tout manque et par sa faute !
HUGUES
Vous êtes irrité, mon père. Qu'ai-je fait ?
W. GRAY, à Richard.
Votre seule imprudence est coupable en effet,
Et le dépit trop tôt de votre âme s'empare.

Entre Mac Gennis.

SCÈNE VIII

W. GRAY, RICHARD, HUGUES, MAC GENNIS

MAC GENNIS
Milords, quelque révolte à nos yeux se prépare ;
Venez.
W. GRAY
Que dites-vous ?
MAC GENNIS
Tout l'annonce à la fois.
La trompe des bergers fait retentir les bois ;
De feux étincelants les coteaux s'illuminent ;
Sur le lac d'autres feux se croisent et cheminent.
Venez voir.
RICHARD, égaré.
William Gray ! nous sommes donc trahis !
Ils avaient au combat préparé le pays !
Jour funeste !
W. GRAY
Richard, dominez vos alarmes.
Ce donjon braverait toute l'Irlande en armes,
Et pour nous la révolte est un coup de bonheur.

RICHARD, montrant Hugues.

Reconduis cet enfant près de son gouverneur, Mac Gennis.

MAC GENNIS

Hâtez-vous ; l'attaque sera prompte.

RICHARD

J'y cours.

W. GRAY, à Richard.

Disposez tout. J'avertirai le comte.

ACTE QUATRIÈME

MÊME DÉCOR

SCÈNE I

O'MEAGHLIN, NORBERT

O'MEAGHLIN
Il entre par une porte latérale et aperçoit Norbert, qui entre presque aussitôt par le fond.

Vous, Norbert! Quelle main vous rend la liberté?

NORBERT
Aucune. Avant le jour, mes gardes m'ont quitté.
Je sors. Pas un Anglais devant moi ne se montre.
Lungar semble désert. A peine je rencontre
Quelques valets tremblants dans les salles épars.
Que font nos oppresseurs? Où sont-ils?

O'MEAGHLIN
                        Aux remparts.

NORBERT
Nous sommes assiégés?

O'MEAGHLIN
            Un camp nous environne.

NORBERT

Nos amis ?

O'MEAGHLIN

On y voit les drapeaux de Tyrone,
Le loup des Mac Dora, la croix des O'Donnell
Que suit en rangs pressés le clan de Tirconnell ;
L'aigle de Fermanagh en passant les salue ;
Ferdick...

NORBERT, avec enthousiasme.

Mais tout l'Ulster autour de nous afflue !

O'MEAGHLIN

C'est un cercle d'acier que chaque heure étrécit,
Norbert ; un flot mouvant que chaque instant grossit.

NORBERT

Dieu sauve notre Érin ! Elle est prompte et hardie.
Cette nuit l'étincelle, et déjà l'incendie !
Mais l'Anglais ?

O'MEAGHLIN

Le tyran, par l'audace enivré,
A cette vive attaque était mal préparé.
De son orgueil surpris il cache la blessure.

NORBERT

La force du manoir peut-être le rassure.

O'MEAGHLIN

Un message est parti d'ailleurs, et le secours
De Dublin jusqu'à nous peut venir en dix jours.

NORBERT

Voulez-vous d'ici là précipiter la crise ?

O'MEAGHLIN

Nous ?

NORBERT

Que les survenants, si Dieu nous favorise,
Trouvent la forteresse aux mains des révoltés.

O'MEAGHLIN

Que prétendez-vous faire ?

NORBERT

O'Meaghlin, écoutez ;
Lungar est vaste.

O'MEAGHLIN
Eh bien ?

NORBERT
Toutes ses avenues
A des hôtes d'hier sont-elles bien connues ?
Le croyez-vous ?

O'MEAGHLIN
J'en doute.

NORBERT
Et ne peut-on sous main
A l'ardeur impuissante ouvrir quelque chemin ?

O'MEAGHLIN
Ah ! que méditez-vous ?

NORBERT
Rien que de légitime.

O'MEAGHLIN
J'en conviens ; mais Connor...?

NORBERT
J'y gagne son estime.

O'MEAGHLIN
Peut-être.

NORBERT
Il me la doit. S'il murmure aujourd'hui,
Tout changera demain. Sauvons-le malgré lui.

O'MEAGHLIN
Mais... attendez...

NORBERT
Eh quoi ? que le combat s'élève ?
Dès qu'on voit au soleil étinceler le glaive,
Dès que flottent au vent les drapeaux déployés,
Il faut agir.

O'MEAGHLIN
Quelqu'un... C'est le comte. Fuyez.

Norbert sort rapidement.

SCÈNE II

O'MEAGHLIN seul, puis CONNOR

O'MEAGHLIN, seul.
Après tout, laissons faire et que Dieu le conseille.
Entre Connor.

CONNOR
C'est vous ! Quelle autre voix frappait donc mon oreille ?

O'MEAGHLIN
Un de vos serviteurs était ici.

CONNOR
Mais quoi !
Ils sont tous révoltés, tous armés contre moi.

O'MEAGHLIN
Le croyez-vous ?... Aucun ne songe à vous déplaire.

CONNOR
Ah ! je voudrais contre eux sentir plus de colère.

O'MEAGHLIN
L'Anglais seul est coupable.

CONNOR, étonné.
Est-ce là votre avis ?

O'MEAGHLIN, avec force.
Oui, milord.
Un silence.

CONNOR
O'Meaghlin, cherchez mon petit-fils :
J'ai besoin de le voir.

O'MEAGHLIN
J'obéis, milord comte.
Il sort.

SCÈNE III

CONNOR, seul.

O de mes derniers jours intolérable honte !
Sort fatal !... Qu'ai-je dit ? Trop juste châtiment !
Non, plus de cet orgueil qui me flatte et qui ment.
Le voile se déchire. Un éclat qui m'atterre
A brillé tout à coup dans ma nuit volontaire.
Hugues, Shane, vos voix m'ont assez convaincu.
Ah ! malheureux vieillard ! j'ai trop longtemps vécu !...
Lumière inexorable ! infortune suprême !
Plonger avec horreur jusqu'au fond de soi-même...
N'y trouver rien, non, rien que l'on puisse estimer !
Mon Dieu !... Mais de quel front osé-je le nommer...?
 L'aurais-je cru jamais ? De quelle ignominie
Cette fierté superbe est à la fin punie !
J'étais de mon pouvoir autrefois si jaloux !
La guerre en ce moment frémit autour de nous ;
Les glaives sont tirés ; le sang coule peut-être ;
Tout se décide ; et moi qu'ils appellent le maître,
Moi, fantôme oublié dont ils feront le sort,
Moi, l'enjeu du combat, le butin du plus fort,
Dans ce palais désert promenant ma torture,
Je laisse mon destin flotter à l'aventure.
Non ; c'est trop d'impuissance... Et comment en sortir ?
Sera-ce par le crime ou par le repentir...?
 Eh bien ! repentons-nous. Que l'orgueil s'humilie !
Avouons, confessons, buvons jusqu'à la lie
Ce déshonneur amer et si bien mérité...
Mais de mon repentir ai-je la liberté ?
Plus captif, plus lié sous le joug qui m'opprime,
Que ce fils ! mon modèle, hélas ! et ma victime,

Je soulève mes fers et ne puis les briser.
O Shane! qu'à bon droit tu dois me mépriser!
Mon fils, mon noble fils, que n'ai-je ta grande âme?

Entrent O'Meaghlin et Hugues.

SCÈNE IV

CONNOR, O'MEAGHLIN, HUGUES

O'MEAGHLIN

J'amène Hugues, milord.

Il sort.

SCÈNE V

CONNOR, HUGUES

CONNOR

C'est moi qui te réclame,
Enfant. A peine hier t'avons-nous embrassé.

HUGUES

Oh! dites, monseigneur, que s'est-il donc passé?
Je vous voyais si sombre! Était-ce ma parole
Qui pouvait...?

CONNOR

Le crois-tu? Mais elle me console,
Tu le vois, puisque j'aime à l'entendre aujourd'hui.

HUGUES

Et mon père, seigneur! qu'ai-je fait contre lui?
Dans ses yeux, dans sa voix quelle ardente colère!
Ce n'était point ainsi que me parlait ma mère.

CONNOR

Tu le connaîtras mieux. Il est bon.

HUGUES

       Je le crois :
Ma mère à Dungannon me l'a dit bien des fois.

CONNOR

Quoi qu'il advienne, enfant, ne cesse de l'en croire.
De toutes ses leçons garde ainsi la mémoire.
Reste fidèle à Dieu, si tu veux le bonheur.
De ta sainte patrie aime à jamais l'honneur ;
Mais au ciel avant tout demande le courage,
Car en ces jours mauvais, pleins de trouble et d'orage,
— Puisses-tu de longtemps ne point l'apercevoir ! —
Il en faut, il en faut pour suivre son devoir.

HUGUES

Ah ! vous parlez comme elle.

CONNOR

      Un jour, bientôt sans doute,
Quand ton aïeul, couché sous la funèbre voûte,
Ne pourra plus répondre à ses accusateurs,
On te dira...

HUGUES

  Comment ? Que diront ces menteurs ?

CONNOR, à part.

Puis-je de ces aveux étonner son enfance ?

Haut.

Du moins si ton bon cœur incline à ma défense,
Tu leur rapporteras mes suprêmes avis.
Hugues, rappelle-toi qu'au jour où tu le vis,
L'aïeul en cheveux blancs prit tes mains dans les siennes,
Et, par le souvenir de nos gloires anciennes,
Par le nom bien-aimé, par les saintes vertus
De celle qu'ici-bas tu ne reverras plus,
T'enjoignit de garder, plus ferme et plus fidèle,
Cet héroïque honneur dont Shane est le modèle.
Dis qu'en te bénissant il t'adjurait encor
De sauver à tout prix, comme ton cher trésor,

Comme l'unique bien de cette vie amère,
L'amour de ton pays et la foi de ta mère.

HUGUES

Monseigneur... vous pleurez!... Je tremble.

CONNOR

        Ne crains rien.

Entre W. Gray.

SCÈNE VI

CONNOR, W. GRAY, HUGUES

W. GRAY, après un moment de surprise.

Est-ce l'heure, milord, d'un pareil entretien?

CONNOR

Sur votre habileté mon esprit se repose.
Ne pourrez-vous sans moi gouverner toute chose?

W. GRAY

Milord!...

CONNOR

  Que me veut-on?

W. GRAY

      Voici deux députés
Qui viennent du pays dire les volontés.

CONNOR

Entendez-les vous-même.

W. GRAY

     Est-ce à moi de le faire?
Le maître doit répondre, et c'est lui qu'on préfère.

CONNOR, avec amertume.

Le maître!... Soit. Allez. Le maître les attend.

W. Gray sort.

SCÈNE VII

CONNOR, HUGUES

CONNOR, à part.

Ne pouvoir à mon rôle échapper un instant!

A Hugues.

Hugues, ton oncle Shane est ici.

HUGUES

Quelle joie!

CONNOR

Cherche-le.

HUGUES

Près de vous faut-il que je l'envoie?

CONNOR

Non. Dis-lui seulement...

HUGUES

Quoi, seigneur?

CONNOR, accentuant pour se faire bien comprendre.

Ces deux mots :
Dis-lui bien que je l'aime et qu'il plaigne mes maux.
Va vite.

Hugues sort. Entrent W. Gray, Richard, Kildare, O'Kervalan. — Ce dernier reste comme inaperçu dans le fond du théâtre.

SCÈNE VIII

CONNOR, W. GRAY, RICHARD, KILDARE O'KERVALAN

KILDARE, après une hésitation, montrant Connor à W. Gray.
Milord seul a droit de nous entendre.

W. GRAY
Le lieutenant du roi ne peut-il y prétendre?

KILDARE
De quel roi?

RICHARD
L'insolent!

KILDARE
Connor seul règne ici.

W. GRAY
Sachez qu'on est rebelle, à lui parler ainsi.

RICHARD, à Kildare.
N'apportes-tu, vassal, qu'une offense nouvelle?

KILDARE, froidement.
Je ne suis dans Lungar ni vassal ni rebelle.

RICHARD
Qui donc es-tu?

KILDARE
N'importe.

W. GRAY
Il se cache.

KILDARE
Moi! non.
Je garde à monseigneur le secret de mon nom.
Rien de plus.

CONNOR
Un moment laissez-nous en présence,
William.

W. GRAY
C'est exiger beaucoup de complaisance.

RICHARD, avec hauteur.

Mon père...

CONNOR

Craignez-vous...? Je vous donne ma foi
Qu'un peuple soulevé n'obtiendra rien de moi.

Richard et W. Gray sortent.

SCÈNE IX

CONNOR, KILDARE, O'KERVALAN

Ce dernier toujours au fond du théâtre.

CONNOR, à Kildare.

Parlez.

KILDARE

Vous souvient-il, milord, d'un frère d'armes
Dont le sort autrefois vous coûta quelques larmes,
Quand le despote anglais, à sa perte acharné,
Répandit tout son sang à la fois condamné?
Cinq martyrs en un jour sur l'échafaud parurent;
Aux côtés du vieillard ses quatre fils moururent...

CONNOR

Le malheureux Kildare?...

KILDARE

Or, après tant de coups,
Un rejeton demeure.

CONNOR

Eh quoi! serait-ce vous?

KILDARE

Oui, j'appartiens, milord, à leur sainte lignée.
Mais je devais à Dieu cette vie épargnée,
Et le nom des Kildare avec moi va finir.

CONNOR

J'entends... Et parmi nous vous osez revenir?
Sous cet habit!

KILDARE

Proscrit aussi bien que moi-même,
Je le sais. Mais l'exil est le tourment suprême,
Et si l'Irlande enfin ne voit des jours meilleurs,
Plutôt mourir ici : j'ai trop souffert ailleurs.

CONNOR, pensif.

Kildare!... Pauvre ami!... Sombre et sanglante histoire!...

KILDARE

Et moi, par tous ces deuils, milord, par cette gloire,
Par ces grands souvenirs à vos yeux retracés,
Obtiendrai-je de vous?...

CONNOR, avec effort.

Assez, jeune homme, assez.
Je puis pleurer les maux que votre nom rappelle;
Mais pour l'ambassadeur de ce peuple rebelle
Je ne puis rien.

KILDARE

Ce peuple est fidèle et soumis.

CONNOR

Pourquoi s'est-il armé? Contre quels ennemis?

KILDARE

Souffrez que je réponde avec pleine assurance.

CONNOR

Voyons.

KILDARE

Il s'est armé pour votre délivrance.

CONNOR

Je suis donc prisonnier?

KILDARE

J'ajouterai tout bas :
Shane le serait-il, si vous ne l'étiez pas?

CONNOR

C'est porter sur mes droits un regard téméraire.
Shane m'avait manqué.

KILDARE

J'atteste le contraire.

CONNOR, avec impatience.

Brisons là. — Que prétend ce peuple révolté?
De son héros sans doute il veut la liberté?

KILDARE

Il l'implore.

CONNOR

Est-ce tout?

KILDARE

Non. Pour la guerre sainte
Le peuple qui frémit autour de cette enceinte,
De vos droits et des siens également jaloux,
Veut son chef légitime.

CONNOR

Et ce chef?

KILDARE

Ah! c'est vous.

CONNOR

Moi!

KILDARE

Venez, monseigneur, votre camp vous réclame;
Des beaux jours d'autrefois nous renouons la trame;
Du prince et des sujets le pacte est rajeuni;
Venez : l'Ulster est libre et l'Anglais est puni!

CONNOR

Insensés!

KILDARE

Monseigneur!...

CONNOR

Non, plus une parole.
Moi courir avec eux cette aventure folle!
Ainsi les arrogants pensent, comme autrefois,
Me traîner à leur suite et m'imposer leurs lois!
Non, non, vous apprendrez que c'est moi qui commande.
Qu'on se disperse. Allez. Plus d'armes, plus de bande.

En groupes factieux cessez de vous unir,
Ou c'est moi qu'on attaque et vous qu'il faut punir.

KILDARE

Daignez...

CONNOR

Retirez-vous. — Incroyable démence ! —
Votre rôle est fini. Partez.

O'KERVALAN, descendant en scène.

Le mien commence.

CONNOR, tressaillant à la voix d'O'Kervalan.

Qu'entends-je?

O'KERVALAN, à Kildare.

Retournez, mon fils, et quelque temps
Arrêtez, s'il se peut, le choc des combattants.

Kildare sort.

SCÈNE X

CONNOR, O'KERVALAN

CONNOR. Il se lève.

Cette voix... ! Est-ce un rêve, une ombre décevante?

O'KERVALAN

Vous me reconnaissez?

CONNOR

Votre aspect m'épouvante..,
O'Kervalan?...

O'KERVALAN

C'est moi.

Un silence.

CONNOR

Mépris, haine ou pitié,
Qui vous amène ici?

O'KERVALAN

Ma fidèle amitié.

CONNOR

L'amitié! l'amitié! trop sanglante ironie!
Ce titre me fait mal; mon passé le renie.
Et quel nœud, dites-moi, peut encore assortir
Au traître, à l'apostat, le pontife martyr!
Vous, l'ami de Connor! Mais la honte et le crime
Entre nous pour jamais ont ouvert un abîme;
Mais vous ne m'apportez que remords et qu'effroi.
Non, je n'ai plus d'amis! Retirez-vous de moi.

O'KERVALAN

Je reste au nom du Ciel.

CONNOR

Votre Ciel! il m'accable.
Ne me le nommez pas : je le sens implacable.

O'KERVALAN

Quoi! même au repentir!

CONNOR, après un instant de silence.

J'ai de sourdes terreurs,
D'affreux saisissements, de stériles fureurs.
Du ver qui ne meurt point je connais la morsure.
Mais ce regret sauveur qui guérit la blessure,
Ce courage fécond d'où germent les vertus,
Dans mon cœur desséché je ne les trouve plus.

O'KERVALAN

Et Dieu plus que jamais travaille à vous les rendre.
Si votre œil savait lire et votre âme comprendre!
D'exemples, de leçons vous êtes entouré.
Shane, ce noble fils de vous-même admiré...

CONNOR

Eh bien! m'en croirez-vous si j'ose vous le dire?
Son courage m'irrite autant que je l'admire.
Il m'offense. Et comment, sans un amer ennui,
Ne point sentir en moi ce qu'on me vante en lui?
Vous-même, votre aspect m'importune, me blesse.
Je sais trop bien qu'au jour de ma grande faiblesse
Vous avez seul vaincu le royal suborneur,

Tandis qu'entre ses mains j'abdiquais mon honneur.
Je hais cette énergie où je ne puis atteindre;
Je voudrais en tout lieu la détruire, l'éteindre,
Et ce fils que mon cœur n'égalera jamais,
Ce Shane, entendez-vous? ce Shane, je le hais.

O'KERVALAN, avec un sourire d'incrédulité.

Vous le haïssez?

CONNOR. Il tombe épuisé sur un siège.

Non... non... qu'ai-je dit? Je l'aime.
Dans mes déchirements je m'ignore moi-même.
Pardonnez, plaignez-moi, ne m'abandonnez pas.

O'KERVALAN, s'approchant avec affection.

Vous avez bien souffert!

CONNOR

Si j'ai souffert, hélas!
Pas un instant d'oubli depuis l'heure funeste.
Nuit et jour, évoqués par le courroux céleste,
Des fantômes vengeurs n'ont point quitté mes yeux.
Je voyais du tombeau se lever mes aïeux;
Et, passant tour à tour, chaque ombre fugitive
Au traître, à l'apostat jetait son invective :
« Ces droits, que mille morts n'auraient pu nous ravir,
A quel marché honteux les as-tu fait servir?
Notre sang, nos exploits, notre fière mémoire,
Notre nom tout brillant de cinq siècles de gloire,
Ce trésor de tes fils, lâche, tu l'as vendu! »

O'KERVALAN

Mais un seul cri de l'âme, et tout vous est rendu!
Une larme, et Dieu même effacera la tache!

CONNOR, continuant sans l'entendre.

Comme le malfaiteur qui tremble et qui se cache,
Sept ans de mes vassaux j'ai fui le désespoir.
Mais, ô mon cher pays, il fallait te revoir!
Un invincible amour à la fin m'y ramène...

O'KERVALAN

C'était un premier pas.

CONNOR

Je m'y retrouve à peine,
Et tout semble déjà contre moi déchaîné.
Voyez : l'Ulster en feu... mon fils emprisonné...
La révolte qui gronde autour de mon asile!...
Une seconde fois veut-on que je m'exile?
Mais que dis-je? est-ce là mon plus âpre tourment?
Mieux que tous un enfant me déchire...

O'KERVALAN

Comment?

CONNOR

Hugues, le jeune fils de Richard et d'Alice...

O'KERVALAN

Il saurait tout! Déjà!

CONNOR

Non; mais, pour mon supplice,
Des maux de notre Irlande à demi prévenu,
Par avance il maudit le coupable inconnu;
Il me l'a dit hier, et sa voix innocente
Pénétrait dans mon cœur, plus vive, plus perçante
Que le gémissement de la patrie en deuil,
Que le cri des aïeux rappelés du cercueil.

Il se lève.

Pauvre enfant, pauvre enfant, que mon apostasie
Voue à la servitude, au schisme, à l'hérésie!
D'avance je t'ai pris ton honneur et ta foi.
Non, non, tout est perdu; n'attendez rien de moi.
Encore quelques jours, et ma lente agonie
S'achève dans l'opprobre et dans l'ignominie;
Puis... après...!

O'KERVALAN, avec empire.

Monseigneur, Hugues vous sauvera.

CONNOR

Que peut-il faire?

O'KERVALAN

Il prie, et Dieu l'exaucera.
Dieu ne refuse rien aux vœux de l'innocence.

CONNOR
Hugues, seigneur évêque! Aura-t-il la puissance
De détruire ce joug de honte et de péché
Où de mes propres mains je me suis attaché?
Encore, s'il ne faut qu'un désaveu sincère;
S'il ne faut que rougir et montrer mon ulcère...
Peut-être... Mais Richard... mais Gray...
O'KERVALAN
Vous font-ils peur?
Je vous sais du courage.
CONNOR
O courage trompeur!
Je m'irrite un moment; puis je tombe, je cède.
Un maître me gouverne, un maître qui m'obsède,
Un tyran que je hais, que je voudrais briser.
Je ne puis... Vainement, jaloux de m'abuser,
Mon dépit quelquefois tente une résistance.
Pitoyables efforts où manque la constance!
Gray, toujours impassible et toujours triomphant,
Déconcerte d'un mot ces révoltes d'enfant.
D'un premier abandon c'est la suite fatale;
C'est ma honte, seigneur, ma honte que j'étale,
Hélas! Mais cet aveu, cruel à ma fierté,
Me soulage et m'apaise autant qu'il m'a coûté!
O'KERVALAN
Il marquera l'instant de votre délivrance,
Monseigneur.
CONNOR
Est-il vrai? J'aurais une espérance!
Vous savez mes malheurs; mais vous savez aussi
Que je n'étais point né pour m'avilir ainsi.
Vous avez vu l'ardeur de mes jeunes années.
Comme elles s'écoulaient fières et fortunées!
L'indomptable vouloir qui palpitait en moi
Ne pliait point alors devant celui d'un roi.
Mais tout changea bientôt : d'injustes préférences

Amenèrent de loin la honte et les souffrances.
Richard, l'ingrat Richard fit mon égarement :
Il est de mon supplice aujourd'hui l'instrument.
A peine si, soigneux d'achever sa fortune,
Il ménage à regret ma vieillesse importune.
Je suis le marchepied que dédaignent ses pas...
Et moi qui l'aimai tant...

    O'KERVALAN, avec effroi.
    Ne le maudissez pas!

    CONNOR
Oh! oui : de la douceur parlez-moi le langage...

    Entrent Richard, W. Gray et Mac Gennis.

SCÈNE XI

CONNOR, O'KERVALAN, RICHARD, W. GRAY
MAC GENNIS

    RICHARD
Mon père, on vous attend, car la lutte s'engage.

    O'KERVALAN
Déjà!

    W. GRAY
 Les révoltés nous serrent de plus près,
Et contre les créneaux lancent leurs premiers traits.

    RICHARD
Venez.

    W. GRAY
 Venez, milord, et montrez à la foule...

    CONNOR, avec éclat.
Non. Reste seul chargé de tout le sang qui coule,
William Gray.

    RICHARD
  Que dit-il?

    W. GRAY
    Votre gloire est en jeu.

CONNOR, à W. Gray.

Mon fils emprisonné te semble-t-il trop peu ?
Avec toi dans le sang faudra-t-il que je nage ?
Va, fais seul ton office et préside au carnage.

A O'Kervalan.

Venez, seigneur.

Il va pour sortir.

RICHARD

Enfin, quel bizarre transport !...

CONNOR

Vous, Richard, laissez-nous ou prenez garde !

Il sort avec O'Kervalan.

SCÈNE XII

W. GRAY, RICHARD, MAC GENNIS

RICHARD

Il sort !

Mais qui donc l'accompagne ?

W. GRAY

O'Kervalan peut-être.

RICHARD

L'évêque de Clogher !

W. GRAY

J'ai cru le reconnaître.

RICHARD

Ce banni dans l'Ulster ! Et vous n'en saviez rien !
Et tous deux vont en paix achever l'entretien !
C'est l'heure d'applaudir à votre vigilance.

W. GRAY, piqué.

Et que voulez-vous faire ? User de violence ?

RICHARD

Cet homme nous perdra : je veux l'en empêcher.

W. GRAY

D'auprès de votre père allez donc l'arracher.

RICHARD

Et quand il le faudrait...! Croit-on que je recule?
Depuis quand William Gray connaît-il le scrupule?

W. GRAY, froid et hautain.

J'ai toujours dédaigné les crimes superflus.
L'évêque n'est ici qu'un otage de plus.
Reposez-vous sur moi, jeune homme.

Il sort.

SCÈNE XIII

RICHARD, MAC GENNIS

RICHARD

Ah! quoi qu'il fasse,
J'entrevois vaguement qu'un malheur nous menace.
Tout tremble sous nos pieds. Le vieillard nous trahit.
Et Shane!... A ce seul nom la rage m'envahit.
Ce rival éternel... il faut qu'avant une heure...
Mac Gennis, comprends-tu?

MAC GENNIS

Milord?

RICHARD

Il faut qu'il meure.

MAC GENNIS

De ma main?

RICHARD

Pourquoi non?

MAC GENNIS

Frapper un coup pareil!...

RICHARD

Tu trembles!... De moi seul je vais prendre conseil.

Il s'éloigne rapidement.

ACTE CINQUIÈME

MÊME DÉCOR

SCÈNE I

SHANE, MAC GENNIS

SHANE, assis.

Pourquoi troubler ainsi ma douleur solitaire?
Parlez : qui vous amène?

MAC GENNIS

Un triste ministère.
J'ai des ordres, milord, et dois vous avertir
Que de l'appartement vous ne pouvez sortir.

SHANE

Du palais des O'Nial on me fait une geôle!
Et c'est un Mac Gennis qui descend à ce rôle!
Aux gages des Anglais le voilà mon gardien!
J'en rougis.

MAC GENNIS, avec émotion.

Monseigneur, ne me reprochez rien.

SHANE

Comment?

MAC GENNIS, à part.

Que lui dirai-je?

SHANE

Expliquez-vous.

MAC GENNIS

Je n'ose.

SHANE

De votre complaisance on voulait autre chose?...
Mon sang peut-être?

MAC GENNIS

Hélas!

SHANE

Était-ce leur dessein?
Auriez-vous refusé d'être mon assassin?

Il se lève et s'approche de Mac Gennis.

Il semble que mon sort vous donne quelque alarme.
Vous ai-je mal jugé?

MAC GENNIS, lui présentant un poignard.

Daignez prendre cette arme;
Vous en aurez besoin.

SHANE

L'Anglais veut mon trépas?

MAC GENNIS

Prenez; défendez-vous.

SHANE

Je ne me défends pas.

MAC GENNIS

Souhaitez-vous la mort?

SHANE

Elle me fait envie.
J'aurais fait gloire hier de vendre cher ma vie;
Aujourd'hui sans effort ils peuvent me l'ôter :
Elle me pèse trop pour la leur disputer.

MAC GENNIS, suppliant.

Milord!

SHANE

Non; leur fureur ne sera point trompée;
Ou que mon père alors me rende mon épée!

MAC GENNIS

Mais, s'il savait le coup dont vous allez mourir,
Lui-même de son corps il viendrait vous couvrir.

SHANE

Vous m'étonnez. Quelle est cette frayeur étrange?
Du parti de mes maux quelle pitié vous range,
Mac Gennis? A Richard je vous croyais gagné.

MAC GENNIS, avec exaltation.

O monstre par le ciel trop longtemps épargné!
Qu'il soit maudit!

SHANE

Richard! J'entrevois un abîme...
Richard!... Serait-ce lui qui médite le crime?
Il serait fratricide!

MAC GENNIS

Eh bien! vous savez tout,
Milord. — Mais je n'ai pu le suivre jusqu'au bout.
Il semble, à ce refus, qu'une soudaine flamme
Ait dessillé mes yeux et réveillé mon âme.
Je me suis vu, milord, et me suis fait horreur.
Assez d'égarement, de faiblesse, d'erreur.
C'en est fait.

Il se jette aux genoux de Shane.

Le prodigue à genoux vous en prie;
Daignez le recevoir au nom de la patrie.

SHANE

Lève-toi.

MAC GENNIS

De ma main, fidèle désormais,
Acceptez ce poignard.

SHANE

Contre un frère! Jamais.

MAC GENNIS, regardant avec terreur autour de lui.

Il peut venir bientôt.

SHANE

Qu'il se hâte! qu'il vienne!

L'ardeur du meurtrier n'égale pas la mienne.
Mon cœur s'élance, il vole au-devant de ses coups.

MAC GENNIS

Il faudra cependant qu'il me frappe avant vous.

Il sort, puis rentre et repasse sur le théâtre pendant la scène suivante, observant avec inquiétude toutes les avenues.

SCÈNE II

SHANE, seul.

Que d'objets confondus! Croirai-je que je veille?...
A mes côtés, la grâce opère une merveille,
Et des crimes nouveaux surgissent des enfers.
 Est-ce là mon destin? La mort après les fers?
Un père qui m'enchaîne, un frère qui me tue?...
Dans mon âme ébranlée, étourdie, abattue,
Je sens naître la honte et presque le remords...
Mourir! mais, ô douleur pire que mille morts!
Ici, de cette main, faudra-t-il que je meure?
O berceau des O'Nial, chère et sainte demeure,
Asile de la gloire aujourd'hui profané,
Tombe, tombe sur nous, palais où je suis né;
Du sang qu'ils vont répandre ensevelis la trace;
Sauve en nous écrasant l'honneur de notre race;
Tombe, et sous tes débris dérobe à l'avenir
Cet abîme d'opprobre où tu la vois finir!...
 Que t'ai-je fait, Richard, et pourquoi tant de haine?
Je donnerais pour toi tout ce sang qui te gêne.
Cœur ouvert autrefois, que l'orgueil a fermé,
Si tu l'avais voulu, que je t'aurais aimé!
 Mais voici qui m'accable et qui me désespère:
Mourir en emportant le courroux de mon père,
Sans qu'il m'ait pardonné, sans qu'il m'ouvre ses bras!...

Et j'appelais ce coup !... Non, je n'y consens pas.
Accordez-moi, mon Dieu, cette faveur suprême
De savoir en mourant qu'il me plaint et qu'il m'aime.
Il appelle.
Mac Gennis !
Entre Mac Gennis.

SCÈNE III

SHANE, MAC GENNIS

SHANE
Où trouver mon père en ce moment ?

MAC GENNIS
On le dit enfermé dans son appartement.
Il laisse tout conduire aux gens de l'Angleterre.

SHANE
Il est seul ?

MAC GENNIS
Près de lui reste un parlementaire.

SHANE
Quel est-il ?

MAC GENNIS
William Gray dit l'avoir reconnu :
C'est l'évêque.

SHANE
Il est là !

MAC GENNIS
Milord l'a retenu.

SHANE
D'une lueur d'espoir notre nuit se colore.
Mon Dieu ! de ce chaos que ferez-vous éclore ?
J'appelle sur mon front le glaive suspendu,
Si mon père à ce prix doit vous être rendu.

D'un pareil entretien ne pouvons-nous l'attendre ?
Mais dis-moi...
MAC GENNIS
Pardonnez, milord..., je crois entendre...
Il va au fond du théâtre.
SHANE, douloureusement.
Est-ce Richard ?
MAC GENNIS
Son fils !
Entre Hugues.

SCÈNE IV

SHANE, MAC GENNIS, HUGUES

HUGUES, à Shane.
Ah ! je puis vous trouver enfin !
SHANE
Que viens-tu faire ?
MAC GENNIS, à Shane.
Il vient pour vous sauver.
HUGUES
Qui ? moi ? sauver mon oncle ? Un danger le menace ?
MAC GENNIS
Oui, mon jeune seigneur.
HUGUES
Un homme aurait l'audace !...
SHANE
Plus un mot, Mac Gennis !
HUGUES, à Shane.
On en veut à vos jours ?
Et qui ?

SHANE
S'il est possible, ignore-le toujours,
Enfant.

MAC GENNIS, à Shane.
Sans m'éloigner, milord, je me retire.

Il sort.

SCÈNE V

SHANE, HUGUES

HUGUES
Quel péril est à craindre et qu'a-t-il voulu dire ?

SHANE
Non, rien.

HUGUES
Calmez le trouble où ses discours m'ont mis.

SHANE
Il paraît, mon enfant, que j'ai des ennemis.

HUGUES
Et qui peut vous haïr ? Quelle âme si méchante...?

SHANE, à part.
O voix qui me torture autant qu'elle m'enchante !
Haut.
Arrête, arrête, enfant, ne m'interroge pas.
Dis plutôt jusqu'à moi qui dirige tes pas.
C'est le hasard ?

HUGUES
Mais non ; c'est un ordre du comte.

SHANE
Ciel !

HUGUES
Mon obéissance aurait été plus prompte,
Si de ce grand palais j'avais su les détours.
J'erre depuis une heure en vous cherchant toujours.

SHANE

C'est mon père, dis-tu, mon père qui t'envoie !
Tu ne peux en son nom m'apporter que la joie.
Parle.

HUGUES

Il m'adresse à vous pour vous dire en deux mots
De croire à son amour et de plaindre ses maux.

SHANE.

Est-ce possible ? Il souffre ! Il me rend sa tendresse !
Tu ne t'es pas trompé ? C'est sa parole expresse ?

HUGUES, accentuant la réponse.

Je crois l'entendre encor : « Porte-lui ces deux mots :
Qu'il sache que je l'aime et qu'il plaigne mes maux. »
Et comme il me parlait, sa voix était tremblante ;
J'ai senti sur mes mains une larme brûlante.
Il pleurait.

SHANE

Dieu clément ! daignez le secourir !
Il m'aime, il vous revient ; je n'ai plus qu'à mourir.
Tout plein de cet amour qu'il lui plaît de me rendre,
Je ne crains plus... — Enfant, si tu pouvais comprendre
Combien ce cœur flétri se ranime à ta voix !

HUGUES

Et que puis-je comprendre à tout ce que je vois ?
En cherchant tout à l'heure où porter mon message,
Partout je n'ai trouvé qu'horreur à mon passage.
Tandis qu'un bruit confus s'élève du dehors,
A peine vois-je errer dans les longs corridors
Un page, un serviteur se glissant comme une ombre.
Et puis, si vous saviez comme le comte est sombre !...
Pour vous-même on semblait redouter un malheur. —
Où donc est votre épée ?... — Et mon père, ô douleur !
Je le retrouve à peine, et, dès que je l'approche,
Il me parle déjà sur le ton du reproche.
En quoi l'ai-je offensé ? Vous devez le savoir.

SHANE

Je le sais moins que toi.

HUGUES

Ne puis-je le revoir ?
Conduisez-moi vers lui.

SHANE

Moi !... Non... pas à cette heure.

HUGUES

Pourquoi ?

SHANE

Dans cette salle il faut que je demeure.

HUGUES

Vous attendez peut-être ?

SHANE

Oui... quelqu'un peut venir.
Enfant, retire-toi.

RICHARD, à Mac Gennis, derrière le théâtre.

Tu veux me retenir ?
Arrière !

HUGUES, à Shane.

C'est sa voix.

MAC GENNIS, à Richard, derrière le théâtre.

Quelle horrible folie !

RICHARD, de même.

Va-t'en.

SHANE

Fuis de ces lieux, Hugues, je t'en supplie.

Entre Richard égaré, en désordre, l'épée à la main. Mac Gennis le suit de près, également l'épée à la main, et demeure en observation dans le fond du théâtre.

SCÈNE VI

SHANE, HUGUES, RICHARD, MAC GENNIS

RICHARD

Il s'arrête brusquement en voyant Hugues et descend de quelques pas à droite.

Hugues !

SHANE, *froidement.*

De cet enfant l'aspect vous gênerait.
Commandez qu'il s'éloigne et faites... Je suis prêt.

HUGUES

Qu'entrevois-je ?

RICHARD

Eh bien ! non, tout cède à ma colère.
Meurs.

Il s'avance contre Shane, l'épée haute. Mac Gennis se jette entre Shane et lui.

HUGUES, *aux genoux de Richard.*

Grâce !

Entrent par la gauche Connor et O'Kervalan.

SCÈNE VII

SHANE, HUGUES, RICHARD, MAC GENNIS
CONNOR, O'KERVALAN

CONNOR

Malheureux !

RICHARD

Ciel ! mon fils et mon père !

Il sort précipitamment.

SCÈNE VIII

SHANE, HUGUES, MAC GENNIS, CONNOR O'KERVALAN

Connor traverse le théâtre en chancelant et vient s'asseoir à droite. Au moment où il passe devant Hugues, l'enfant se relève, saisit sa main, le suit et retombe à genoux auprès du fauteuil de l'aïeul. Shane demeure comme anéanti, à gauche.

O'KERVALAN, à Mac Gennis, montrant Hugues.

Quoi ! devant cet enfant !

MAC GENNIS

Hélas !

HUGUES, relevant la tête.

J'ai tout compris.

SHANE, à O'Kervalan.

Il faut de ces horreurs l'écarter à tout prix.
Emmenez-le, seigneur.

HUGUES

Oh ! laissez-moi. Je tremble ;
J'ai peur.

O'KERVALAN, à Hugues.

Ici, tout près, nous resterons ensemble.

SHANE

Obéis, pauvre enfant. — Tu veilleras sur eux,
Mac Gennis.

MAC GENNIS

Oui, seigneur.

SHANE

Dans ce tumulte affreux,
Dieu sait à quels périls il faudra les soustraire.

HUGUES

Non ; qu'il me tue aussi comme il tuait son frère !

O'KERVALAN

Hugues !

SHANE

Tu veux mourir ?

HUGUES

J'en serais trop content ;
Je rejoindrais là-haut la sainte qui m'attend.

SHANE

Hugues, obéissez, au nom de votre mère.

O'KERVALAN

Venez.

Il prend par la main l'enfant, qui se laisse emmener sans résistance. Mac Gennis sort avec eux.

SCÈNE IX

SHANE, CONNOR

CONNOR, égaré.

Rêve sinistre ! infernale chimère !
Qu'ai-je vu ? Sur mon fils quel bras était levé ?
Arrête !...

SHANE

Monseigneur, votre fils est sauvé.
Il est là, près de vous, il vous parle.

CONNOR

O justice !
Il le fallait. Ce coup manquait à mon supplice.

SHANE, lui saisissant la main.

Monseigneur !...

CONNOR

Qui m'appelle ? Où suis-je ? Dans quels lieux !
Un nuage de sang flotte devant mes yeux.
N'approche pas, Richard.

SHANE

Dieu ! calmez ce délire,

CONNOR

Caïn !... Mais à quel titre osé-je te maudire ?
Moi seul je t'ai du crime enseigné le chemin ;
J'ai pour le fratricide armé ta jeune main.
C'est moi qui de Caïn porterai l'anathème.
Je suis le meurtrier de ce héros que j'aime.
J'ai perdu mes deux fils !

SHANE

De grâce, écoutez-moi.

CONNOR, revenant à lui.

Qu'ai-je dit ? Quelle erreur ! Shane, mon fils... C'est toi ?

SHANE

Mon père !

CONNOR

Je me meurs ; la force m'abandonne.

SHANE

Dominez ces transports ; calmez-vous.

CONNOR, se ranimant par degrés.

Oh ! pardonne,
Pardonne !... Je voudrais embrasser tes genoux,
J'y voudrais expirer.

SHANE

Seigneur, que faites-vous ?

CONNOR

Laisse. Je suis coupable et j'ai soif d'être juste.

SHANE

Restez père ; gardez ce caractère auguste,
Et, malgré tant d'horreurs, que béni soit le jour
Où j'ai reçu deux fois l'aveu de votre amour !

CONNOR

Quoi ! cet aveu tardif a pour toi quelques charmes ?

SHANE

Il tarit à jamais la source de mes larmes.

CONNOR

Et tu ne le hais pas, ce père prévenu,
Ce vieillard aveuglé qui t'a si mal connu ?
Tu lui pardonneras ta jeunesse flétrie ?

Tu lui pardonneras les maux de la patrie ?
Dans le secret du cœur que penses-tu de lui ?

SHANE

Je l'avais plaint sept ans ; je l'admire aujourd'hui.
Son âme tout entière à mes yeux se révèle.
Pour moi, pour notre Érin, voici l'ère nouvelle.

CONNOR

Je voudrais ton courage.

SHANE

Eh! seigneur, si j'en ai,
De qui l'ai-je reçu ? Quel sang me l'a donné ?
Achevons ; soyez libre.

CONNOR, il se lève.

Oui, Shane ; je veux l'être.
Que dois-je faire ? Parle, ordonne, sois le maître.
Tu le mérites seul... Mais quoi ? que pourras-tu ?
Contre tant d'ennemis tu n'as que ta vertu.
L'Anglais règne.

SHANE

L'Anglais ? Qu'on me rende une épée,
Et je vous rendrai, moi, votre place usurpée.
Marchons.

CONNOR

Contre ton frère ?

SHANE

Oh! non, contre l'Anglais.
Serons-nous seuls d'ailleurs ? Au fond de ce palais
Se cache plus d'un cœur à l'étranger rebelle ;
Je le sais. Au dehors, un peuple nous appelle,
Votre fidèle Ulster, qui vient nous affranchir.
Secondons leurs efforts.

CONNOR

Ah! céder! Ah! fléchir!
De ceux que je bravais confesser la victoire !
Devant eux quel opprobre !

SHANE

Ou plutôt quelle gloire !
Vous ne cédez qu'à Dieu ; vous êtes, monseigneur,
L'héroïque vaincu du ciel et de l'honneur.
Venez.

CONNOR

Que pensera leur cruelle injustice ?
Faiblesse de vieillard, inconstance, caprice..
L'Anglais sera plus dur ; il dira, trahison.

SHANE

Peut-être.

CONNOR.

Il le dira.

SHANE

Lui donnez-vous raison ?
Daignez-vous redouter le murmure des hommes ?

CONNOR

Mais il faut tout prévoir ! mais au point où nous sommes,
C'est la guerre !

SHANE

Oui.

CONNOR

La guerre !... et qui la soutiendra ?

SHANE

Vous.

CONNOR

Moi !

SHANE

Faites un signe et l'Ulster vous suivra.
Aux combats dès longtemps la province est formée.
Assurez-nous un chef : je vous donne une armée.

CONNOR

Noble audace !

SHANE

Après tout, que sera l'avenir ?
Dieu veut-il désormais châtier ou bénir ?...
Mais, de nos jours troublés quelle que soit l'issue,
Livrons-nous pour la foi que nous avons reçue.

Achetons pour nos fils la sainte liberté
De vivre dans l'honneur et dans la vérité.
Si la lutte ici-bas ne promet qu'une tombe,
De nos mourantes mains si la bannière tombe,
Qu'un jour d'autres vaillants, nés du sang de nos cœurs,
La relèvent plus fière aux yeux de nos vainqueurs!
La fortune sera ce que Dieu l'aura faite;
Mais du moins pour sa cause il n'est point de défaite;
Il ranime demain ce qui meurt aujourd'hui;
L'avenir est à nous parce qu'il est à lui.

CONNOR

Je ne balance plus; ton courage m'entraîne.
Advienne que pourra; j'aurai brisé ma chaîne.
Tu voulais une épée... Il n'en est point ici...
J'en puis trouver ailleurs. Prends la mienne.

Il tire son epée et la présente à Shane, qui la reçoit un genou en terre, la baise et la brandit.

SHANE

Merci!

Maintenant agissons.

Il va au fond du théâtre et appelle.

Mac Gennis! à ma suite!

Entre Mac Gennis avec O'Kervalan et Hugues. W. Gray entre en même temps par le côté opposé. A sa vue, Shane et les siens s'arrêtent et demeurent au fond du théâtre.

SCÈNE X

W. GRAY, SHANE, HUGUES, O'KERVALAN
MAC GENNIS

W. GRAY, entrant précipitamment, à Connor.

Vous triomphez, milord; le rebelle est en fuite.
Après le vain assaut tenté sur nos remparts,
Tout succombe; l'effroi chasse de toutes parts

Ces faibles ennemis de vos droits et des nôtres.
Ne les redoutez plus.

CONNOR

Tu vas en trouver d'autres.

W. GRAY

Lesquels ?

CONNOR

Moi le premier.

W. GRAY

Je ne puis concevoir...

CONNOR

Si Dieu, pour me punir, me laisse en ton pouvoir,
A tes chaînes du moins mon âme est échappée,
Despote !

SHANE, s'avançant vers W. Gray.

Et si ta main savait tenir l'épée !...

W. GRAY

Que vois-je ? — Mac Gennis, on trahirait le roi ?
A l'aide !

MAC GENNIS

Cherche ailleurs.

SHANE

Mac Gennis est à moi.

Un silence.

W. GRAY, prenant son parti.

Soit. De votre seigneur oubliez l'allégeance ;
Il lui reste le droit, la force et la vengeance.
Vous êtes dans ses mains. Tremblez.

Entre O'Meaghlin.

SCÈNE XI

LES MÊMES, O'MEAGHLIN

O'MEAGHLIN

Les Irlandais !

W. GRAY

Se peut-il ?

O'MEAGHLIN

Voilà bien le coup que j'attendais.
Le manoir est livré.

CONNOR

Ciel !

W. GRAY

Courons.

SHANE, l'arrêtant.

Non ; demeure.

Avec une gravité hautaine.

Je prétends vous sauver, milord.

Entrent les Irlandais en tumulte.

SCÈNE XII

LES MÊMES, MAC DORA, KILDARE, O'DONNELL MAGUIRE, O'CARROLL, NORBERT,
IRLANDAIS

MAC DORA, apercevant W. Gray.

L'Anglais !

MAGUIRE

Qu'il meure !

SHANE

Arrête, Mac Dora : cet homme est désarmé.

Théâtre chrétien.

KILDARE, entendant la voix de Shane.

Shane est ici!

O'CARROLL

Victoire!.

O'DONNELL

Oui, tout est consommé.

MAC DORA

Tandis que nos tribus simulaient la retraite,
Un ami nous ouvrait une porte secrète.

NORBERT, à W. Gray.

Les souterrains du lac vous étaient mal connus,
Milord.

O'DONNELL, au même.

Et tes archers, que sont-ils devenus?

MAGUIRE

Pris ou morts.

O'KERVALAN, à Shane.

Des blessés me réclament peut-être.

Il sort.

SCÈNE XIII

LES MÊMES, moins O'KERVALAN

MAC DORA, à Connor.

Et maintenant, souffrez que j'adjure mon maître.
Voici que du clairon l'appel a retenti :
Le comte de Tyrone a-t-il pris son parti?

CONNOR

Assez. Que parle-t-on de comte et de Tyrone!
Rendez-moi de l'Ulster la modeste couronne;
Rendez-moi ce vieux nom qui nous était si doux.
Je redeviens O'Nial, amis; je suis à vous,
A vous pour notre Érin, pour sa foi, pour sa gloire.

LES IRLANDAIS

Triomphe!

SHANE
Oui, compagnons. Devançant la victoire,
Au plus fort du combat, sous le coup du danger,
Mon père secouait le joug de l'étranger.
Sans vous, de son courage il serait la victime.
Il se découvre.
Irlandais, saluez votre roi légitime.
Il est digne de vous.
Tous se découvrent.

LES IRLANDAIS
Longue vie à Connor!

MAC DORA
Qu'au soleil des combats son glaive brille encor!

CONNOR
Le glaive m'est trop lourd : l'intérêt de la cause
En de plus jeunes mains veut que je le dépose.
Shane le tient déjà : qu'il le rende vainqueur.
Shane est de notre Irlande et le bras et le cœur.

Connor est à droite, ayant Hugues auprès de lui; W. Gray à gauche; Sh vers le milieu du théâtre. Les Irlandais remplissent le fond.

SHANE, à Connor.
Eh bien! dès ce moment, j'use d'une puissance
Que je n'accepterai que par obéissance.
Il se tourne vers W. Gray.
Vous n'avez rien omis pour nous rendre sujets,
Milord. De votre cour vous serviez les projets.
L'Ulster victorieux ignore la rancune :
Vous parliez de vengeance, et je n'en veux aucune.
Nous épargnerons même à votre œil irrité
Le spectacle odieux de notre liberté.
Songez donc au départ; que rien ne le diffère,
Car votre politique ici n'a plus que faire.
Mais de tous les périls j'entends vous garantir :
Je vous donne une escorte. Adieu.

W. GRAY
Je vais partir.
De mes plans aujourd'hui la fortune se joue;

Elle vous rit, milord... Aussi bien, je l'avoue,
De si hautes vertus méritaient sa faveur.
J'entends un peuple entier vous nommer son sauveur :
Le titre pèse lourd et la tâche est immense.
J'ose vous rappeler qu'à peine elle commence.
Le roi, qu'auprès de vous j'espérais mieux servir,
N'abdique point les droits qu'on prétend lui ravir.
Il combattra demain le drapeau qui se lève.

SHANE

Soit. Nous en appelons au jugement du glaive.

LES IRLANDAIS

Oui, guerre !

W. GRAY

Un dernier mot. Richard est, dès ce jour,
Le comte de Tyrone avoué par la cour.

MAGUIRE

Lui !

O'DONNELL

Que sur notre Ulster il règne en espérance !

MAC DORA

Comme vos rois anglais sur l'Irlande et la France.

W. GRAY

J'ai dit ; je me retire.

SHANE

Allez.

W. Gray sort.

SCÈNE XIV

LES MÊMES, moins W. GRAY

SHANE
Pour châtiment,
De son orgueil vaincu laissons-lui le tourment.

O'CARROLL
Il emporte un dépit que rien ne peut distraire.

SHANE
Amis, pour achever, pardonnons à mon frère.
Entre O'Kervalan.

SCÈNE XV

LES MÊMES, O'KERVALAN

CONNOR
Oui, grâce pour Richard!

SHANE
Grâce!

O'KERVALAN
Vœux superflus!

CONNOR
Je tremble.

SHANE
Ils l'ont tué?

O'KERVALAN
Nous ne le verrons plus.

SHANE
Qui donc osa toucher cette tête sacrée?

O'KERVALAN

Dieu seul guida le vol de la flèche égarée.
A ce cœur bourrelé d'angoisse et de remord
Elle apportait la grâce avec le coup de mort.

HUGUES

Mon père!

O'KERVALAN

Dans le deuil, l'espérance nous reste.
Il est mort incliné sous le pardon céleste.

SHANE

O clémence!

CONNOR

Irlandais, le Seigneur me punit.
Mon cœur est déchiré, mais mon cœur le bénit.
Il est sauvé, l'enfant que perdait ma faiblesse.

Il pousse doucement Hugues vers les Irlandais.

Adoptez l'orphelin que son trépas nous laisse;
Et moi, pour expier mon crime et vos malheurs,
Au défaut de mon sang je vous offre mes pleurs.

CANTATE FINALE

(AD LIBITUM)

UN IRLANDAIS, dialoguant avec le chœur.

  Oui, l'Irlande pardonne,
   Comme a fait le ciel.
  Le repentir te couronne,
   Heureux criminel.
   A notre victoire
   Tu mêlas un deuil.
   Paix à ta mémoire,
   Paix à ton cercueil !
   Dieu juste et sévère,
   Toi qui le punis,
   Console son père,
   Veille sur son fils.

    LE MÊME

C'est trop gémir : amis, aux armes !
L'Irlande encore est en danger.
Aux faibles cœurs laissons les larmes :
Il faut du sang pour la venger ;
Il faut du sang, il faut des armes
Pour l'affranchir du barbare étranger.
  Vaillants soutiens de sa querelle,
Prêts à lutter sans peur, prêts à mourir pour elle,
Mesurons les périls que nous allons braver,
En invoquant le Dieu qui seul peut la sauver.

    CHŒUR

Mesurons les périls que nous allons braver,
En invoquant le Dieu qui seul peut la sauver.

    LE MÊME

  Dieu qui cachas dans l'ombre
  L'insondable avenir,
  Ton ciel est-il moins sombre ?
  Es-tu las de punir ?

Vois ma triste patrie
Déchirée, envahie,
Disputant à l'impie
Son honneur et sa foi.
L'étranger qu'elle abhorre
En son cœur la dévore,
Et l'on voudrait encore
La séparer de toi !
Non : la bonté suprême,
Lasse enfin de punir,
Fait germer ici même
Un plus doux avenir.
Pauvre patrie, espère :
Il te reste, ô ma mère,
Des enfants généreux ;
Et le souverain maître,
Qui pour toi les fit naître,
Veut te sauver par eux.

CHŒUR

Verte Érin, sainte patrie,
Gloire, gloire à ton drapeau !
Patrie !
Verte Érin, à toi ma vie !
Que l'oppresseur, que l'impie
Sur ton sol trouve un tombeau !
Patrie !
Espère, Irlande chérie :
Dieu te garde un sort plus beau.
Patrie !

(*La Juive*, 2ᵉ acte, nº 8 ; 1ᵉʳ acte, nº 1. Halévy.)

FIN DE CONNOR O'NIAL

LES FLAVIUS

TRAGÉDIE

EN CINQ ACTES ET EN VERS

Il est certain que Domitien destinait à l'empire les deux fils de son parent Flavius Clemens. Les jeunes princes, à qui Quintilien, leur maître, a dédié le quatrième livre de ses *Institutions oratoires*, ne sont d'ailleurs connus que sous les surnoms de *Vespasien* et de *Domitien*, imposés avec l'adoption par l'empereur lui-même, et ils disparaissent sans que l'on connaisse directement leur genre de mort.

Mais toute leur famille est chrétienne. L'Église honore comme martyrs leur père, *Flavius Clemens*, et leurs serviteurs, *Nérée* et *Achillée*. Des deux saintes *Flavia Domitilla*, l'une est leur mère, l'autre est leur cousine, fille de cette *Flavia Plautilla* qui offrit son voile pour bander les yeux de saint Paul mourant. Dès lors, comment douter que les deux héritiers présomptifs de Domitien aient été chrétiens eux-mêmes et martyrs comme leur père? Ainsi, dès le premier siècle de notre ère et du vivant de saint Jean l'Évangéliste, l'empire faillit passer à des mains chrétiennes.

Tel est le fond historique de ce drame. Pour le compléter, nous avons grossi chez Domitien une passion dynastique attestée du moins par l'adoption de ses jeunes parents. Nous avons aussi fait Nerva plus ambitieux que ne le montre l'histoire. On sait toutefois que l'empire avait été prédit au futur successeur de Domitien, et qu'il n'ignora pas le complot où périt ce prince. Enfin nous avons rapproché ce complot lui-même de la mort de Clemens, antérieure de quelques mois, mais qui, d'après Suétone, aurait singulièrement contribué à le hâter. *Quo maxime facto maturavit sibi exitium.* (Sueton., *in Domitianum*, xv.)

Pour apprécier justement certains détails de cette œuvre, il faut que l'on veuille bien se reporter en idée à une époque de notre histoire religieuse où la situation faite aux chrétiens rendait tout autre leur attitude en présence du pouvoir ennemi. On s'exposerait à prendre le change si l'on jugeait en ce point l'Église primitive d'après les circonstances où vit l'Église contemporaine. Encore plus grave serait la méprise, si l'on voulait chercher dans ce drame une sorte de thèse sous-entendue applicable aux temps présents.

PERSONNAGES

FLAVIUS DOMITIEN AUGUSTE, empereur.
FLAVIUS CLEMENS, consul, parent de Domitien.
FLAVIUS SABINUS, } fils de Clemens [1].
FLAVIUS PERENNIS,}
NERVA, sénateur.
STEPHANUS, affranchi de Domitien [2].
EURYCLÈS, fils de Stephanus.
ELYMAS, magicien juif [3].
CIMBER, tribun des prétoriens.
NÉRÉE, } serviteurs de Clemens.
ACHILLÉE,}
VINDEX, chef de la garde germaine de Domitien, personnage muet.
SÉNATEURS.
SOLDATS.

La scène est à Rome. 96 après J.-C.

[1] Ces noms sont supposés. L'histoire ne connaît les jeunes princes que sous les surnoms de Vespasien et de Domitien donnés par l'empereur.
[2] C'est ce Stephanus qui tua Domitien. Il périt lui-même de la main des gardes.
[3] Le personnage est imaginaire. On n'a pas prétendu reproduire celui qui figure dans les Actes des apôtres, ch. xiii.

LES FLAVIUS

ACTE PREMIER

LA MAISON OU LES JARDINS DE NERVA

SCÈNE I

NERVA, STEPHANUS
Nerva est assis.

STEPHANUS
Dans vos desseins, Nerva, je vous croyais plus ferme.
NERVA
Ah ! c'est tout l'avenir qui devant moi se ferme.
Elymas m'a trompé, le Juif en a menti.
STEPHANUS, froidement.
Peut-être.
NERVA
Cet empire à mes vœux garanti,
Que l'enfer et le ciel, unissant leurs miracles,
M'avaient depuis dix ans montré par tant d'oracles,
Quand je l'allais saisir, m'échappe, et désormais

Au sang des Flavius est acquis pour jamais.
C'en est fait, Stephanus.

STEPHANUS
Non, rien n'est fait encore.

NERVA
L'empereur a promis.

STEPHANUS
Est-ce que je l'ignore?

NERVA
Il tiendra sa promesse, il la tiendra demain.
Quand l'inerte Clemens [1], fantôme de Romain,
Déposera sans bruit la pourpre consulaire,
De ses pâles vertus magnifique salaire,
On verra ses deux fils par le prince adoptés,
Sous le nom de Césars au monde présentés,
De leur règne futur accepter l'assurance;
Et le despote...

STEPHANUS
Ainsi vous perdez l'espérance,
Nerva, parce qu'un dieu, de vos destins jaloux,
Va mettre deux enfants entre l'empire et vous!

NERVA
Que faire?

STEPHANUS, demi-ironique.
Soyez fort; tenez tête à l'orage.

NERVA
Non, ces coups imprévus glacent tout mon courage.
Je vois Domitien sur le trône affermi.
L'univers étonné lui pardonne à demi.
J'entends les cris joyeux du peuple et de l'armée;
Je vois de son dessein la nouvelle semée
Balancer en un jour dans les cœurs satisfaits
Quinze ans de servitude et quinze ans de forfaits.

---

[1] « Flavium Clementem... damnatissimæ inertiæ... » (Sueton., in *Domitianum*, xv.)

Ce joueur insolent, d'un seul coup de partie,
Acquittant son passé, fonde sa dynastie.
Et que nous laisse-t-il, à nous?

STEPHANUS

La volonté,
L'indomptable vouloir par l'épreuve exalté;
La haine qui, toujours à soi-même fidèle,
Se recueille et grandit quand tout manque autour d'elle,
Par delà tout espoir prolonge ses combats,
Et succombe, s'il faut, mais ne désarme pas.

NERVA, piqué.

Est-ce vous, Stephanus, qui parlez en stoïque?

STEPHANUS

J'admire, — et pourquoi non? — cette secte héroïque,
Thrasea, Rusticus et tant de morts fameux.
Si j'étais de leur sang, j'aurais lutté comme eux.
Mais ce farouche honneur ne sied qu'au laticlave,
Et j'ai porté vingt ans la bure de l'esclave.
Dès l'enfance étouffant la fierté dans mon sein,
Complaisant par état, méprisable à dessein,
Je flatte et je trahis; je rampe et je me venge.

NERVA

Beau rôle!

STEPHANUS

Mon orgueil y trouve un charme étrange.
Cet empereur, ce dieu, pauvre jouet doré!
Hochet dont je m'amuse et que je briserai!
Dans ce cœur ténébreux lentement j'ai su lire.
Il a sa passion, son rêve, son délire;
Ce fils de parvenu, favori des hasards,
Veut asseoir sa famille au trône des Césars.

NERVA, ironique.

L'en empêcherez-vous?

STEPHANUS

Je flatte son caprice,
Mais j'entends qu'avec lui sa famille périsse.

NERVA

Et que vous ont-ils fait?

STEPHANUS

Qui? moi! les épargner!
Combler le vœu du monstre en les laissant régner!
Vous ne connaissez point les rancunes d'un Thrace...
Mes trames dès longtemps enveloppent sa race.
Près des fils de Clemens mon Euryclès admis
M'en fait des protecteurs et presque des amis.

NERVA

Je le sais.

STEPHANUS

Pauvre enfant! dans un âge si tendre,
Instrument de complots qu'il frémirait d'entendre,
Je prétends qu'il travaille, au gré de ma fureur,
A perdre ses patrons et vous faire empereur.
Vous vous en souviendrez, car je l'aime, et j'espère
Qu'il sera plus heureux... et moins vil que son père.

NERVA

Dans quel obscur dédale égarez-vous mes pas!
Quels moyens? quel espoir? Je ne vous comprends pas,
Stephanus.

STEPHANUS

Il suffit; vous allez tout comprendre.
Elymas, m'a-t-on dit, près de vous doit se rendre.

NERVA

Vous l'attendez?

STEPHANUS

Je veux m'expliquer devant lui.

NERVA

Croyez-vous à son art?

STEPHANUS

Je m'en fais un appui;
Le reste ne m'est rien, Nerva. Réelle ou vaine,
J'exploite sa magie et je crois à sa haine.
Prisonnier de Titus, Juif, sectaire, vaincu,
Pour la seule vengeance Elymas a vécu.

Le prince, tour à tour ombrageux ou crédule,
Le brave ou lui sourit, le menace ou l'adule ;
Mais dans ce cœur flottant le mage s'est fait roi :
Il l'enivre à son gré d'espérance ou d'effroi.
Pour vous, puisque ses dieux vous assurent l'empire,
Son orgueil de prophète à vos desseins conspire ;
Votre règne futur importe à son crédit.

NERVA, se levant vivement.

Stephanus, oublions tout ce qu'il m'a prédit.

STEPHANUS

Qu'est-ce à dire ?

NERVA

Oublions cette fatale envie,
Erreur de ma vieillesse et poison de ma vie.

STEPHANUS

Vous, nous abandonner ! Nerva nous trahirait !

NERVA

Stephanus, je vous jure un éternel secret.
Par un commun péril engagés l'un à l'autre,
Mon silence forcé me garantit le vôtre.
Adieu ; séparons-nous pour ne plus nous revoir.
Je fuirai dès demain.

STEPHANUS, froidement.

Croyez-vous le pouvoir ?

NERVA

Qui m'en empêcherait ?

STEPHANUS

Cet horoscope même.
Un oracle à Nerva promet le diadème :
Il suffit. Quelque jour l'empereur le saura.
Votre fuite, au besoin, le lui révèlera.

NERVA, avec désespoir.

Je suis donc leur captif, leur esclave ?

STEPHANUS

Oui, vous l'êtes.
Dans l'arène sanglante où nous jouons nos têtes

Quand on a fait un pas, on ne recule plus.
L'ambition va mal aux cœurs irrésolus.

NERVA

Hélas!

STEPHANUS

A risquer tout vous deviez vous attendre.
Lié par les grandeurs où l'on ose prétendre,
Quand pour le rang suprême on s'est vu désigner,
Il n'est que deux partis, ou périr ou régner.
On vient... C'est Elymas.

Entre Elymas, des tablettes à la main.

SCÈNE II

NERVA, STEPHANUS, ELYMAS

ELYMAS

Hâtons-nous : le temps presse.
Lisez, lisez ces noms que mon heureuse adresse
Au chevet du tyran dérobe ce matin [1].

NERVA, lisant.

« A punir... » — Dieux! — « Nerva... »

Il se rassied.
Stephanus lui prend les tablettes.

ELYMAS, à Stephanus.

Lisez donc.

NERVA

O destin!

STEPHANUS, lisant.

Nerva..., les deux préfets. Quoi! jusqu'à son épouse,
Cette Domitia qu'il craint et qu'il jalouse!
Pline..., Parthenius...

[1] Une liste de proscription surprise au chevet de Domitien fut, en effet, l'occasion immédiate de sa mort.

ELYMAS

Tous promis au bourreau!
Le glaive impatient veut sortir du fourreau;
A nos futurs Césars on offre une hécatombe.

STEPHANUS, à Nerva.

Eh bien! vous l'entendez : ou le trône ou la tombe.

NERVA

Ordonnez : j'obéis.

ELYMAS

Vous serez empereur.

STEPHANUS

On retrouve l'audace à force de terreur.
— Agissons.

ELYMAS

Avant tout, gagnons cette journée.

STEPHANUS

Attendre! non, plutôt hâtons la destinée.

ELYMAS

Répondez-moi d'un jour; je réponds de son sort.
Tous les dieux pour demain lui présagent la mort.

STEPHANUS

Et pour la lui donner comptons-nous sur la foudre?
Un bras d'homme est plus sûr.

NERVA

Que faire? Que résoudre?
Et les fils de Clemens?

STEPHANUS

Eh quoi! vous hésitez?
Que tout meure à la fois. — Écoutez, écoutez...
Il est temps qu'à vos yeux je dévoile un mystère
Qui peut changer bientôt la face de la terre.
L'empereur est trahi; les Césars sont chrétiens.

NERVA, ELYMAS

Les Césars!

STEPHANUS

Ils le sont.

ELYMAS
Vengeance! ah! je te tiens.
Il tombe dans une profonde rêverie.

STEPHANUS, à Nerva.
Et moi, je tiens le plan qui vous mène à l'empire.
Avant que sous nos coups Domitien expire,
Il faut que les Césars, accablés de sa main,
Du trône ensanglanté vous ouvrent le chemin.
Le tyran contre lui vous servira lui-même.

NERVA
Qu'il consente à frapper des héritiers qu'il aime!

STEPHANUS
Il y consentira; j'en prends sur moi le soin.

ELYMAS, sortant de sa rêverie.
Chrétiens!... Mais est-il vrai? L'indice? Le témoin?
Vous ne vous flattez pas, Stephanus?

STEPHANUS
J'ai pour gage
Les actes de Clemens, son humeur, son langage.

NERVA
Comment?

STEPHANUS
Rien jusqu'ici n'a-t-il frappé vos yeux,
Nerva? — Dans ses discours invoque-t-il nos dieux?
Le voyez-vous jamais paraître au sacrifice?
Consul, à d'autres mains il remet cet office.
Invisible au sénat, parmi nous étranger,
Pour de vils plébéiens ardents à l'assiéger
Il prodigue, dit-on, son oisive opulence;
D'ailleurs épris de l'ombre, amoureux du silence,
Tel enfin que du Christ on peint les sectateurs.

NERVA
Il se peut.

STEPHANUS
Jugez-vous ces indices menteurs?

ELYMAS
Je n'y crois qu'en tremblant : ce serait trop de joie.

STEPHANUS

Compte sur ma parole et compte sur ta proie,
Elymas. Et faut-il, pour te la garantir,
Invoquer un témoin qui ne sait pas mentir?
Euryclès est ici : tu l'entendras sur l'heure.

ELYMAS

Votre fils?

STEPHANUS

Des Césars fréquentant la demeure,
Il partage en ami leurs jeux et leurs leçons.
Qu'il parle, et tu verras si j'ai de vains soupçons.

NERVA

Cherchez-le donc.

STEPHANUS

J'y vais. Mais vous, usez d'adresse.
Pour les fils de Clemens affectez la tendresse.
L'enfant ne dirait rien s'il pensait les trahir.

NERVA

C'est bien.

ELYMAS

Je sais tromper comme je sais haïr.

Stephanus sort.

SCÈNE III

NERVA, ELYMAS

ELYMAS

Et voilà donc pourquoi tout semblait se confondre,
Pourquoi l'enfer troublé refusait de répondre
Quand de ces deux enfants je sondais l'avenir!...
Chrétiens! Ils sont chrétiens!... Reste à les en punir.
Vengeons-nous des bourreaux de ma triste patrie,
Et du Galiléen perdons l'idolâtrie.
Oh! Nerva, la vengeance est un plaisir de dieu.

NERVA

Mais qui sont tes chrétiens ? Je les connais bien peu.

ELYMAS

Ah! je les connais, moi.

NERVA

Dans ces horribles fêtes
Où des flambeaux vivants frissonnaient sur nos têtes,
Quand au concert des eaux, des voix, des instruments,
J'entendais se mêler d'affreux gémissements ;
Je frémissais d'horreur et plaignais avec Rome
Ces jouets innocents des fureurs d'un seul homme[1].
On savait que Néron sur ces infortunés
Punissait des forfaits par lui-même ordonnés.
J'ignore tout le reste.

ELYMAS

On pourra vous instruire.
Vous règnerez demain : régnez pour les détruire.

NERVA

Mais d'où vient ce courroux à leur perte animé ?

ELYMAS

Nerva, pour bien haïr il faut avoir aimé.
Ces chrétiens, quelques jours, m'ont appelé leur frère.

NERVA

Toi !

ELYMAS

Plus tard à leur joug j'ai voulu me soustraire.
Dès lors, maudit par eux...

NERVA, voyant entrer Stephanus et Euryclès.

Silence. Le voici.

---

[1] « ... Tanquam non utilitate publicâ, sed in sævitiam unius, absumerentur... » (Tacite, *Annales*, xv, 44.)

SCÈNE IV

NERVA, STEPHANUS, ELYMAS, EURYCLÈS

NERVA

Approchez, Stephanus. Euryclès, viens ici.

ELYMAS, à Euryclès.

Le Ciel vous comble, enfant.

STEPHANUS

Rome entière t'envie
L'intimité royale où s'écoule ta vie.

ELYMAS

Parlez-nous des Césars, vos divins compagnons.

EURYCLÈS

Vous aimez les Césars?

NERVA

Souvent nous les plaignons.

EURYCLÈS

Et pourquoi?

NERVA

N'est-ce point un fardeau que l'empire?

EURYCLÈS

Clemens le dit parfois et leur mère en soupire.

NERVA

J'entends.

ELYMAS

Mais eux du moins ne s'en alarment pas.

STEPHANUS

L'aîné rêve, dit-on, la gloire, les combats.

EURYCLÈS

Oui, Sabinus est fier; Perennis, plus modeste,
Juge la gloire vaine et la guerre funeste.

NERVA

Bon prince!

STEPHANUS
Heureux enfants! car tout rit à leurs yeux.
Rome leur est acquise.
ELYMAS
Et le monde.
NERVA
Et les dieux.
Mais Minerve entre tous les aime et les écoute.
EURYCLÈS
Minerve!
NERVA
Elle est leur mère [1]. Ils l'invoquent sans doute.
EURYCLÈS
Je ne sais.
STEPHANUS
Quoi! chez eux n'a-t-elle point d'autels?
EURYCLÈS
Non.
ELYMAS
Jurent-ils souvent par les dieux immortels?
EURYCLÈS, avec surprise.
Il ne me semble pas que ce nom dans leur bouche...
Non, vraiment... — Mais ici quel intérêt vous touche?
Pourquoi me demander?...
ELYMAS
N'en soyez point surpris,
Euryclès. Depuis peu, quelques nobles esprits
Servent un Dieu plus grand que vos Romains ignorent.
EURYCLÈS
Ah! quel que soit le Dieu que mes princes adorent,
Il est grand, car aux siens il donne la vertu.
NERVA
On parle de chrétiens. Enfant, les connais-tu?
EURYCLÈS, avec effroi et jetant un regard sur son père.
Les chrétiens!

---

[1] Domitien se donnait pour fils de Minerve.

ELYMAS
Répondez, oui.
EURYCLÈS
Cette secte immonde,
Le fléau de l'empire et le rebut du monde!
ELYMAS, à part.
Qu'entends-je?
STEPHANUS
Les Césars en jugent-ils ainsi?
EURYCLÈS
Ils n'en parlent jamais.
STEPHANUS, bas à Elymas.
Êtes-vous éclairci?
ELYMAS, bas à Stephanus.
Non, pas encore.
Haut à Euryclès.
Enfant, n'est-il aucune image
Qui reçoive chez eux leur culte, leur hommage?
EURYCLÈS
J'en connais une au moins, qui brille en plus d'un lieu.
NERVA
Voyons.
EURYCLÈS
Que vous en dire? Est-ce un homme? Est-ce un dieu?
Ses cheveux sont tout blancs sur un front jeune encore[1].
ELYMAS
Achevez.
EURYCLÈS
De rayons sa tête se décore;
Mais on dirait un pâtre à ses humbles habits.
NERVA
Apollon chez Admète?
ELYMAS, avec une anxiété ardente.
Il porte une brebis,
N'est-ce pas?

[1] C'est l'image du Bon Pasteur, telle qu'elle se retrouve sur les monuments chrétiens de l'époque.

EURYCLÈS
Oui. Comment! vous connaissez l'emblème?
Vous me l'expliquerez. — Voulez-vous? — Car je l'aime.

ELYMAS
Soit. Plus tard.
A part.
Je triomphe.
Bas à Stephanus.
Abrégeons l'entretien.
Je vous crois, Stephanus.
Il s'approche rapidement de Nerva. Bas.
Oui, Clemens est chrétien.

STEPHANUS
Euryclès, il suffit. Retourne et va m'attendre.

NERVA
Quoi! déjà!

ELYMAS
D'autres soins nous privent de l'entendre.

NERVA
Il est vrai.

STEPHANUS
Va, mon fils.

NERVA
Et que les dieux sauveurs
A tes royaux amis prodiguent leurs faveurs!
Euryclès sort.

SCÈNE V

NERVA, STEPHANUS, ELYMAS

ELYMAS
A l'œuvre maintenant!

STEPHANUS
Salut, gloire, vengeance,
Tout dépend de ce jour.

NERVA
Marchons d'intelligence.
ELYMAS
Avant tout, les Césars.
STEPHANUS
Portons là notre effort.
NERVA
Jamais Domitien n'ordonnera leur mort,
Non, jamais.
ELYMAS
Par l'effroi je saurai l'y réduire.
STEPHANUS
C'est en y résistant que je veux l'y conduire.
ELYMAS, à Nerva.
Il punit les chrétiens.
STEPHANUS
Pourtant, — qui le croirait? —
Il semble cette fois ne punir qu'à regret.
NERVA
Et l'on veut que des siens le cruel sacrifice...?
ELYMAS
Eh bien! joignons au reste un meilleur artifice.
Soulevons les chrétiens.
NERVA
Tu le peux?
STEPHANUS
En un jour!
ELYMAS
Pour les fils de Clemens on conçoit leur amour.
Les chrétiens sont vaillants, ils sont nombreux dans Rome.
STEPHANUS
Mais pour les entraîner il nous faudrait un homme.
ELYMAS
Connaissez-vous Cimber?
NERVA
Oui, le tribun gaulois.

ELYMAS

Dans notre Palestine il servait autrefois,
Lorsque Néron contre eux soulevait cet orage;
Cimber, en l'apprenant, versait des pleurs de rage.

STEPHANUS

Il adore le Christ?

ELYMAS

Il voudrait le venger.

STEPHANUS

Et dans nos intérêts penses-tu l'engager?

ELYMAS, *méditant profondément.*

Laissez-moi faire...

S'exaltant par degrés.

Oh! oui, tout se tient, tout s'enchaîne.
Voilà, voilà le nœud qui manquait à ma haine.
En rebelles vaincus, les chrétiens vont périr,
Et je saurai d'un coup les perdre et les flétrir.

STEPHANUS

Néron n'a point lassé leur stupide constance.
Prends garde.

NERVA

Ont-ils alors parlé de résistance?
Et quand Rome exécrait le despote abattu,
Quelles voix dans leurs rangs...?

ELYMAS

Mensonge de vertu!
Hypocrite respect où leur orgueil se cache!

STEPHANUS

Peut-être.

ELYMAS

Mais ce masque, il faut que je l'arrache.

NERVA

Pour tes ressentiments c'est peu de leur trépas?

ELYMAS

Oui. La nature a mis, — ne le savez-vous pas? —
Dans la douleur muette et dans le sang qui coule
Un vague enchantement dont s'enivre la foule.

Qu'importe leur supplice? Il me venge à moitié
S'ils gardent dans la mort l'estime et la pitié.
Néron les faisait plaindre; il faut qu'on les maudisse;
A leur juste ruine il faut qu'on applaudisse,
Qu'ils meurent, mais chargés de haine et de mépris.
Le Dieu galiléen ne tombe qu'à ce prix.

STEPHANUS

Soit. Agis, Elymas. Je te les abandonne.

NERVA

Dieux! qu'il faut payer cher l'espoir d'une couronne!

STEPHANUS

Quel scrupule nouveau fait trembler votre main?

NERVA

Je n'aime point le sang.

ELYMAS

Un sénateur romain!

STEPHANUS

Et pourquoi du bourreau serviez-vous la colère?
Vous n'aimez point le sang, Nerva!-Mais pour lui plaire,
Quinze ans, votre suffrage en a versé des flots.

ELYMAS

Lorsque d'Antonius exploitant les complots [1],
Il venait au sénat demander ses victimes,
Aux vœux de l'assassin marchandiez-vous les crimes?

STEPHANUS

Quand vos mains en prison traînaient Helvidius [2]
Ou signaient les arrêts dictés par Bebius [3],
Rome a-t-elle douté de votre obéissance?
Rome a-t-elle entendu gémir votre innocence?

---

[1] La révolte de L. Antonius, lieutenant à l'armée de Germanie (92), fut le prétexte d'atroces rigueurs.

[2] « Mox nostræ duxere Helvidium in carcerem manus. » (Tacite, *Agricola*.)

[3] Bebius Massa, fameux délateur.

ELYMAS
Eh! sous Domitien, qui donc est innocent?
Regardez votre pourpre : elle est rouge de sang.

NERVA
Souvenirs trop amers!

STEPHANUS
Quand vous serez le maître,
Soyez doux et clément s'il vous convient de l'être.
Jusque-là, sans pitié.

ELYMAS
Ne comptez point les morts.
Au but!

STEPHANUS
Le sang du monstre éteindra vos remords.

NERVA
Il le faut; je vous suis.

STEPHANUS
Du moins plus de faiblesse.

ELYMAS
Usons du peu de temps que le destin nous laisse.

STEPHANUS
Concertons nos efforts, assurons tous nos coups.

ELYMAS
Les chrétiens sont perdus.

STEPHANUS, à Nerva.
Et l'empire est à vous.

ACTE DEUXIÈME

LA MAISON DE FLAVIUS CLEMENS

SCÈNE I

SABINUS, PERENNIS, NÉRÉE

Nérée achève la toilette princière de Sabinus. Perennis, déjà paré, lit à une table de l'autre côté du théâtre.

NÉRÉE

Pardonnez, Sabinus, à qui vous a vu naître.
Sous l'habit d'un César j'ai peine à vous connaître.

SABINUS

Plus de larmes du moins. César te les défend.

Il tire du fourreau le glaive que Nérée vient de lui attacher à la ceinture.

NÉRÉE

Ce glaive pèse lourd à votre main d'enfant.

SABINUS

Par cette main d'enfant Dieu sauvera le monde,
Nérée.

NÉRÉE

Ah! qu'en lui seul tout votre espoir se fonde!

SABINUS

Aux yeux de l'univers j'exalterai son nom.
Je veux que tout l'adore.

NÉRÉE
Hélas!

SABINUS
Et pourquoi non?

NÉRÉE
La crainte, Sabinus, est encor légitime,
Et je crois par instants parer une victime.

SABINUS
Qui te l'a révélé? Ce n'est point Elymas!

Il s'approche de la table où lit Perennis.

Serait-ce Perennis et le livre d'Hermas [1]!

PERENNIS, *lui montrant le livre.*
Entends.

Il lit.

« Voici de Dieu le jugement sévère :
« Priez. La lutte approche. Heureux qui persévère [2]! »

SABINUS
Mais ce conseil divin n'est plus pour l'avenir,
Et la lutte aujourd'hui ne saurait que finir.
Voilà six mois déjà qu'une rage insolente
Fait dans le champ de Dieu passer la faux sanglante.

PERENNIS
Il est vrai, Sabinus.

SABINUS
Que d'épis moissonnés!

NÉRÉE
Que d'amis disparus!

PERENNIS
Que de saints couronnés!

SABINUS
Timothée, Antipas [3]!

---

[1] Le livre du *Pasteur*, composé par le Grec *Hermas*, appartient à cette époque.

[2] Hermas, *le Pasteur*. Vision, II, 2.

[3] Saint Timothée, évêque d'Éphèse, disciple de saint Paul. — Saint Antipas, évêque de Pergame.

NÉRÉE

Jean, le fils du tonnerre !
Un miracle a sauvé l'apôtre centenaire ;
Mais l'exil, à Patmos, achève ses vertus.

PERENNIS

Rome pleurait hier l'évêque Anacletus ;
Au pied du Vatican sa tombe est fraîche encore.

SABINUS, avec élan.

C'est la nuit qui s'en va, frère, et voici l'aurore.
Croyons. Le ciel s'apaise, il ne menace plus.

PERENNIS

Peut-être.

SABINUS

Et pourquoi Dieu nous aurait-il élus ?

NÉRÉE

Dieu garde ses secrets.

SABINUS

Mais la foi les devine.

NÉRÉE

Non, l'avenir échappe à sa clarté divine.

PERENNIS

Prends garde !

SABINUS

Faudra-t-il nier ce que je vois ?
Faudra-t-il étouffer cette éclatante voix
Qui chante dans mon sein l'hymne de l'espérance ?
S'il ne veut de son peuple abréger la souffrance,
A l'ombre de la mort s'il ne veut l'arracher,
Pourquoi dans mon néant Dieu vient-il me chercher ?
Nérée, en gardes-tu la fidèle mémoire ?
Quand d'Esther autrefois tu me contais l'histoire,
Je disais, tressaillant d'un glorieux désir :
« Oh ! que le Christ un jour daigne aussi me choisir ! »
Il approche, ce jour ; mon vœu se réalise.
A la face du ciel, de Rome et de l'Église,
Demain nous héritons du souverain pouvoir ;

L'ennemi des chrétiens, demain, sans le savoir,
Met le sort de l'empire entre des mains chrétiennes,
Dans ces débiles mains, Perennis, dans les tiennes !
Le conçois-tu ?
                    PERENNIS
                Quel rêve !
                    SABINUS
                    Et c'est la vérité !
Déjà Rome prélude à la solennité.
L'empereur nous attend.
            PERENNIS, avec tristesse.
                    Oui, frère, avant une heure,
Nous quitterons tous deux cette pure demeure
Pour son palais souillé, pour sa profane cour.
                    SABINUS
Eh bien !
                    NÉRÉE
        Quel changement !
                    PERENNIS
                    Quel étrange séjour !
                    SABINUS
Tu trembles ?
                    PERENNIS
            Sans faiblir je vais où Dieu m'envoie ;
Mais je m'efforce en vain de sentir quelque joie.
Pour tout dire, à mon cœur il faudrait moins d'effort
Si les ordres d'en haut m'envoyaient à la mort.
                    SABINUS
Toujours la mort !
                    NÉRÉE
            Toujours ce charme qui l'attire,
Ce goût mystérieux !
            PERENNIS, se levant.
                    C'est le goût du martyre,
C'est l'ardeur de payer au maître tout-puissant
La rançon de l'amour et l'intérêt du sang.
Souvent Pierre m'a vu, tu le sais bien, Nérée,

Mouiller de pleurs jaloux sa tombe vénérée.
Frère, tu t'en souviens : quand, tous deux à genoux,
Notre mère autrefois déployait devant nous
Ce voile ensanglanté, cette relique sainte
Dont Paul, en expirant, avait la tête ceinte,
Ce don que Plautilla, comblant nos jeunes vœux,
Comme un joyau sans prix léguait à ses neveux[1] ;
Tu me voyais frémir d'espérance et d'envie..
  Trop ingrat cependant si je n'aimais la vie!
Ma vie, ah! quelle épreuve en altère le cours?
Les caresses du ciel, embellissant mes jours,
En font un long sourire, un transport, une ivresse...
Mais non ; rien n'alanguit le désir qui me presse.
La souffrance, la mort, une croix, un tombeau,
Mes rêves, malgré tout, n'on rien vu de plus beau.

SABINUS

Eh! le Christ est-il roi pour régner sur des tombes,
Pour habiter sans fin la nuit des catacombes?

NÉRÉE

Par l'opprobre et la mort il nous ouvrit les cieux.

SABINUS

Mais bientôt du sépulcre il sortit glorieux.
L'univers est son bien, l'empire est son partage ;
A nous de lui livrer ce royal héritage !
Non, ce n'est plus du sang qu'il réclame aujourd'hui.

PERENNIS

Tu le crois ?

SABINUS

  Il faut vivre, il faut régner pour lui.

NÉRÉE

Si pourtant ses desseins trompent les vœux des hommes...

---

[1] Flavia Plautilla, sœur de Flavius Clemens, avait donné son voile pour bander les yeux de saint Paul. Il lui fut rendu par les anges... (Bollandistes, *Actes des SS. Nérée et Achillée*. — Greppo, *les Chrétiens de la famille de Domitien.*)

SABINUS

Comment?

PERENNIS
Si l'empereur, apprenant qui nous sommes...

SABINUS, vivement.
Eh bien! que fera-t-il?

PERENNIS
S'il veut que nous mourions...

SABINUS
Non, jamais!

NÉRÉE
Plaise à Dieu!

PERENNIS, prenant la main de Sabinus.
Prions, frère, prions,
Pour que l'ordre du ciel en tous deux s'accomplisse,
Qu'aimant du même cœur le trône ou le supplice,
Trop heureux de la part que Dieu va nous offrir,
Je me résigne à vivre, et toi, frère, à mourir.

SABINUS
A mourir!... Aujourd'hui!... Non, j'espère, j'espère.
Il ne le voudra point. Mais voici notre père.

Entre Clemens.

SCÈNE II

SABINUS, PERENNIS, CLEMENS

Nérée se retire après quelques instants.

SABINUS, allant au-devant de Clemens.
Venez donc à mon aide.

CLEMENS
A ton aide! pourquoi?

SABINUS
C'est qu'ici tout conspire à me glacer d'effroi :
L'un m'annonce la mort, l'autre déjà me pleure.

CLEMENS
Est-il vrai, Perennis?

PERENNIS
Mon père...

SABINUS
Est-ce bien l'heure?

CLEMENS
L'heure est grave, mon fils; pourquoi te le cacher?

PERENNIS
Que savons-nous du terme où nous allons marcher?

SABINUS
Blâmez-vous, comme lui, ma joyeuse assurance?

CLEMENS
Me préserve le ciel d'effrayer l'espérance!

SABINUS, montrant Perennis.
Animez donc la sienne.

CLEMENS
Et que lui dire, enfant?

SABINUS
Dites-lui que le Christ, à jamais triomphant,
Sur le monde aujourd'hui comme un géant se lève.
Dites-lui qu'aux méchants Dieu retire le glaive.
Qu'il le livre à ses saints, par un juste retour,
Pour conquérir la terre aux droits de son amour.
Dites-lui qu'il vivra; que vous-même, heureux père,
Vous bénirez longtemps notre règne prospère,
Que vous verrez longtemps d'honneur environnés
Vos fils, du roi des rois lieutenants couronnés.
Dites-lui d'oublier ses rêves de martyre.

CLEMENS
Et qui suis-je, mon fils, pour oser le lui dire?
Le ciel soulève-t-il à mes yeux indiscrets
L'impénétrable nuit qui voile ses décrets? —
Dieu t'aime, Sabinus, il te guide.

SABINUS
Oh! sans doute.

CLEMENS

Va, ne murmure point des ombres de la route ;
Sens ta main dans la sienne, et, plus humble en ta foi,
Marche les yeux fermés, car il a vu pour toi.
　　L'heure approche ; au palais vous allez donc paraître.
Il semble que déjà Dieu vous gagne le maître,
Des sentiments nouveaux ont paru l'animer :
Ce triste cœur s'éveille et s'étonne d'aimer.
Stephanus à l'instant me le disait encore.

PERENNIS

Mais nous sommes chrétiens ; Domitien l'ignore ;
Et quand il l'apprendra...

CLEMENS

　　　　　　Qui sait ? plus d'une fois
On l'a vu fatigué de ses barbares lois.

SABINUS

Ne hait-il pas le Christ ?

CLEMENS

　　　　　　Hélas ! il le dédaigne,
Mon fils : il voit ailleurs le péril de son règne.
Consul, j'ai pu six mois dérober à ses yeux
Le mépris souverain que je fais de ses dieux.
Comme moi, pour un temps, vous allez vous contraindre.
Mais que sait-on ?... Plus tard...

SABINUS

　　　　　　Qu'il en coûte de feindre !

PERENNIS

Mieux vaudrait de son sang payer la liberté.

SABINUS

Tout est libre ici-bas, hormis la vérité.

PERENNIS

Et devant Euryclès faut-il encor nous taire ?

CLEMENS

Il a de notre foi soupçonné le mystère ?

PERENNIS

Volontiers sur les dieux il jette l'entretien.

SABINUS

Son cœur naïf et pur est déjà tout chrétien.

PERENNIS

Ne nous défendez plus l'entière confidence.

CLEMENS

Non, mes fils, au palais redoublez de prudence,
Puisque Euryclès vous suit dans ce nouveau séjour.
Nous gagnons tout peut-être en gagnant un seul jour.

SABINUS

Pourquoi ?

CLEMENS

    N'est-ce qu'un rêve, une vaine pensée
Dans mon sein paternel follement caressée ?
Mais je redoute enfin de moins sanglants hasards,
Du jour où l'empereur vous aura faits Césars.
Engagé devant Rome, aura-t-il le courage
De se blâmer lui-même en brisant son ouvrage ?
Et ne puis-je compter pour vaincre son courroux
Sur le cri de l'orgueil intéressé pour vous ?
  O Christ, unique amour à qui je sacrifie,
Bénis ce frêle espoir qu'un père te confie.
S'ils doivent aux Romains donner des jours heureux,
Et s'il t'a plu de vaincre et de régner par eux,
De la paix à venir accorde-nous ce gage :
Gouverne du puissant le cœur et le langage ;
Défends que nul indice, accusant des chrétiens,
Les oblige trop vite à s'avouer pour tiens.
Mais s'ils doivent périr, si de tes mains divines
Tu leur veux mettre au front la couronne d'épines,
A mon cœur déchiré si ta sévère loi
Reprend les dons chéris que j'ai reçus de toi ;

Il les attire tous deux : Perennis s'agenouille à sa droite; Sabinus, à sa gauche, reste debout, la tête baissée.

Les voici tous les deux, mon amour te les livre.
Épargne-moi du moins l'angoisse de survivre ;

Joins aux fils résignés le père obéissant,
Et garde-lui sa place au rendez-vous du sang.

A Perennis.

Relève-toi, mon fils... Quelqu'un... C'est Achillée.

SCÈNE III

CLEMENS, PERENNIS, SABINUS, ACHILLÉE

CLEMENS, à Achillée.

Eh bien ! de nos chrétiens as-tu vu l'assemblée ?
L'évêque Anacletus a-t-il un successeur ?

ACHILLÉE

Évariste est nommé.

CLEMENS

La force et la douceur
Décorent à l'envi l'âme de ce vrai sage.

PERENNIS

Il a de notre père accueilli le message ?

ACHILLÉE

« Courage à nos Césars, m'a dit le saint élu ;
« Qu'ils marchent sans faiblesse où Dieu l'aura voulu.
« L'Église est avec eux ; son cœur les accompagne,
« Et Moïse est ici, priant sur la montagne.
« Ses frères, au besoin, lui soutiendront les bras. »

SABINUS, avec élan.

Oh ! n'est-ce pas, mon Dieu, que tu l'exauceras !

ACHILLÉE

Cependant Rome entière au bonheur est livrée.
Pour approcher de vous j'ai dû forcer l'entrée,
Tant la foule joyeuse entoure à flots pressés
Les cent prétoriens que Cimber a placés.

CLEMENS

Cimber!

SABINUS
Il est ici qui veille à notre porte?

ACHILLÉE
Il doit jusqu'au palais conduire votre escorte.

PERENNIS
Le présage est heureux : c'est un frère du moins.

Entre Cimber.

SCÈNE IV

LES MÊMES, CIMBER

CIMBER, sombre.
Consul, puis-je un instant vous parler sans témoins?

CLEMENS
Soit. Allez donc, enfants, saluer votre mère.

Ils sortent.

SCÈNE V

CLEMENS, CIMBER

CIMBER
Notre espoir, je le crains, sera bien éphémère.
Le soleil monte encore, et déjà trois avis
M'adjurent en secret de veiller sur vos fils.

CLEMENS
Qu'entends-je? Quel péril? Qui leur en veut? Personne.
Parle-t-on de leur foi, Cimber?

CIMBER

On la soupçonne.
Dans le peuple, dit-on, le bruit en est semé,
Et peut-être le prince en est-il informé.

CLEMENS

O mes illusions, qu'êtes-vous devenues?
Mais d'où vient...?

CIMBER

Les avis sont de mains inconnues.

CLEMENS

Dieu qui me confondez, j'adore tous vos coups!

CIMBER

Et maintenant, consul, parlez : que ferons-nous?

CLEMENS

Que veux-tu faire, hélas!

CIMBER

Prévenir la tempête.

CLEMENS

Comment?

CIMBER

De nos Césars livrerons-nous la tête?
Abandonnerons-nous au caprice du sort
Les intérêts sacrés qu'anéantit leur mort?

CLEMENS, après réflexion.

On les mande au palais... Obéissons.

CIMBER

Non, certe!

CLEMENS

Quoi donc? Attendre? Fuir? Quelle issue est ouverte?
Quel exil si lointain les dérobe au trépas?
Et c'est tout perdre aussi.

CIMBER

Vous ne m'entendez pas.
Que pensez-vous du Christ?

CLEMENS, surpris.

Achève.

CIMBER

En votre estime,
Est-il voué sans terme au rôle de victime?
Le verrons-nous sans fin, ce vainqueur de l'enfer,
Comme l'agneau muet qui tend la gorge au fer,
Sous l'œil indifférent de la plèbe romaine,
Épuiser les rigueurs d'un monstre à face humaine,
Agonisant toujours et toujours méconnu?
Et que fait-il au monde? Y serait-il venu
Pour subir des tyrans la sanglante risée,
Auteur aventureux d'une loi méprisée,
Pitoyable vaincu, ne sachant que souffrir,
Mourant qui n'a jamais achevé de mourir?

CLEMENS

Cimber, explique-toi.

CIMBER

Consul, daignez m'en croire,
De ce maître adoré si nous aimons la gloire,
Ne l'abandonnons point au sceptre des pervers,
Et par un coup hardi donnons-lui l'univers.
J'enlève les Césars.

CLEMENS

Où veux-tu les conduire?

CIMBER

Au camp.

CLEMENS

Nous révolter!

CIMBER

Pourquoi nous y réduire?
Ah! que Domitien ne s'en prenne qu'à lui.

CLEMENS

Cimber!

CIMBER

Allons au camp. Là, forts d'un double appui,
Forts du vœu des soldats et du vœu populaire,
Défions du tyran l'impuissante colère.
Dans le sang de vos fils s'il prétend l'assouvir,

Qu'il vienne : de mes mains il faudra les ravir.
Le soldat, je le sais, adore leur jeunesse ;
Mais de plus près encore il faut qu'il les connaisse.
Qu'ils se montrent à lui : je réponds de sa foi.
Venez : le monstre tombe et Dieu règne.

CLEMENS

Tais-toi.

CIMBER

Consul !

CLEMENS

Tais-toi, Cimber. Ces projets sont coupables.
Je maudirais mes fils s'ils en étaient capables.

CIMBER

Ainsi je ne pourrai sans être criminel
Venger sur un tyran les droits de l'Éternel ?

CLEMENS

L'Éternel a tes soins remet-il son injure ?
La vengeance est à lui. Mais toi, soldat parjure,
Infidèle chrétien, quelle insolente erreur
Te soulève aujourd'hui contre ton empereur ?

CIMBER

Il blasphème mon Dieu.

CLEMENS

Mais il reste quand même
Le lieutenant sacré du maître qu'il blasphème.

CIMBER

Mais à tous deux enfin je ne puis obéir.
Que ferai-je ?

CLEMENS

Eh bien ! meurs pour ne les point trahir ;
Meurs dans l'intégrité de ta fière innocence ;
Accorde tous les droits par ton obéissance.
Et, disant à ton rêve un héroïque adieu,
Rends ta vie à César, garde ton âme à Dieu.

CIMBER

J'entends : pour le chrétien la vaillance est un crime.

CLEMENS

Je n'ai point proféré cette lâche maxime.

CIMBER

Et s'il faut tout subir...

CLEMENS

Autre temps, autres lois.
Nos pontifes, Cimber, nous l'ont dit mille fois :
L'épreuve aura son terme. Une heure, heure bénie,
De l'Église de Dieu finira l'agonie.
Les bourreaux couronnés de notre mère en deuil
A ses pieds de l'empire abaisseront l'orgueil.
Alors des nations on entendra la reine
Au monde baptisé parler en souveraine,
Et dans l'ombre du temps ses droits épanouis
Éclateront sans voile aux regards éblouis.
Mais le Dieu de l'Église est le Dieu des armées.
Je vois des légions, de son souffle animées,
Pour l'épouse du Christ et la mère des rois
Combattre saintement à l'ombre de la croix.
Je vois mille vaillants dont le cœur bat pour elle
De leurs glaives bénits défendre sa querelle,
Et dans l'enivrement d'un martyre guerrier,
Cueillir au champ d'honneur la palme et le laurier.

CIMBER, avec un doute amer.

Elle viendra, cette heure ?

CLEMENS

Oui, quand voudra le Maître.

CIMBER

Sans vous, dès aujourd'hui, nous la verrions peut-être.
A ce Maître immortel nous donnerions l'État.
L'Église règnerait...

CLEMENS

Au prix d'un attentat !
Jamais. — Frère abusé, prends pitié de ton âme.
Étouffe, au nom de Dieu, cette orageuse flamme.
Nous irons au palais.

CIMBER
Et tout sera perdu,
Tout, le sang de vos fils, leurs droits...
CLEMENS
. Qu'ai-je entendu?
Quel droit leur appartient? Quel titre les décore?
CIMBER
Ils vont être Césars.
CLEMENS
Ils ne sont rien encore.
Et ce titre à venir nous aurait tout permis
Contre le souverain qui le leur a promis!
Tu t'égares, Cimber... — Ils reviennent. Silence.

Entrent Sabinus, Perennis, Euryclès, Nérée, Achillée.

SCÈNE VI

CLEMENS, SABINUS, PERENNIS, EURYCLÈS,
CIMBER, NÉRÉE, ACHILLÉE

SABINUS, demi-badin.
Voyez cet Euryclès! il nous fait violence...
CLEMENS
Pourquoi?
PERENNIS
Pour un secret qu'il prétend découvrir.
SABINUS, même ton.
Au pouvoir consulaire il nous faut recourir.
CLEMENS
Un secret!
EURYCLÈS
Oui, seigneur, et pourquoi me le taire?
Nommez-le-moi, ce Dieu qu'entoure le mystère,
Ce Dieu qui fait les siens si vaillants et si doux.
Je l'ignore, et pourtant je l'aime comme vous.

CLEMENS
Mais enfin, qu'est-ce à dire?
EURYCLÈS
Oh! renoncez à feindre.
J'implore la lumière. Et qu'avez-vous à craindre?
Rome le sait déjà : vos cœurs religieux
Méprisent noblement ses fantômes de dieux.
SABINUS
Rome, enfant!
EURYCLÈS, à Sabinus.
Tout à l'heure un Juif qui vous honore,
Elymas, chez Nerva, vous en louait encore.
CLEMENS, bas à Cimber.
Elymas? l'apostat?
CIMBER, bas à Clemens, avec rage.
Sommes-nous bien trahis?
Le sommes-nous?
CLEMENS, bas à Cimber.
Silence.
CIMBER, bas.
Oh! fureur!
CLEMENS, bas à Cimber.
Obéis.
EURYCLÈS
Même avec les chrétiens on semble vous confondre.
Et Nerva...
SABINUS
Qu'as-tu dit?
EURYCLÈS
Que pouvais-je répondre?
Pour les Galiléens j'ai marqué mon horreur.
CLEMENS, bas à Cimber.
Il nous sauve, Cimber.
CIMBER, bas à Clemens.
J'en doute.
PÉRENNIS, bas, à part.
Heureuse erreur!

EURYCLÈS, à Clemens.

Et maintenant, seigneur, par ce Dieu que j'atteste,
Daignez...

CLEMENS

Écoute, enfant. La vérité céleste
A qui veut rester pur se découvre toujours;
Mais le Ciel a choisi les heures et les jours.
Le temps presse : au palais nous avons à nous rendre.
Dès qu'ils seront Césars, mes fils peuvent t'apprendre
Le secret du bonheur qui respire en ce lieu.

EURYCLÈS

Je saurai tout demain?

CLEMENS

Demain, s'il plaît à Dieu.

EURYCLÈS

Enfin!

CLEMENS

Mais jusque-là, mon fils, quoi qu'il advienne,
Pas un mot, — comprends-tu? — Pas un. Qu'il t'en souvienne.

EURYCLÈS

Je me tairai, seigneur.

CLEMENS

Maintenant au palais.

CIMBER, bas à Clemens, d'un ton suppliant.

Consul!

CLEMENS, haut, avec empire.

Où tu le dois, Cimber, escorte-les.

SABINUS

Allons au nom du Ciel chercher nos destinées.

PERENNIS

Adieu donc, cher abri de nos jeunes années!

SABINUS

Adieu, toit paternel!

PERENNIS

Devons-nous te revoir?...

Adieu!

CLEMENS

Courage, enfants! nous allons au devoir.

ACTE TROISIÈME

LE PALAIS

SCÈNE I

DOMITIEN, CLEMENS, SABINUS, PERENNIS

Domitien assis ou à demi couché sur un lit de repos. Sabinus et Perennis assis, Clemens debout.

DOMITIEN
Ainsi l'on m'a dit vrai : vous aimerez la guerre,
Sabinus ?
SABINUS
Oui, seigneur. Quand vous alliez naguère,
Menaçant tour à tour le Danube et le Rhin,
A vingt peuples émus montrer leur souverain,
Tout plein de ces combats dont le récit m'enivre [1],
Que de fois j'ai pleuré de ne pouvoir vous suivre !
J'aspirais dès l'enfance à des jeux plus sanglants.
J'aurais... — Vous souriez ?

---

[1] Il n'est pas impossible que de jeunes princes élevés dans l'habitude du respect aient été dupes des exploits mensongers de Domitien.

DOMITIEN

J'aime ces fiers élans.
Ils honorent un prince; ils vont bien à votre âge.
Mais la sagesse, enfant, gouverne le courage.
Clemens approuve-t-il que notre Sabinus
Pense à rouvrir sitôt le temple de Janus?
Il est fermé; les dieux nous ont fait cette gloire.

CLEMENS

Mon fils connaît trop bien les leçons de l'histoire,
Prince; d'un tel honneur il mesure le prix.
Malgré l'élan guerrier de ses jeunes esprits,
Il goûte le bienfait de cette paix profonde,
De ce fécond repos que vous donnez au monde.

SABINUS

L'empire, je le sais, ne craint plus d'ennemis.
Le Parthe est divisé; Décébale est soumis.
Du Sarmate infidèle, ou du sauvage Dace,
Des revers balancés n'illustrent plus l'audace [1].
Le Gaulois inquiet s'apaise; le Germain
Tremble dans ses forêts sous le glaive romain.
Le Breton dort vaincu sur sa lointaine grève.
Mais à Rome, la paix est toujours une trêve.

DOMITIEN

Le grand œuvre, il est vrai, n'est jamais bien fini.

SABINUS, vivement.

Civilis le Batave est encore impuni.
Daces, Parthes, Germains, de faux serments prodigues,
Dans les traités conclus trouvent de faibles digues.
Vingt peuples des Romains jalousent la grandeur.

DOMITIEN

Eh bien! voilà matière à votre jeune ardeur.
Nous verrons.

SABINUS

Ah! seigneur, dites une parole.

---

[1] « ... Nobilitatus mutuis cladibus Dacus..., nutantes Galliæ... » (Tacite, *Histoires*, I, 1.)

DOMITIEN

Déjà!

SABINUS

Que tardez-vous? Commandez, et je vole
Porter votre fortune au bout de l'univers.

DOMITIEN

Vous partiriez demain?

SABINUS

Sans craindre de revers.
Je reviendrais bientôt vous offrir en trophées
Les orgueils abattus, les haines étouffées.
A moi tous les périls; toute la gloire à vous.

DOMITIEN, surpris.

Ce partage vous plaît?

CLEMENS

Il est juste.

SABINUS

Il m'est doux.

DOMITIEN

Bien. Quand vous règnerez, gardez cette sagesse.
A qui vous servira, fortune, honneurs, largesse;
Mais la gloire à vous seuls. Un monarque imprudent
D'un capitaine heureux peut faire un prétendant.
Que la force, mes fils, qui veille à la frontière,
Dans vos royales mains demeure tout entière,
Et que des nations l'estime et la terreur
Ne s'arrêtent jamais qu'au nom de l'empereur.
— Mais, tandis que si loin ce guerrier nous entraîne,
Perennis est muet.

CLEMENS

Il rêve une autre arène,
Des combats moins brillants, mais plus féconds encor.

DOMITIEN

Pense-t-il ici-bas ramener l'âge d'or?

PERENNIS

Que je voudrais, seigneur, en avoir la puissance!
Mais ne puis-je des mœurs attaquer la licence?

Ne puis-je raviver les antiques vertus?
Tant de cœurs sont flétris, tant de fronts abattus!
Tant d'esprits généreux s'éteignent dans la fange!
Séduire, être séduit : triste et honteux échange!
C'est tout le siècle, hélas [1]!

DOMITIEN, se récriant.

On le fera censeur.

CLEMENS, souriant.

Plus tard.

DOMITIEN

Et nos Catons auront un successeur.

Avec ironie.

Pourtant je voudrais voir l'effet de vos censures.

PERENNIS

Faut-il désespérer de guérir nos blessures?

DOMITIEN

Pauvre enfant! Le remède est-il en votre main?...
Un jour vous connaîtrez le triste genre humain...
On espère à quinze ans; à quarante on méprise.
— Libre à vous cependant d'essayer l'entreprise.
Éteignez par décret la fièvre des plaisirs;
Imposez aux Romains de plus mâles désirs;
Tirez de sa langueur notre jeune noblesse;
Faites...

CLEMENS

La chasse même est trop pour sa mollesse.

SABINUS

Le fils du sénateur tremble sur un coursier
Et pâlit d'épouvante aux éclairs de l'acier [2].

---

[1] « Corrumpere et corrumpi sæculum vocatur. »
(Tacite, *Germanie*.)

[2] « ... Nescit equo rudis
Hærere ingenuus puer
Venarique timet. »   (Horace.)

DOMITIEN

A tous ces avilis vous pensez rendre une âme?
Alors montez au ciel et dérobez sa flamme.
Un silence.

Est-il un autre espoir? Sauriez-vous le nommer?
Que ferez-vous pour eux?

PERENNIS

Je voudrais les aimer.

DOMITIEN

Beau rêve, Perennis! Amour, bonté, clémence,
Fragiles ornements d'un règne qui commence!
Heureux le souverain qui peut s'en faire honneur!
Pour moi, les dieux jaloux m'enviaient ce bonheur.
A Clemens.
Ont-ils appris de vous cette philosophie?
Aimer le genre humain! mais je les en défie,
Et de leur intérêt je dois les éclaircir.
Aux deux Césars.
Vous voulez des Romains? Craignez de réussir.
Un jour à vos dépens vous le sauriez peut-être :
Tant de vertu sied mal à qui vit sous un maître.
Faites peu de héros, ou redoutez de voir
Leur ingrate fierté menacer le pouvoir.
Il se lève ainsi que les Césars.
— Mais l'ardent Sabinus et Perennis le sage
De la réalité feront l'apprentissage,
Et les graves leçons trouveront leur moment.
— Conduisez les Césars dans leur appartement,
Stephanus. Au plaisir on doit cette journée,
Car je suis content d'eux et de la destinée.
Aux Césars, en les congédiant du geste.
A demain le grand jour!
Ils sortent avec Clemens et Stephanus.

SCÈNE II

DOMITIEN, seul.

Oui, je suis content d'eux.
Un charme inexpliqué les couronne tous deux.
Leur âme est encor jeune et rien ne l'a flétrie...
Vainement j'affectais la froide raillerie :
Quel vague ébranlement me laisse leur aspect!
Serait-ce de l'amour? Serait-ce du respect?
Moi, du respect!... — Hélas! je sais ce que vaut l'homme.
J'ai sondé jusqu'au fond la bassesse de Rome.
Pour croire à la vertu j'ai régné trop longtemps.
Eux aussi régneront; c'est où je les attends.
Quand ils auront goûté le vin de la puissance
Et des lâches humains tenté l'obéissance,
Peut-être, — que sait-on? — par un fatal progrès,
Leur ivresse à mon nom vaudra quelques regrets.
Mais qu'importe? Je touche au triomphe où j'aspire.
Au sang des Flavius j'assure enfin l'empire.
Allons, fiers sénateurs, trouvez-moi des aïeux!
A l'honneur de ma race intéressez les dieux;
Prouvez-moi doctement que Pallas est ma mère.
Pour me flatter c'est peu d'une telle chimère :
Je veux que vos enfants adorent à genoux
Ce sang des parvenus qui vous déplaît en nous.
Je le veux.
      Cependant il semble que ma joie
Dans un sombre dégoût se confonde et se noie...
Tais-toi, démon railleur, cesse de murmurer
Qu'un suprême péril me reste à conjurer...

Titus est devant moi [1] ; cette image mouvante
M'obsède, et par instants me glace d'épouvante.
D'un péril inconnu j'ai le vague frisson.
Mais d'où naîtra l'orage? Où porter le soupçon?
Aussi bien je puis tout. Malheur à qui m'entrave!
S'il est homme, il mourra; s'il est dieu, je le brave.
Je vaincrai, fallût-il dans un assassinat
Envelopper d'un mot l'élite du sénat;
Fallût-il de Néron rallumer l'incendie.
Quel effort, quand je veux, coûte à ma main hardie?
Les princes de mon sang régneront après moi.
Je l'ai juré.
   Mais non, calmons ce fol émoi.
Entendant venir quelqu'un.

Est-ce Elymas qui vient?
Entre Stephanus.

SCÈNE III

DOMITIEN, STEPHANUS

DOMITIEN
   C'est toi? Qui te rappelle?

STEPHANUS, présentant une membrane roulée et cachetée.
Daignez lire, seigneur.

DOMITIEN, avec nonchalance et ennui.
   Qu'est-ce? un nouveau libelle?
Quelque stoïcien, politique rêveur,
Qui vient d'un beau trépas mendier la faveur?
Il veut qu'en l'écrasant mon courroux l'ennoblisse.
Il s'assied.
Il aura cette fois mon dédain pour supplice.

---

[1] Domitien a toujours été soupçonné d'avoir hâté la mort de Titus.

STEPHANUS

Non; c'est Messalinus[1]...

DOMITIEN, avec humeur.

Ah! ces pestes des cours
Dont nous payons si cher l'humiliant secours!
Délateurs, faux amis qui mettent leur étude
A trafiquer longtemps de notre inquiétude! —
Des rapports de cet homme épargne-moi l'ennui.
Je ne suis pas d'humeur à l'entendre aujourd'hui.
Assez.

STEPHANUS, à part.

Tu l'entendras.

Haut.

Il dit que l'avis presse.

DOMITIEN

Il n'est jusqu'à demain qu'un soin qui m'intéresse.
Parle-t-il de mes fils?

STEPHANUS

Je le croirais.

DOMITIEN, se redressant.

Lisez.

STEPHANUS ouvre le message et lit.

« Du divin empereur les jours sont exposés. »

DOMITIEN, l'interrompant avec dédain.

Est-ce tout?

STEPHANUS, lisant.

« Dès demain la secte qui conspire
« Aux deux fils de Clemens veut transférer l'empire. »

DOMITIEN, se levant.

Achève.

STEPHANUS, lisant.

« Les chrétiens sont l'âme du parti. »

DOMITIEN

Que dit-il? Je croyais ce culte anéanti.
J'ai fait punir le chef de cette populace,
Leur mage,... leur... évêque.

---

[1] Catulus Messalinus, délateur célèbre.

STEPHANUS, montrant le billet, qu'il résume.
        Un autre le remplace.
Evaristus, un Grec, aujourd'hui même élu,
A sur ces criminels un pouvoir absolu.
                DOMITIEN
Qu'on le cherche à l'instant, qu'on mette à prix sa tête.
— Est-ce donc de si bas que viendra la tempête,
Et dois-je redouter dans ces vils factieux
Le péril décisif que m'annoncent les dieux?
            STEPHANUS, avec conviction.
Seigneur, Messalinus vous trahit ou s'abuse,
Et jamais nos Césars...
            DOMITIEN, lui arrachant le billet.
            Crois-tu qu'il les accuse?
                STEPHANUS
Vous le savez trop bien : nos princes bien-aimés
Maudiraient ces complots pour eux-mêmes tramés.
Sans doute entre eux et vous on veut semer l'ombrage,
Ou de l'illusion ce rapport est l'ouvrage.
Rien de plus.
                DOMITIEN
    Sur-le-champ mande le délateur.
                STEPHANUS
J'y cours.
        Il présente à l'empereur un second billet.
    Un autre avis dont j'ignore l'auteur.
                DOMITIEN
Lis donc.
                STEPHANUS
    L'empereur seul en doit prendre lecture.
            DOMITIEN, avec impatience.
Donne et va.
            Stephanus s'éloigne, fausse sortie.
    Les Césars! Mes fils! quelle imposture!
Stephanus!
            STEPHANUS, revenant.
    Quoi, seigneur?

DOMITIEN
Mes fils seraient chrétiens!
STEPHANUS
Oh! Ciel!
DOMITIEN
Mais ce billet, dis-moi d'où tu le tiens.
STEPHANUS
D'un esclave inconnu.
Un silence.
DOMITIEN
Chrétiens! Est-ce possible?
Eux! — Voilà bien du sort le coup le plus sensible!
Malheureux! au pouvoir je donne deux soutiens,
Je me donne deux fils ; et mes fils sont chrétiens!
Dans quel désordre affreux s'égare ma pensée!
STEPHANUS
Prince, n'écoutez pas une fable insensée.
Quoi! ce culte, entouré de mépris et d'horreur,
Eût pu séduire un jour le sang de l'empereur!
DOMITIEN
Qui sait?
STEPHANUS
Non. Du récit la folle invraisemblance
Ne peut, même un instant, vous tenir en balance.
On se trompe; ou plutôt, seigneur, ouvrez les yeux.
Imputez le mensonge à vos seuls envieux.
Outrés de vos desseins, leur noire hypocrisie
Prétend contre vos fils armer la jalousie,
Et peut-être, — sait-on les plans qu'ils ont rêvés? —
Abattre par vos mains ceux que vous élevez.

DOMITIEN
Un traître jetterait ce poison dans mon âme!
Livrez-le-moi, grands dieux! Il mérite, l'infâme,
Des siècles de tourments pour cet instant d'effroi.
Stephanus, quel est-il?

Elymas est entré depuis un instant sans que Domitien y ait pris garde.

SCÈNE IV

DOMITIEN, STEPHANUS, ELYMAS

ELYMAS
Ne cherchez pas : c'est moi.
STEPHANUS
Elymas!
DOMITIEN
Lui! ce Juif assiège donc ma porte!
Tu nous écoutais?
ELYMAS
Oui.
DOMITIEN
D'où venais-tu?
ELYMAS
Qu'importe?
Si je viens vous sauver, qu'importe le chemin?
DOMITIEN
Ce billet...?
ELYMAS
Ce billet fut tracé de ma main.
STEPHANUS
Imposteur!
DOMITIEN
Et tu crois que mon esprit docile...?
ELYMAS, froidement.
Vos Césars sont chrétiens. La preuve en est facile.
Le fils de Stephanus à leurs côtés grandit.
Qu'on l'interroge.
STEPHANUS
Dieux!
DOMITIEN
Il demeure interdit.
Son fils est-il chrétien? Le serait-il lui-même?

STEPHANUS

Nous, seigneur! Ah! je n'ai que ce fils, et je l'aime.
Je respire, je vis pour cet unique amour;
Mais aux Galiléens s'il se donnait un jour,
Avec vos saintes lois mon cœur d'intelligence
De vos dieux méconnus presserait la vengeance,
Et si quelque pitié vous faisait reculer,
Moi-même sous vos yeux je voudrais l'immoler.

DOMITIEN

L'angoisse me dévore.

ELYMAS

　　　　Éclaircissez le doute.
Interrogez son fils.

STEPHANUS

　　　　Suivez une autre route :
Appelez les Césars; que devant l'empereur
Ils viennent dissiper cette odieuse erreur.

ELYMAS

Soit.

DOMITIEN

Et s'ils me trompaient?

STEPHANUS

　　　　Vous leur faites injure.

ELYMAS

L'orgueil, chez le chrétien, se refuse au parjure.

STEPHANUS

Retrouvez donc la paix qu'un mot vous enleva.
Je cherche les Césars.

ELYMAS, répondant à un regard de Domitien.
Laissez faire.

DOMITIEN, à Stephanus.
　　　　Eh bien! va.

Stephanus sort.

SCÈNE V

DOMITIEN, ELYMAS

DOMITIEN

Stephanus, Elymas, flatteurs, âmes de boue!
Qui croirai-je des deux? Qui me sert? Qui me joue?

ELYMAS, froid et piqué.

Tous deux nous vous servons, prince, n'en doutez pas.
Mon zèle en savait plus : voilà tout.

Il se rapproche.

         Sous vos pas
Le sort ouvrait un gouffre, et mon art vous l'éclaire.

DOMITIEN

Tu mens.

ELYMAS

  Vous m'outragez! J'accepte ce salaire.
On en jugera mieux si j'étais un flatteur.

DOMITIEN

Non, ton zèle est perfide et ton art imposteur.
Ce n'est qu'un piège affreux qu'on a voulu me tendre.
Ils ne sont pas chrétiens.

ELYMAS

    Vous allez les entendre.
Croyez-en leur aveu, prince.

DOMITIEN

     Dieux ennemis,
Est-ce le coup fatal que vous m'aviez promis?
— Dissimulons.

Entrent les Césars amenés par Stephanus. L'empereur s'assied; les Césars restent debout. — Elymas est près de l'empereur; Stephanus, du côté des Césars, vers le fond du théâtre. Jeux muets pendant la scène.

SCÈNE VI

DOMITIEN, SABINUS, PERENNIS
STEPHANUS, ELYMAS

SABINUS
Seigneur, votre ordre nous ramène.
DOMITIEN, avec un sourire contraint.
Oui, venez, chers appuis de la grandeur romaine.
PERENNIS, timidement.
Mais...
DOMITIEN
Parlez.
PERENNIS
Quel nuage a passé dans vos yeux?
SABINUS
Naguère, en vous quittant, nous vous laissions joyeux.
DOMITIEN
Il est vrai. Mille soins qu'ignore le jeune âge,
Enfants, sont du pouvoir l'ordinaire apanage.
Parmi tous les bonheurs qu'un jour peut nous offrir,
Un bruit, une ombre, un mot suffit à l'assombrir.
SABINUS
Et quel bruit si funeste a frappé votre oreille?
PERENNIS
Quelle trame s'ourdit?
SABINUS
Quel peuple se réveille?
Le Ciel accorde-t-il à mes désirs jaloux
L'inestimable honneur de combattre pour vous?
DOMITIEN, avec intention.
Sur tous deux à la fois permettez que je compte.
PERENNIS
Nous sommes prêts.

SABINUS
J'augure une victoire prompte.
Nommez vos ennemis ; que bientôt dispersés...
DOMITIEN, de même.
Peut-être ils ne sont pas, mes fils, où vous pensez.
Écoutez : je prétends que cette confidence
De mes deux successeurs éprouve la prudence.
PERENNIS, regardant Stephanus et Elymas.
Mais, seigneur, ces témoins...
DOMITIEN, sèchement.
Ils peuvent demeurer. —
Dans vos rêves brillants c'est trop vous égarer,
Sabinus. L'ennemi qui cause mes alarmes
Ne promet pas de gloire à l'effort de vos armes.
C'est par de sages lois qu'on en sera vainqueur.
Ne cherchez pas si loin, car le mal est au cœur...
Vous ne m'entendez point ?...
PERENNIS
Seigneur...
DOMITIEN
Il est dans l'ombre
Des sectaires nouveaux dont j'ignore le nombre,
Par la commune voix justement condamnés,
Mais que le glaive encor n'a point exterminés.
Vous ne connaissez pas ces ennemis de Rome?
PERENNIS
Peut-être...
SABINUS
Mais daignez...
DOMITIEN
Il faut qu'on vous les nomme?
Je parle des chrétiens. — Pourquoi vous émouvoir ?
SABINUS
Quoi! prince, les chrétiens menacent le pouvoir?
PERENNIS
Ils sont à redouter ?

DOMITIEN
Les croyez-vous à plaindre?
PERENNIS
Sous quels traits alarmants a-t-on su vous les peindre?
DOMITIEN
Donc vous les connaissez.
SABINUS
Qui ne les connaît pas?
PERENNIS
Un arrêt trop public les dévoue au trépas.
DOMITIEN
Et de quelque pitié votre âme est attendrie
Pour ces violateurs des lois de la patrie?
SABINUS
J'estimais superflu de m'en préoccuper.
PERENNIS
On dit que sans murmure ils se laissent frapper;
Que leur foi leur défend la révolte et la plainte.
DOMITIEN
Vous laisserez-vous prendre à cette vertu feinte?
SABINUS
Dans ce culte nouveau je cherche un attentat.
DOMITIEN
Le mépris de nos dieux est un crime d'État.
Mais trêve de raisons : je veux l'obéissance.

Il se lève.

Parmi les grands devoirs de la toute-puissance,
Je vous lègue, mes fils, les chrétiens à punir.
J'ai recommencé l'œuvre : à vous de la finir.
SABINUS
Seigneur...
DOMITIEN
Hésitez-vous?
PERENNIS
Daigne votre noblesse...

DOMITIEN
Je ne m'explique pas cette indigne faiblesse.
Et d'étranges soupçons...

PERENNIS
Prince, des malheureux...

DOMITIEN
Auriez-vous entrepris de me fléchir pour eux?

SABINUS
Pourquoi non?

DOMITIEN
Bannissez un rêve qui m'offense,
Et de nos dieux romains poursuivez la défense.
Il m'en faut la promesse, il m'en faut le serment.
Jurez haine aux chrétiens.

SABINUS
Nous!

DOMITIEN
Jurez.

PERENNIS, aux pieds de Domitien.
Un moment!
Entendez-moi, seigneur. Maîtres des destinées,
Nous éterniserions le cours de vos années.
Nous souhaitons qu'au moins le Ciel daigne éloigner
Le jour, le jour funèbre où nous devons régner.
Pour moi, dans l'avenir à peine j'envisage
Le fardeau qu'à tous deux votre bonté présage,
Et j'implore, seigneur, et j'espère et j'attends.
Le tranquille bonheur de n'être rien longtemps.
Pouquoi donc voulez-vous qu'aux rigueurs, à la haine
Un pacte ensanglanté d'avance nous enchaîne?
Étrangers au pouvoir, qu'exige-t-on de nous?
Eh quoi! déjà punir!...

DOMITIEN
Perennis, levez-vous.
Assez.

SABINUS, à part.
Je n'y tiens plus.

DOMITIEN

Croyez-vous qu'on m'abuse ?

— Tu le vois, Stephanus.

STEPHANUS, descendant en scène.

Hélas !

DOMITIEN

On me refuse.

— Pourquoi ? Quel nœud vous lie à ces Juifs détestés,
Au Dieu juif, au Dieu mort, à ce Christ...

SABINUS, avec éclat.

Arrêtez.

DOMITIEN, reculant.

Qui ? moi !

SABINUS

Jusqu'à ce nom n'élevez pas l'injure.
Vous voulez un serment ? Écoutez donc. Je jure,
Devant Dieu qui m'inspire et vous qui m'y forcez,
Aux fantômes impurs de la foule encensés
Une guerre loyale, ardente, inexorable.
Je jure que bientôt, si le ciel favorable
Pour l'honneur de son nom confie à cette main
Le sceptre glorieux de l'empire romain,
De la lointaine Espagne au pays de l'aurore,
Il faudra qu'on révère, il faudra qu'on adore
Un Dieu, l'unique Dieu qui mérite un autel,
Lui, ce mort du Calvaire, à jamais immortel.
Si j'accepte de vous l'espoir d'un diadème,
C'est pour en faire hommage à ce Maître que j'aime.
Ordonnez maintenant : vous savez tout.

DOMITIEN, affectant la froideur.

C'est bien.

A part.

O rage !

A Perennis, d'un ton presque suppliant.

Perennis, mais vous ?

PERENNIS, modestement.

Je suis chrétien.

Domitien se laisse tomber sur un siège. — La toile se baisse.

ACTE QUATRIÈME

MÊME DÉCOR

SCÈNE I

STEPHANUS, ELYMAS

STEPHANUS

Croyez-moi : la victoire est encore incertaine.
Après quelques éclats de colère hautaine,
Le prince est retombé dans son accablement.
Il s'emporte, rugit, parle de châtiment ;
Mais bientôt la menace expire dans sa bouche,
Et, si j'observe bien sa tristesse farouche,
Il semble par instants qu'il va se résigner
A permettre aux chrétiens de vivre et de régner.

ELYMAS

Impossible.

STEPHANUS

    Je crains.

ELYMAS

        Pressons-le sans relâche.
N'a-t-il rien dit, rien fait ? Cœur indécis ! cœur lâche !
Ses ordres ?

STEPHANUS
Vainement je les ai demandés.
Sous prétexte d'honneur les Césars sont gardés :
Voilà tout. L'empereur compte sur le silence.
ELYMAS
Trop tard. Le cri de tous lui fera violence.
STEPHANUS
Rome de la nouvelle a reçu la primeur?
ELYMAS
Elle s'emplit déjà d'une vague rumeur.
Tout s'agite à la fois. Dans les rangs populaires
Le seul nom de chrétiens va semant les colères.
Nerva même, Nerva doit venir en ces lieux
Plaider pour le sénat la cause de vos dieux.
Par avance au vieillard j'ai dicté sa parole.
STEPHANUS
Démarche périlleuse, ou pour le moins frivole !
ELYMAS
Pourquoi? tout peut servir. — Et Cimber?
STEPHANUS
Je l'attends.
ELYMAS
Lancez-le : nous saurons le contenir à temps.
Obtenez à tout prix qu'un chrétien se soulève.
STEPHANUS
Comptes-y. Dans ses mains je vais mettre le glaive.
Il suffit d'un mensonge...
ELYMAS
Oui, le triomphe est là.
Il nous faut la révolte...

STEPHANUS, *entendant quelqu'un venir.*
Écoute...

Il aperçoit Cimber.
Le voilà.
ELYMAS
Je m'éloigne.

Il sort précipitamment. — Stephanus va au-devant de Cimber.

SCÈNE II

STEPHANUS, CIMBER

STEPHANUS
Tribun, vous savez la nouvelle?
CIMBER
Quoi?
STEPHANUS
Le fatal secret que ce jour nous révèle?
Nos Césars sont chrétiens.
CIMBER, jouant l'indifférence.
Ah!
STEPHANUS, s'approchant de lui, bas et avec empire.
Vous l'êtes aussi?
CIMBER
Moi! qui donc vous aurait...?
STEPHANUS
N'en ayez point souci.
Rendez grâce au hasard qui me l'a fait apprendre.
C'est le salut.
CIMBER
Comment?
STEPHANUS
Vous allez me comprendre.
Sur les fils de Clemens le glaive est suspendu.
Un caprice du maître, et tout serait perdu.
CIMBER
Je le sais.
STEPHANUS
Or il veut que, sans bruit, sans alarmes,
Le camp prétorien se tienne sous les armes.
CIMBER, frappé.
Et quel chef aux soldats portera son désir?

STÉPHANUS
Je vous savais chrétien : je vous ai fait choisir
CIMBER
Est-il vrai?
STÉPHANUS
Du palais il faut doubler la garde.
CIMBER
Et c'est encore moi que la tâche regarde?
STÉPHANUS
Oui, vous.
CIMBER, après un silence.
Que dois-je faire?
STÉPHANUS
Est-ce à moi d'ordonner?
Voyez l'occasion que j'ai su vous donner.
Soldat, jugez des coups que l'honneur autorise.
CIMBER, s'exaltant.
Mon Dieu!
STÉPHANUS, mystérieux et résolu.
Je pense, moi, qu'à ces heures de crise
Un premier intérêt nous trace le devoir.
Je pense que du monde il faut sauver l'espoir
Et que, pour le ravir à la haine trompée,
Il suffit d'une main, d'un cœur et d'une épée. —
Je vois ce que je risque à vous parler ainsi;
Mais j'aime les Césars... Comprenez-vous?
CIMBER, prenant parti.
Merci.
STÉPHANUS
Avisez. L'heure est courte et le péril suprême.
CIMBER
Plus de doute. Marchons. C'est la voix de Dieu même.

Il sort. Stephanus l'accompagne jusqu'au fond du théâtre, puis revient et rappelle Elymas.

STÉPHANUS
Elymas!
Entre Elymas.

SCÈNE III

STEPHANUS, ELYMAS, puis EURYCLÈS

STEPHANUS
Il est pris : j'ai vu son œil briller.

ELYMAS
Retournons au tyran, qu'il nous faut surveiller.

Fausse sortie. — Euryclès entre précipitamment.

Mais quoi!...

STEPHANUS
C'est Euryclès!

EURYCLÈS
Oh! mon père, mon père!
Ce bruit qui me confond et qui me désespère,
Démentez-le, de grâce! Ils ne sont point chrétiens,
N'est-ce pas?

ELYMAS
Ils le sont.

STEPHANUS
D'eux-mêmes je le tiens.

EURYCLÈS
Mais alors...

STEPHANUS
Parle vite.

EURYCLÈS
Ils vont mourir!

ELYMAS
Peut-être.

EURYCLÈS, à Stephanus.
Vous ne l'empêchez pas?

STEPHANUS
Enfant, suis-je le maître?

EURYCLÈS

O ciel! ils vont mourir! mes princes..., mes amis!
Laissez-moi les revoir.

ELYMAS

Il ne t'est plus permis.

STEPHANUS

Non, quitte le palais.

EURYCLÈS

Souffrez que je demeure.

ELYMAS

L'empereur en courroux...

EURYCLÈS

Ah! s'il veut que je meure...

STEPHANUS, avec effroi.

Pourquoi?

EURYCLÈS

D'un cœur joyeux je lui dirai : Frappez.

ELYMAS, à part.

Qu'entrevois-je?

STEPHANUS

Euryclès!

EURYCLÈS

Que nous étions trompés,
Mon père! La vertu, la fleur de la nature,
Peut-elle, croyez-vous, germer de l'imposture?
Le Dieu de nos Césars serait un Dieu qui ment!...

ELYMAS,

Lui, chrétien!

STEPHANUS, à part.

Ciel vengeur! est-ce mon châtiment?

ELYMAS, à Euryclès.

Mais ce culte honteux...

EURYCLÈS

Non, non ; c'est calomnie.
Enfin, je te salue, ô lumière bénie.
Je veux être chrétien.

STEPHANUS
Malheureux!
ELYMAS
C'est la mort!
EURYCLÈS
De mes princes chéris qu'on m'accorde le sort.
A la vie, au trépas, heureux qui leur ressemble!
Si la mort les attend, qu'on nous y mène ensemble.
Je suis chrétien comme eux.
STEPHANUS, égaré.
Désespoir! trahison!
A mon aide, Elymas! Rappelle ma raison...
Où suis-je?
ELYMAS, lui saisissant le bras.
Calmez-vous.
STEPHANUS
Aurais-je dû m'attendre...?
EURYCLÈS
Père, vous avez fait cette amitié si tendre.
En vous obéissant je les ai tant aimés.
Ne brisez pas des nœuds par vous-même formés.
Adorez avec moi leur grand Dieu qui m'éclaire.
ELYMAS, avec empire.
Stephanus, abrégeons.
STEPHANUS
Il me rend ma colère.
A Euryclès.
Ingrat!
ELYMAS
J'entends qu'on vient.
STEPHANUS
La voix de l'empereur!
ELYMAS
Il approche.
EURYCLÈS, avec élan.
Venez, affrontons sa fureur,
Déclarons-nous chrétiens.

STEPHANUS, poussant Euryclès dans les bras d'Elymas.

Elymas, trouve un homme
Qui l'emmène à l'instant loin d'ici, loin de Rome.
Sauve-le, sauve-moi!

ELYMAS, entraînant Euryclès.

J'en réponds. Vous, veillez.

STEPHANUS

Fuyez donc.

EURYCLÈS, essayant de résister.

O mon père! ô mes princes!

STEPHANUS

Fuyez.

Ils sortent.

SCÈNE IV

STEPHANUS, seul.

Euryclès! mon enfant, mon unique tendresse!
Démon, fatalité, puissance vengeresse,
Voudrais-tu m'accabler sous mes propres complots?
Dans mon cœur envahi l'effroi monte à grands flots...
— Mais Euryclès absent détourne la menace.
Elymas est fidèle, et...

Entre Domitien, suivi de Nerva et de plusieurs sénateurs.

SCÈNE V

DOMITIEN, NERVA, SÉNATEURS
et, au commencement, STEPHANUS

DOMITIEN, avec colère.

Non : c'est trop d'audace.
Qui vous dit mes secrets, Nerva? Quels délateurs
Osent contre mes fils armer les sénateurs?...

La requête me touche et votre zèle y brille.
Dois-je à vos vœux sanglants immoler ma famille?

NERVA, suppliant.

Seigneur...

DOMITIEN, sans l'écouter, à Stephanus.

J'attends Clemens. Vois s'il n'est point venu.

NERVA

Prince, votre sénat vous est-il inconnu?
Plein d'un fidèle amour pour le sang de ses maîtres,
D'ailleurs gardien jaloux du culte des ancêtres,
Pour leurs dieux menacés il porte à vos genoux...

DOMITIEN

Vous me parlez des dieux! A quels dieux croyez-vous?
Le mort de Galilée en peut valoir un autre.
Si j'en faisais le mien, vous en feriez le vôtre,
Et demain, sur mes pas, souples, obéissants,
Vous lui prodigueriez votre banal encens.
M'osez-vous dire, à moi, qu'un scrupule frivole
Vous intéresse encore aux dieux du Capitole?
De Rome impériale oubliez-vous la loi?
Il n'est qu'un Dieu, le peuple, et le peuple c'est moi[1].

NERVA

Nous ne l'oublions pas; c'est cette loi suprême
Que nous osons défendre ici contre vous-même.
Laissez régner le Christ, il saura l'abolir.

DOMITIEN

Qui vous l'a dit?

NERVA

Les siens penseraient s'avilir
D'accepter comme nous le droit nouveau de Rome.
César, pontife et roi, gouverne en paix tout l'homme :
Telle est de son pouvoir la splendide unité.
Seul entre les humains, le chrétien révolté,

---

[1] Est-il invraisemblable de mettre dans la bouche de Domitien en colère la formule précise du césarisme?

Déchirant en deux parts la majesté romaine,
Ose d'un autre Dieu réserver le domaine.
Du plus saint de vos droits l'insolent ennemi
Au sceptre impérial se dérobe à demi.
Les héritiers chrétiens que votre amour se donne
Garderont-ils entier l'honneur de la couronne?
Tel est le doute amer qu'ignorant leur dessein
Le sénat par ma voix dépose en votre sein.

DOMITIEN

J'admire à quels écarts le zèle vous entraîne;
Mais de mes héritiers ne soyez point en peine.
Ils apprendront de moi jusqu'où va leur pouvoir,
Et peut-être, au besoin, vous le feront-ils voir.

Un silence. Domitien le rompt brusquement.

Au reste, sous ma loi vous saurez que tout plie,
Nerva. Mes héritiers n'auront point la folie
De trahir bassement pour un culte étranger
Des intérêts d'État que je saurais venger.

Entre Clemens, introduit par Stephanus.

SCÈNE VI

DOMITIEN, NERVA, CLEMENS
STEPHANUS, sénateurs

DOMITIEN

Venez, venez, Clemens; vous manquiez à la fête,
Car ici de vos fils on demande la tête.

NERVA, suppliant, à Domitien.

Prince...

DOMITIEN

Contre Nerva c'est moi qui les défends.

Il s'assied.

CLEMENS, à part.

Son sourire fait peur. — Dieu, sauve mes enfants!

DOMITIEN

Même de la raison leur prêtant le langage,
A la face de Rome en leur nom je m'engage.

CLEMENS

A quoi, seigneur?

DOMITIEN

Clemens ne va pas démentir
Ce que le prince même a voulu garantir.
Oh! non.

CLEMENS

Daigne le prince expliquer sa pensée!

DOMITIEN

J'ai dit qu'ils ne sauraient, pour la gloire insensée
De braver à la fois l'empire et l'empereur,
Garder un Dieu proscrit par la commune horreur.
J'ai dit qu'à m'obéir instruits dès leur enfance,
Oubliant pour me plaire un culte qui m'offense,
Ils viendront, si je veux, l'abjurer à mes pieds.
Disais-je vrai?

CLEMENS

Seigneur...

DOMITIEN

Eh bien?

CLEMENS, avec une fermeté triste.

Vous vous trompiez.

DOMITIEN

Clemens!

Il se lève.

CLEMENS, d'un ton plus doux.

Vous vous trompiez.

DOMITIEN

Voilà bien ta réponse?

CLEMENS

Peut-être est-ce un arrêt que ma bouche prononce;
J'en puis pleurer, seigneur, mais non m'en repentir.
Même pour les sauver, je ne sais pas mentir.

DOMITIEN, à Nerva et aux sénateurs.

Sortez.
<small>Ils sortent.</small>
A Stephanus.
Laisse-nous seuls.
STEPHANUS, à part.
Voici l'heure critique.
<small>Il sort.</small>

SCÈNE VII

DOMITIEN, CLEMENS

DOMITIEN, après un silence.
Mais, dis : qu'espères-tu ? quelle est ta politique ?
Quel délire d'orgueil inspire tes refus,
Vil ingrat ?
CLEMENS
Non, seigneur, jamais je ne le fus.
DOMITIEN
Le témoignage est beau de ta reconnaissance !
Quoi ! par un libre effort de ma toute-puissance,
Jusqu'à toi, jusqu'aux tiens j'abaisse mes bontés ;
Je tire du néant, je place à mes côtés,
Dans ce rang surhumain que l'univers adore,
Ces deux enfants, les tiens !... Et que dirai-je encore ?
J'apprends qu'on me trahit, que les fils de mon choix
Servent un Dieu nouveau condamné par mes lois ;
Et quand, pour oublier cette cruelle injure,
Je n'exige qu'un mot, qu'un seul mot qui l'abjure ;
Quand avec des transports tu devrais recourir
Au facile pardon que je daigne t'offrir ;
Tu résistes, Clemens, tu me braves en face !...
Que pense-t-on de moi ? Qu'attend-on que je fasse ?
On me connaît peut-être. Assez d'illustres coups

Font lire en traits sanglants ce que peut mon courroux.
Quel odieux calcul anime leur audace?
Auraient-ils prétendu qu'esclave de ma race
Moi-même en sa faveur je pourrais me trahir,
Et que j'ai besoin d'eux jusqu'à leur obéir?
L'as-tu rêvé, Clemens? Illusion grossière!
Des fils! J'en puis tirer de la même poussière.
Ceux que je choisirai ne seront pas chrétiens.
Parle donc maintenant, parle, et juge les tiens.

CLEMENS

Je vais vous étonner, prince, par mon langage :
Il le faut. Mais quand l'homme offre sa vie en gage,
Il peut, je l'ose dire, obtenir quelque foi.
Je sais votre pouvoir et je sais votre loi;
Vous tenez dans vos mains et les fils et le père.
Vous m'avez demandé, seigneur, en qui j'espère :
Mon espoir ici-bas est dans votre bonté.
Mais si Dieu ne fléchit votre cœur irrité,
La terre n'a plus rien où mon âme se fonde :
L'espérance chrétienne habite un autre monde.
Ne nous imputez pas un calcul odieux.
Rien d'humain ne nous pousse à rejeter vos dieux.
Ce courage est plus haut : le devoir nous l'inspire.
Du courage! en faut-il pour quitter un empire?...
Il en faut pour s'offrir aux coups de votre bras;
Mais il en faut bien plus pour vous sembler ingrats.

DOMITIEN, comme se parlant à lui-même.

Donc Nerva disait vrai. Voilà bien leurs mensonges;
Et dans cet autre monde où se perdent leurs songes,
L'unique vérité que je sache entrevoir,
C'est que de la révolte on leur fait un devoir.

A Clemens.

Mais dans cet inconnu je m'égare peut-être.
Parle. Au-dessus de moi connaissez-vous un maître?
Car tout est là.

CLEMENS

Dieu seul est au-dessus de vous.

DOMITIEN

Il suffit.

CLEMENS

Mais de Dieu ne soyez point jaloux.
César est assez grand, puisqu'il est son image,
Et Dieu même à César garantit notre hommage.
Fermez, fermez votre âme à d'injustes frayeurs,
Prince; rappelez-vous que, dans des jours meilleurs,
Quand on fit peur du Christ à la fierté romaine,
Les derniers survivants de sa famille humaine,
Par votre ordre appelés de leur lointain séjour,
De leur humble fortune étonnèrent la cour [1].
On vit leur pauvre bure, on vit leurs mains durcies;
Les cœurs furent émus, les craintes éclaircies;
On connut mieux le Christ; on ne l'estima pas
Un rival dangereux des trônes d'ici-bas.
Rien n'est changé depuis, et le chrétien fidèle
De l'humble obéissance est resté le modèle.
Qui voit Dieu dans le prince obéit jusqu'au sang.

DOMITIEN

Qui résiste une fois n'est pas obéissant.

CLEMENS

Qui peut trahir un Dieu pourrait trahir un homme.

DOMITIEN

Du moins ménage un peu les scrupules de Rome.
Que m'importe, après tout, quel symbole est le tien?
Dans le cœur, à ton gré, reste juif ou chrétien.
Que tes fils avec toi bercent leur fantaisie
De quelque nouveau rêve apporté de l'Asie;
Mais pour ses Immortels Rome exige des vœux.

---

[1] Domitien fit, en effet, venir de la Palestine les petits-fils de l'apôtre saint Jude, parent de Notre-Seigneur, et il fut rassuré par leur pauvreté.

Tes fils en offriront; il le faut, je le veux.
C'est là mon dernier mot. Tu gardes le silence?

CLEMENS

Ils n'en offriront pas.

DOMITIEN

Non? Fatale insolence!
Ah! de mes volontés ils se feront un jeu!
Qui les rend si hardis?

CLEMENS

Leur conscience et Dieu.

DOMITIEN

Dieu! Dieu! Quel est ce Dieu qu'à César on oppose?
Voyons pour les sauver s'il pourra quelque chose;
Car je me lasse enfin, car c'est trop discourir,
Car tes fils sur-le-champ vont céder ou mourir.

CLEMENS

Hélas!

DOMITIEN

Ne souffrons plus qu'on ruse ou qu'on diffère.
Frappons. A moi, Vindex!

Entre Vindex.

CLEMENS

Prince, qu'allez-vous faire?

DOMITIEN

D'une race d'ingrats désespérer l'orgueil,
Punir..

CLEMENS

Et sur qui donc en tombera le deuil?
Vos amis se plaindront qu'à vous-même funeste
Du sang des Flavius vous tarissiez le reste.
Que dis-je? Nous de moins, où seront vos amis?
Qu'un autre ait cet empire à mes enfants promis,
J'y consens. Mais pourquoi vous mutiler vous-même?
Créez d'autres Césars, mais gardez qui vous aime.
Me trompais-je? Il semblait que ce cœur trop fermé
Allait s'ouvrir près d'eux au charme d'être aimé.

DOMITIEN

Malheureux! au trépas est-ce moi qui les livre?
Ils sont libres encor de régner et de vivre.
Tu connais mes bontés et le prix que j'y mets :
Un hommage à nos dieux. L'offriront-ils?

CLEMENS

Jamais!

Entre Elymas.

SCÈNE VIII

DOMITIEN, CLEMENS, ELYMAS, VINDEX

ELYMAS

Prenez garde, seigneur.

DOMITIEN

Elymas!

ELYMAS

A la ronde.
La trahison s'agite et la révolte gronde.
J'ai surpris des chrétiens les propos menaçants,
Veillez.

DOMITIEN, avec éclat.

Les voilà donc, ces Juifs obéissants!

CLEMENS.

Daignez...

DOMITIEN

Tais-toi, Clemens. Enfin je sais comprendre
Quel espoir en secret l'empêchait de se rendre.
Tu trompais ma bonté; connais donc ma fureur,
Traître!

CLEMENS, regardant Elymas.

Ce n'est pas moi qui trompe l'empereur.

DOMITIEN

Ces chrétiens menaçants, révoltés...

CLEMENS
           Calomnie.
        ELYMAS
J'en atteste mes dieux.
        CLEMENS
           Sans crainte je le nie.
        DOMITIEN
Quand on fomente un crime, il fait beau le nier.
— Dans mes appartements garde-le prisonnier,
Vindex.
        CLEMENS
    A mes enfants, prince, daignez me joindre.
Qu'une même prison...
        DOMITIEN
           Ta peine en serait moindre.
Non.
        CLEMENS
    Dieu, qui vois mon cœur déchiré mais soumis,
Sauve Rome et César de leurs vrais ennemis.
                    Il sort avec Vindex.

SCÈNE IX

DOMITIEN, ELYMAS, puis STEPHANUS

        DOMITIEN
Mes efforts sont à bout; l'espérance m'échappe.
Ils ne céderont pas, et que ferai-je ?
        ELYMAS
             Frappe.
L'heure vient de choisir. Péris ou frappe-les.
        STEPHANUS, entrant.
Seigneur, je fais doubler la garde du palais.
        DOMITIEN, sans l'entendre.
Et toi qui refusais de croire à leur démence!...

STEPHANUS

Que vous dire, Seigneur? ma douleur est immense.
Accablé, confondu, je ne sais que gémir.

Domitien se laisse tomber sur un siège.

ELYMAS, à Stéphanus.

Ne plains pas l'empereur, mais songe à l'affermir.

STEPHANUS

Moi, dans le sang des siens exiger qu'il se baigne!

ELYMAS

Exige, s'il t'est cher, qu'il triomphe et qu'il règne.
Réveille, s'il se peut, son cœur et sa raison.

STEPHANUS

Qu'as-tu fait du respect?

ELYMAS

Il n'est plus de saison.
De quelque nom pompeux que l'univers le nomme,
Pour mes dieux et pour moi ton maître n'est qu'un homme,
Un homme qui se perd et que je veux sauver.

Il s'approche de Domitien.

Prince, à ton désespoir c'est trop longtemps rêver.

DOMITIEN, se levant.

Avenir, avenir, sombre et vague étendue
Où flotte sans repos mon angoisse éperdue!
Hélas! moi qui puis tout, n'y puis-je rien saisir?
Partout pièges à craindre et malheurs à choisir...
Quelle railleuse voix à frapper me convie?

ELYMAS

C'est la voix de l'honneur; c'est le cri de la vie.

Il entraîne Domitien vers une fenêtre.

Regarde. Le soleil attriste sa clarté,
Et dans l'Aquarius il entre ensanglanté[1]...

Il le ramène sur le devant du théâtre.

Titus a reparu. Les présages en foule
Montrent à qui sait voir un sang royal qui coule.

---

[1] Domitien fit lui-même cette remarque la veille de sa mort. L'Aquarius est le signe du Verseau.

DOMITIEN
C'est le sang de mes fils?

ELYMAS
C'est le leur ou le tien.
Tu peux choisir encor...

DOMITIEN
Traître! je n'en crois rien.

ELYMAS
Soit. Jette, si tu veux, la vie et la couronne.
Qui s'abandonne ainsi permet qu'on l'abandonne.
Je pars. Assez d'affronts et d'efforts superflus!
C'était l'instant fatal : il ne reviendra plus.
Adieu donc. — Stephanus, tu peux pleurer ton maître.
Il est perdu.

Il va pour sortir.

DOMITIEN
Reviens.

Il revient comme hésitant. Un silence.

Tu penses tout connaître.
Quand mourra Stephanus?

ELYMAS
Le même jour que toi.

STEPHANUS, à Domitien.
Prince, daigne le ciel me faire cette loi!

DOMITIEN, à Elymas.
Mais toi, quel est ton sort? parle.

ELYMAS
De te survivre.

DOMITIEN
Tu mens, car aux bourreaux sur-le-champ je te livre

ELYMAS, impassible.
Tu ne l'oseras pas, César.

DOMITIEN fait un geste menaçant, puis recule. A part.
Juif odieux!

Un silence. — Il revient vers Elymas.

Viens.

ELYMAS
Où me conduis-tu?

DOMITIEN
Viens consulter les dieux.
Il s'éloigne avec Elymas. Stephanus reste en scène.

ACTE CINQUIÈME

MÊME DÉCOR

SCÈNE I

SABINUS, PERENNIS

Sabinus assis à droite. Perennis auprès d'une fenêtre

PERENNIS

Le jour fuit, l'heure vole.

SABINUS

Oh! que son vol me pèse!

PERENNIS, se rapprochant.

Toujours mêmes tourments, frère! Que Dieu t'apaise!

SABINUS

De ses ordres nouveaux que faut-il augurer?
Dans son appartement pourquoi nous transférer?

PERENNIS

N'y cherche pas du moins un funeste présage.

SABINUS

De ce règne cruel on connaît trop l'usage.
Loin de Rome et du jour, entre des murs discrets,
La cruauté timide étouffe ses arrêts.

César prête aux bourreaux l'ombre de sa demeure ;
Et là, sentence et mort, tout s'achève sur l'heure.
On est seul. Nul écho ne répète les cris.
Le regard cherche en vain des regards attendris.
On expire oublié, sous l'œil haineux du maître,
Et lui, de la souffrance ardent à se repaître,
Penché sur les mourants, trouve un charme inhumain
A toucher, à sentir leurs chaînes dans sa main [1].

PERENNIS, avec dégoût.

Écarte, au nom de Dieu, ces images funèbres.
Et qu'importe l'oubli? qu'importent les ténèbres?
Par delà cette nuit qu'un seul pas va franchir,
De l'immortalité vois l'aurore blanchir.

Il s'exalte par degrés.

Au-dessus des bourreaux quel tableau se découvre !
C'est la palme qui vient, c'est le ciel qui s'entr'ouvre.
Que de fronts glorieux inclinés pour nous voir !
Que de bras fraternels prêts à nous recevoir !
Voici le dernier coup... Pars, vole, âme chrétienne !
Il n'est plus ici-bas de nœud qui te retienne.
Quitte ce corps flétri, mais qui doit refleurir,
Et vole à Dieu... —

Il s'arrête comme en extase, puis se retourne lentement vers Sabinus.

Mon frère, est-ce donc là mourir?

SABINUS

Mourir ! Et cependant la vie était si belle !

PERENNIS, d'un ton de reproche.

Sabinus !

SABINUS

Ne crains pas que mon âme rebelle
Pleure un frivole espoir à ce monde attaché.
L'empire et ses splendeurs ne m'avaient point touché.
Mais...

PERENNIS

Achève.

---

[1] Ces détails sont historiques.

SABINUS

A quoi bon?

PERENNIS, se penchant sur lui.

Parle, frère.

SABINUS

Je n'ose.

Pourquoi troubler la paix où ton âme repose?

PERENNIS, s'éloignant.

Quoi! frère, des secrets où je n'ai point de part!...
Pour la première fois! à l'heure du départ!

SABINUS, sombre.

Cette heure, nul penser ne te la rend amère?
Tu ne regrettes rien?

PERENNIS

Si : l'adieu de ma mère.

Ma mère! loin de nous, qui dira ses douleurs!
Voilà le seul objet qui me coûte des pleurs.

SABINUS, se levant.

Ainsi tu ne sens pas cette inquiète envie,
Cette fièvre d'agir, cette sève de vie
En moi plus que jamais ardente à bouillonner,
Ces élans...? O mon Dieu! pourquoi me les donner?
Adieu, jeunesse, ardeur, flammes qu'ils vont éteindre;
But sacré, sainte gloire où je rêvais d'atteindre;
Adieu, brillant mirage; adieu, bel avenir!
Sans avoir commencé, voici qu'il faut finir.

PERENNIS

Mais ce n'est pas la fin.

SABINUS

Qu'est-ce donc?

PERENNIS

C'est l'aurore.

Et qui sait quels périls t'en séparaient encore,
Frère? S'il plaît à Dieu de te les épargner...

SABINUS

Dieu! mais c'était pour lui que je voulais régner.
J'aurais donné le monde à l'Église, ma mère.

Hélas! elle a vécu de la même chimère;
Elle nous a couvés d'un maternel orgueil...
Et la vois-tu demain, sur un double cercueil,
La vois-tu, soulevant sa chaîne appesantie,
Prendre dans sa douleur le ciel même à partie,
Tremblant d'interroger ses ordres rigoureux?
La vois-tu, Perennis, comme ces malheureux
Qu'après un songe d'or la souffrance réveille,
Étouffer dans ses pleurs son espoir de la veille?
Et qu'en restera-t-il? un peu de sang versé.
O Christ!... — Non, je me tais, je suis un insensé.
Je souffre.

> Il se rassied.

PERENNIS

Écoute-moi, frère, je t'en conjure.
Sabinus, à ta foi tremble de faire injure.
Et pourquoi plaindre enfin notre sang répandu?
Le sang qu'on donne à Dieu te semble-t-il perdu?
Et ce cœur palpitant de jeunesse et de flamme,
Cette inquiète ardeur qui tressaille en ton âme,
Ces trésors dont le Ciel a voulu te combler,
Serait-ce en user mal que de les immoler?
L'Église! ah! ne crains pas que son espoir succombe.
Elle est mère : ses pleurs mouilleront notre tombe;
Mais mourir tous les deux de la mort des élus,
C'est mettre sur son front deux couronnes de plus.
Quand finiront ses maux? Quand triomphera-t-elle?
Qu'importe...?

> SABINUS, se redressant avec surprise.

Perennis!

> PERENNIS, s'exaltant.

Qu'importe à l'immortelle
Un siècle de douleurs à sa course ajouté?
Elle a le temps pour elle, ayant l'éternité.
Tant qu'on saura mourir, que veux-tu qu'elle craigne?
Le Christ...

SABINUS, se levant.

Eh bien! le Christ! il faut pourtant qu'il règne!
Perennis, il le faut. De son avènement
Nos vœux dictés par lui pressent l'heureux moment.
Voudrait-il se jouer de ces vœux qu'il inspire?
Avec ses ennemis croirai-je qu'il conspire?
Tu me parles d'une heure où Dieu l'emportera.
Viendra-t-elle, cette heure?

PERENNIS

Oui, frère, elle viendra.

SABINUS

Quand?

PERENNIS

Il le sait. Pour nous qu'elle reste inconnue!
Mais si quelque puissance en hâte la venue,
C'est le deuil accepté, c'est le tourment souffert.
Chaque goutte du sang que nous aurons offert,
Par les anges de Dieu recueillie en silence,
Inclinant de son poids la céleste balance,
Au gré de l'Éternel avancera le jour
Où sur le monde enfin débordera l'amour.
Jette dans ce trésor la fleur de tes années,
Jettes-y ton espoir, tes belles destinées,
Ces rêves étouffés dans ton cœur frémissant.
Immole tes désirs : c'est bien plus que ton sang.

SABINUS

Hélas!

PERENNIS

Pour avancer, frère, il faut qu'une armée
Foule ses premiers morts dont la plaine est semée;
Mais la victoire ainsi germe de leur tombeau.
C'est notre sort à nous : n'est-il point assez beau?

SABINUS

Tais-toi. N'évoque pas ces images guerrières.

PERENNIS

Quoi donc?

SABINUS
Pour moi plutôt redouble tes prières.
Un silence.
Si j'avais une épée...!
PERENNIS
Eh bien! qu'en ferais-tu?
SABINUS
Non, rien. N'arrache pas de mon sein combattu
L'aveu de ces pensers qui m'assiègent en foule,
Ces flots tumultueux qu'à peine je refoule,
Honte, regrets, désirs soulevés à la fois...
L'orage est dans mon âme...

Entre Clemens, introduit par Vindex, lequel se retire ensuite.

SCÈNE II

SABINUS, PERENNIS, CLEMENS

CLEMENS, *au fond du théâtre.*
Enfin je les revois!
Il s'avance.
Mes enfants!
PERENNIS
Notre père!
SABINUS
O joie inespérée!
PERENNIS
Mais de notre prison qui vous permet l'entrée?
SABINUS
Le prince a-t-il parlé? Dispose-t-on de nous?
CLEMENS
Je l'ignore. Un moment prisonnier loin de vous,
Un ordre inexpliqué dans ce lieu me transfère.
SABINUS
Qu'a prétendu le maître, et que pense-t-il faire?

PERENNIS

Le sait-il?

CLEMENS

Aussi bien, puisqu'il nous réunit,
Dieu l'inspire sans doute.

SABINUS

Et mon cœur le bénit.

PERENNIS, à Clemens.

Et notre mère?

CLEMENS

Enfants, montrons-nous dignes d'elle.
D'amour et de constance héroïque modèle,
Quand l'ordre m'arriva de me rendre au palais,
« Ils vont mourir, dit-elle : allez, soutenez-les,
« Et si le souvenir d'une sœur, d'une mère,
« Rend à mes bien-aimés l'épreuve plus amère...

PERENNIS

Oh! oui...

CLEMENS

« Vous leur direz que, fières toutes deux,
« Avec vous par le cœur nous sommes auprès d'eux.
« J'ai tremblé quand César leur promettait l'empire.
« Aujourd'hui c'est la mort... La nature en soupire;
« Mais quel charme céleste embellit mes douleurs! »

SABINUS

Ma mère!...

CLEMENS

Et souriant au milieu de ses pleurs,
« En mon nom, reprit-elle, au nom de votre fille,
« Portez à nos martyrs ce trésor de famille. »

PERENNIS

La relique de Paul?

CLEMENS, tirant de son sein un écrin d'or.

Oui, mon fils, la voilà.
« Prenez, m'a-t-elle dit, le don de Plautilla,
« Ce voile consacré par la mort d'un apôtre.
« S'il me revient rougi de leur sang et du vôtre,

« Jamais épouse et mère, aux jours de son bonheur,
« N'estimera si haut ses parures d'honneur. »

SABINUS, le prenant avec vivacité.

Donnez, donnez, mon père. — Oh! viens, céleste armure,
De ce cœur en révolte étouffer le murmure.

CLEMENS

Qu'entends-je?

SABINUS

Inspire-moi la force de m'offrir.

CLEMENS

Fils d'une telle mère, on craindrait de souffrir?

SABINUS

Moi! non, je ne crains rien; j'aspire à la souffrance;
Mais mon rêve adoré, mais ma sainte espérance,
Mais la gloire de Dieu qui périt avec moi!...

CLEMENS

Que dit-il, Perennis? Qu'a-t-il fait de sa foi?

PERENNIS

Secourez-le.

SABINUS

Pardon!... Je m'égare, je souffre,
Je frissonne... Je sens que j'approche d'un gouffre,
Et qu'une froide main veut m'y précipiter.

CLEMENS

Aux volontés d'en haut penses-tu résister?

SABINUS

Résister! Eh bien, quoi! serait-ce donc un crime?
L'arrêt qui va nous perdre est-il si légitime?
Ce caprice sanglant d'un despote inhumain!

CLEMENS

César n'est que le glaive, et Dieu même est la main.

SABINUS

Ainsi de nos bourreaux vous faites Dieu complice?

CLEMENS

Dieu de son propre Fils a permis le supplice.

SABINUS

Et qui reconnaîtra le Maître juste et fort,
S'il ne promet aux siens que défaite et que mort?
Veut-il être servi, le veut-il?

CLEMENS

Un blasphème!

Où suis-je?

SABINUS

Ah! sauvez-moi, sauvez-moi de moi-même,
De ce cœur qui s'emporte en élans effrénés.
Je ne me connais plus.

Entrent Cimber et Euryclès.

SCÈNE III

CLEMENS, SABINUS, PERENNIS
CIMBER, EURYCLÈS

CIMBER

Venez, princes, venez.

CLEMENS

Nous!

EURYCLÈS

C'est la liberté que Cimber vous apporte.

SABINUS

Juste Ciel!

CIMBER

Du palais on nous livre la porte.
Vindex est écarté, les gardes sont séduits.

EURYCLÈS

Venez.

CIMBER

Venez au camp : c'est où je vous conduis.

CLEMENS

Encore!

SABINUS

Quoi ! l'armée...

CIMBER

Elle attend, elle est prête.
Montrez-vous seulement, et je réponds...

CLEMENS

Arrête,
Arrête.

EURYCLÈS

Et pourquoi donc ?

CLEMENS

Respecte mes enfants,
Cimber. Ils n'iront pas, car je le leur défends.

CIMBER

Un père leur défend de régner et de vivre !

EURYCLÈS

Il suffit de vouloir.

CIMBER

Il suffit de me suivre.
Voici le jour de Dieu par l'Église attendu.

EURYCLÈS

Venez.

CLEMENS, à Sabinus, remarquant son trouble.

Ne l'entends pas.

SABINUS

Je l'ai trop entendu.

PERENNIS, à Sabinus.

Mon frère !

SABINUS, à Perennis.

Laisse-moi.

Il s'isole au coin du théâtre.

PERENNIS

Seigneur, garde son âme !

Il s'agenouille contre un siège et y reste en prière.

CIMBER

Le Christ a besoin d'eux ; c'est lui qui les réclame.
Je suis son envoyé.

CLEMENS

Non, tu leur es Satan.

Arrière!

CIMBER

Qu'est-ce à dire? On m'outrage!

CLEMENS

Va-t'en.

CIMBER, à part.

Faut-il entre eux et moi que je le trouve encore!
   A Clemens.
A mains jointes, Clemens, veux-tu que je t'implore
Pour ces jours précieux que tu devrais chérir?
Eh! ne comprends-tu pas que tes fils vont périr,
Que notre espoir s'en va dans chaque instant qui passe?
C'est moi, c'est l'étranger qui demande leur grâce,
Et le père endurci...

CLEMENS

Qu'ils meurent innocents!

EURYCLÈS

O vertu!

SABINUS, à part.

Quel délire envahit tous mes sens!
   A Clemens, avec égarement.
Mon père...

CIMBER

Toi, du moins, Sabinus, je t'adjure.
Ose de l'Éternel venger la longue injure.
Sauve Rome et l'Église en marchant sur mes pas.
   Il tire son épée et la lui présente.
Prends ce glaive, César.

CLEMENS, s'interposant.

César! il ne l'est pas.
Il n'est rien. Tu n'en fais qu'un rebelle vulgaire
Lorsqu'à ton empereur tu déclares la guerre.

SABINUS

Ce glaive! il m'éblouit, il fascine mes yeux.

CIMBER

Dans ma voix qui te l'offre entends l'ordre des cieux.

Théâtre chrétien.

CLEMENS

C'est le cri de l'enfer.

SABINUS

Non, je ne puis le croire.
Dieu n'est point jusque-là l'ennemi de sa gloire.
Donne, Cimber.

Il prend le glaive.

Allons.

PERENNIS, se relevant.

Sabinus!

CLEMENS

Malheureux!

SABINUS, à Clemens.

Vous ne me suivrez pas?

CLEMENS

Non, jamais.

SABINUS

Doute affreux!

CLEMENS

Mon fils, songe à ta mère.

CIMBER

Épargne-lui des larmes.

Viens.

CLEMENS

Elle maudirait tes criminelles armes.

SABINUS

Est-il vrai?

CIMBER

Viens, César, hâtons-nous de sortir.

CLEMENS

Mon Dieu!

CIMBER, à Sabinus.

Veux-tu régner?

SABINUS

Je veux être martyr.

Il laisse tomber le glaive et se jette dans les bras de son père.

CLEMENS, le serrant sur son cœur.

Ah!

PERENNIS

Triomphe!

CIMBER, à Sabinus.

Meurs donc, et que ton sang retombe
Sur le père aveuglé qui te pousse à la tombe!
Adieu.

Il sort égaré, oubliant de reprendre son épée.

SCÈNE IV

CLEMENS, SABINUS, PERENNIS, EURYCLÈS

PERENNIS

La foi l'emporte.

CLEMENS

Et mon fils est vainqueur.

SABINUS

La victoire est sanglante; elle a brisé mon cœur.

Il s'assied. Son père et son frère se penchent sur lui. Un silence.

EURYCLÈS

Et je sens dans le mien croître ma foi nouvelle.
Oh! qu'il est vrai, le Dieu que la vertu révèle!
Oh! qu'il est grand, le Dieu pour qui l'on meurt ainsi!
Consul, je suis chrétien; je veux mourir aussi.

CLEMENS

Pauvre enfant!

PERENNIS, montrant Euryclès.

Sabinus, voilà ta récompense.

CLEMENS, à Euryclès.

Et ton père?

EURYCLÈS

A mes vœux il cédera, je pense.
Mais enfin, s'il refuse...

STEPHANUS, derrière le théâtre.

Est-ce la vérité?

Il entre, et reste frappé de stupeur en apercevant Euryclès.

SCÈNE V

CLEMENS, SABINUS, PERENNIS
EURYCLÈS, STEPHANUS

STEPHANUS
Euryclès de retour !... C'est lui.... fatalité !
A Euryclès.
Mes ordres t'éloignaient de l'enceinte romaine.
Qu'ont fait mes serviteurs ? Parle. Qui te ramène ?

EURYCLÈS
Comme l'on m'entraînait, Cimber s'est rencontré.
Appelé par mes cris...

STEPHANUS
Cimber l'a délivré !
O rage !
A Euryclès.
Sur-le-champ quitte ce lieu funeste.

EURYCLÈS, suppliant.
Mon père !

STEPHANUS
Je le veux. Obéis.

EURYCLÈS
Non, je reste.

STEPHANUS, montrant Clemens et ses fils.
Ils touchent à la mort.

EURYCLÈS
Qu'importe ?

PERENNIS
Heureux avis !

EURYCLÈS, à Stephanus.
Sauvez-les donc, mon père, ou perdez votre fils.
Je reste.

STEPHANUS, hors de lui.
Avant le leur, mon supplice commence,
Et le secret fatal échappe à ma démence.
— Pour te perdre, Clemens, je te l'avais donné...

EURYCLÈS
Moi !

CLEMENS
Ciel !

STEPHANUS
Et de ta foi tu l'as empoisonné.
Rends-le-moi.

CLEMENS
Stephanus, que le Ciel te pardonne !
A Euryclès.
Va, suis ton père, enfant.

EURYCLÈS
Que je vous abandonne !
Il s'attache à eux.

PERENNIS, entendant venir.
L'empereur !

STEPHANUS, essayant d'entraîner Euryclès.
Viens. Fuyons.

EURYCLÈS, élevant la voix.
Prince, je suis chrétien.
Entrent Domitien, Nerva, Elymas, Vindex, soldats.

SCÈNE VI

CLEMENS, SABINUS, PERENNIS
STEPHANUS, EURYCLÈS, DOMITIEN, ELYMAS
NERVA, VINDEX, SOLDATS

DOMITIEN, entrant.
Qui parle ?

STEPHANUS, s'écartant de son fils.
Désespoir !

DOMITIEN, à Stephanus.
Cet enfant est le tien?

ELYMAS, avec surprise.

Euryclès!

STEPHANUS
A vos pieds c'est moi qui vous supplie.
On le trompe, on l'égare...; oubliez sa folie.
Ces traîtres... Laissez-moi l'arracher de leurs bras.

DOMITIEN
Qu'il demeure.

STEPHANUS
Pitié!

DOMITIEN
Silence, ou tu mourras.
— C'est l'heure d'en finir.

ELYMAS, montrant à Domitien le glaive de Cimber.
Voyez donc.

DOMITIEN
Une épée!

A Clemens.
Et pourquoi? Dans quel sang la vouliez-vous trempée?
Puis-je apprendre, Clemens, à quels coups tu songeais?

CLEMENS
Vous n'avez pas, seigneur, à craindre nos projets.
Quand le glaive menace, il ne gît pas à terre.

ELYMAS
Qui l'a donc apporté?

DOMITIEN, à Clemens.
Réponds.

CLEMENS
Je dois le taire.

DOMITIEN
Le silence t'accuse, et je l'ai trop compris;
Mais abjure ton Dieu : je crois tout à ce prix.

CLEMENS
Seigneur...

DOMITIEN, l'arrêtant du geste.

Songe à tes fils; et pèse ta parole,
Clemens. Un dernier mot les sauve ou les immole.
De leur couronnement on poursuit les apprêts;
Mais ceux de leur trépas s'achèvent ici près.
Pardon, règne, bonheur, tout demeure possible;
Mais, ce moment passé, je deviens inflexible.
Oui, demain la couronne, ou la mort à l'instant.
Choisis : la hache est prête et le licteur attend.

CLEMENS

Prince, mon choix est fait : c'est la mort que j'embrasse
Je suis chrétien.

DOMITIEN

Meurs donc, opprobre de ma race.

Un silence.

Vous, Perennis?

PERENNIS

Du jour où je me suis connu,
J'ai rêvé le martyre. Il est enfin venu.
Merci, prince.

SABINUS

Pour moi, j'ai trop aimé la vie,
Hélas! J'ai murmuré qu'elle me fût ravie;
Mais la grâce du Ciel a calmé ce transport.
Je n'ai plus qu'un amour : la souffrance et la mort.

DOMITIEN

Je te l'accorde. — Allez.

A Vindex.

J'entends qu'on fasse vite.

CLEMENS

A son banquet sanglant le Maître nous invite.
Marchons.

Ils s'éloignent. Fausse sortie.

EURYCLÈS, à Domitien.

Et moi, seigneur!

STEPHANUS, à part.

Dieux!

EURYCLÈS

Ne m'oubliez pas.

Je suis chrétien comme eux.

DOMITIEN

Qu'il les suive au trépas.

STEPHANUS

Mon fils !

A Domitien,

Non, votre cœur n'est point inexorable.

DOMITIEN

Tu perds le souvenir. M'as-tu dit, misérable,
Que si quelque pitié me faisait reculer,
Toi-même de ta main tu voudrais l'immoler ?

STEPHANUS

En grâce !...

DOMITIEN

Bénis-moi quand je t'épargne un crime.

Il se détourne et fait signe à Vindex.

A la mort.

STEPHANUS, suppliant.

Elymas !

ELYMAS, à Domitien.

C'est trop d'une victime,

Et cet enfant...

DOMITIEN

Tais-toi. Ne me demande rien,
Ou j'accable d'un coup le Juif et le chrétien.

ELYMAS, à Stephanus, bas.

La vengeance nous reste.

EURYCLÈS, à Stephanus.

Adieu donc, ô mon père,

Adieu.

CLEMENS, à Domitien.

Vivez, seigneur, et que Rome prospère !
Vos yeux restent fermés : Dieu daigne les ouvrir !
C'est le suprême vœu de ceux qui vont mourir.

Domitien répond par un geste impérieux. Clemens, Sabinus, Perennis, Euryclès, sortent avec Vindex et une partie des gardes. — Un silence.

SCÈNE VII

DOMITIEN, STEPHANUS, ELYMAS, NERVA

ELYMAS, montrant Domitien, bas.

Soutenons-le, Nerva.

NERVA, à Domitien.

Prince, de quelle gloire
Vous couronne à jamais cette amère victoire !

DOMITIEN, sombre.

Oh ! restes de mon sang que je livre aux bourreaux !

NERVA

Rome en Domitien retrouve ses héros,
Quand vous sacrifiez aux lois de la patrie
Cette race d'ingrats que vous aviez chérie.

ELYMAS

Prince, pour votre règne il n'est plus de dangers.

DOMITIEN, de même.

Et l'empire après moi passe à des étrangers.

NERVA

Des étrangers ! Pour vous en peut-il être encore ?
Désormais comme un fils tout Romain vous adore.

ELYMAS

Le trône, environné d'amour et de terreur,
Sans retour...

Entre Cimber.

SCÈNE VIII

DOMITIEN, STEPHANUS
ELYMAS, NERVA, CIMBER, puis VINDEX

CIMBER

Où sont-ils? Que vois-je? L'empereur!

A Domitien.

Qu'as-tu fait des Césars?

DOMITIEN

La révolte est punie.

CIMBER

Eux révoltés!

DOMITIEN

Quoi donc?

CIMBER

Mensonge, calomnie!
Moi seul, Domitien, je t'ai manqué de foi.
Il n'est qu'un révolté, qu'un coupable : c'est moi.

DOMITIEN

Cimber!

CIMBER

Dans les tourments ordonne que j'expire!
Et sauve-les.

DOMITIEN, montrant l'épée toujours à terre.

Ce glaive...?

CIMBER

Il leur donnait l'empire.
C'est le mien. Sans répondre à mes cris impuissants,
Ils ont choisi la mort.

DOMITIEN

Ils seraient innocents!
J'aurais frappé trop vite.

STEPHANUS
Il en est temps peut-être.
Pardonnez.
ELYMAS, repoussant Stephanus, bas.
Tu nous perds.
A Domitien, montrant Cimber.
N'écoutez pas ce traître.
CIMBER, fixant les yeux sur Stephanus.
Moi traître! Stephanus en est-il convaincu?
DOMITIEN
Qu'on suspende... Courez.
Rentre Vindex.
Vindex! ils ont vécu?
Vindex fait un signe affirmatif.
STÉPHANUS
Trop tard!
Un silence.
DOMITIEN, à Vindex, montrant Cimber.
A mort, cet homme.
CIMBER
Et que Dieu me pardonne!
Vous que j'aurais séduits, vous que le Ciel couronne,
A la miséricorde offrez mon repentir ;
Car je meurs en coupable, et non pas en martyr.
Il sort avec Vindex.

SCÈNE IX

DOMITIEN, STEPHANUS, ELYMAS, NERVA

DOMITIEN, comme écartant une vision.
Titus... Clemens... Mes fils! Que de spectres ensemble!...
Il se retourne vers Elymas et Nerva.
On a pressé mes coups, on m'a trahi... Qu'on tremble!
Il sort.

SCÈNE X

STEPHANUS, ELYMAS, NERVA

NERVA, à Elymas.

L'avez-vous entendu?

ELYMAS, sombre.

Mes plans ont avorté.
Rome ne verra pas le chrétien révolté.

STEPHANUS, avec désespoir.

Et quel fruit me revient de notre intelligence?
Euryclès!...

NERVA

Avisons.

STEPHANUS

Oui, vengeance, vengeance!

ELYMAS

Après ses deux appuis abattus de sa main,
Il n'a plus qu'à tomber.

STEPHANUS

Quand frappons-nous?

ELYMAS

Demain.

FIN DES FLAVIUS

LE
SOUPER D'AUTEUIL

COMÉDIE
EN UN ACTE ET EN VERS

PERSONNAGES

J.-B. Poquelin de MOLIÈRE, valet de chambre tapissier, comédien du roi.
Armand de MAUVILLAIN, doyen de la faculté de médecine.
BOILEAU DESPRÉAUX,
Jean de la FONTAINE, } hommes de lettres.
Claude-Emmanuel CHAPELLE,
Jean-Baptiste LULLI, maître de la musique du roi.
Un laquais.

La scène se passe à Auteuil, dans une maison de campagne louée par Molière. Vers 1670.

LE
SOUPER D'AUTEUIL

SCÈNE I

MOLIÈRE, BOILEAU, MAUVILLAIN LA FONTAINE, CHAPELLE

BOILEAU, lisant.

« Voilà l'homme en effet : il va du blanc au noir,
« Il condamne au matin ses sentiments du soir;
« Importun à tout autre, à soi-même incommode,
« Il change à tous moments d'esprit comme de mode :
« Il tourne au moindre vent, il tombe au moindre choc,
« Aujourd'hui dans un casque, et demain dans un froc[1]. »

CHAPELLE

Ah!

LA FONTAINE

Comment?

MOLIÈRE

Relisez.

BOILEAU

La chute est un peu dure.

---

[1] Boileau.

CHAPELLE
Un homme dans un casque! O plaisante figure!
LA FONTAINE
Qui tourne au moindre vent!
MOLIÈRE
Qui tombe au moindre choc!
CHAPELLE
Sentez-vous la beauté de ces rimes en *oc?*
Moi je requiers, messieurs, la sentence mortelle :
Maître Boileau lira vingt vers de la Pucelle.
MOLIÈRE
Il les lira.
BOILEAU
Messieurs!
MAUVILLAIN
Il l'a bien mérité.
BOILEAU
Si...
MOLIÈRE
L'arrêt sur-le-champ veut être exécuté.
BOILEAU
Par Apollon...!
CHAPELLE, apportant le livre.
Voici l'instrument du supplice.
BOILEAU
Par Minerve...!
CHAPELLE
Lisez.
BOILEAU
Ah!
MOLIÈRE
Ce n'est que justice.
Quiconque en pareils vers insulta son prochain,
Doit vite s'aller pendre, ou lire Chapelain.
BOILEAU
Mais condamner ainsi les gens sans les entendre!
MOLIÈRE
J'ai trop bien entendu.

BOILEAU

    Mais j'aime mieux me pendre.

    CHAPELLE

Ah! pardon. Nous avons ici la faculté,
Et nul ne peut mourir sans son autorité.
Monsieur de Mauvillain dictera la sentence.
A Boileau Despréaux accorde-t-il licence
Et congé de se pendre, ou tel autre moyen
Qui puisse chez Pluton le mener pour son bien?

    BOILEAU

De grâce!

    CHAPELLE

  Ou, sur le fait de la rime trop dure,
Lui plaît-il des vingt vers ordonner la lecture?

    MOLIÈRE, à Mauvillain.

Tenez pour Chapelain.

    BOILEAU

  Mais c'est aussi la mort!

    MAUVILLAIN, gravement.

Qu'il lise, et que les dieux ordonnent de son sort.

    CHAPELLE, à Boileau.

Esculape a jugé : vous n'avez rien à dire.

    BOILEAU, prenant le livre.

Esculape... fort bien... mais gare la satire!
Il est dieu; mais Guénaut, mais Rainssant, mais Brayer [1]...
Suffit.

          Il se met à lire.

    MOLIÈRE, à Mauvillain.

Entendez-vous?

    MAUVILLAIN

    Pense-t-il m'effrayer?

Je m'en ris.

    CHAPELLE

  Il est vrai qu'en pareille matière
Rien ne reste à glaner sur les pas de Molière.

---

[1] La pierre, la colique et les gouttes cruelles,
 Guénaut, Rainssant, Brayer, presque aussi tristes qu'elles...
      (BOILEAU, Épître XI.)

MAUVILLAIN

Que pourrait son courroux? Au mot de médecin
Coudre tant bien que mal la rime d'assassin?

CHAPELLE

Le tour est rebattu.

MOLIÈRE

La chose est peu nouvelle.

BOILEAU, fermant le livre avec bruit.

Me faire dévorer vingt vers de la Pucelle!
Mais je me vengerai.

MOLIÈRE

Sur qui? Sur Mauvillain?

BOILEAU

Non.

CHAPELLE

Sur moi, j'en suis sûr.

BOILEAU

Hé! non : sur Chapelain
Je me sens contre lui quatre fois plus de haine.

CHAPELLE

Mais que fait dans ce coin notre bon la Fontaine?
Le voilà bien rêveur.

MAUVILLAIN

Il dort assurément.

MOLIÈRE, à demi-voix.

Non, messieurs, il poursuit quelque entretien charmant
Avec ses animaux, son singe ou sa belette.
Tenez, je gagerais, la fable est déjà faite;
Il est content de lui; voyez, il rit tout bas,
Gardez de le troubler.

BOILEAU

Bonhomme!

MAUVILLAIN

Il n'entend pas.

MOLIÈRE

Nous serons bien chanceux s'il revient dans une heure.

CHAPELLE

Bah! il va tout d'un temps s'éveiller, ou je meure.
Attendez. Je m'en vais l'intriguer comme il faut. —
Enflant la voix.
Oh! parbleu! la Fontaine est un plaisant maraud;
C'est un coquin fieffé...

BOILEAU

Sourd comme une statue.

CHAPELLE, de même.

Un bélître, un pédant, un fat...

MOLIÈRE

Peine perdue.
Autant vaut haranguer une pièce de bois.

CHAPELLE

De vrai, notre bonhomme est bizarre parfois.
Docteur, expliquez-nous cette étrange manie.

LA FONTAINE, brusquement.

Avez-vous lu Baruch? C'était un grand génie.

BOILEAU

Hé!

CHAPELLE

Si j'ai lu Baruch, moi?

MOLIÈRE, à Mauvillain.

N'est-ce pas joli?

LA FONTAINE

Vous ne l'avez pas lu?

CHAPELLE

Non.

BOILEAU

Ah! voici Lulli.

SCÈNE II

LES MÊMES, LULLI

CHAPELLE, courant au-devant de Lulli.
Baptiste, vite à l'œuvre! Un sujet magnifique!
Il faut lire Baruch et le mettre en musique.
LULLI
Baruch...!
LA FONTAINE, à Chapelle.
Vous vous moquez? Vous avez tort vraiment.
LULLI
Au diable si j'entends un pareil compliment!
Vous auriez plus de grâce à parler de cuisine.
Çà, messieurs, soupons-nous?
MOLIÈRE
Mais où donc est Racine?
Vous deviez aujourd'hui nous l'amener céans.
LULLI
Ma foi, depuis huit jours il a perdu le sens.
Vous diriez, tant il est de ses moments avare,
L'homme le plus pressé de France et de Navarre.
Avant-hier il m'aborde, et, d'un maintien fâché :
« Ah! Lulli, me dit-il, je suis bien empêché :
« On me force à manquer le souper de Molière. »
Puis il a poursuivi sur un ton de mystère :
« Oui, quelqu'un de très haut, dont j'ai commandement,
« M'a chargé d'une pièce à finir promptement.
« J'y rêve nuit et jour, et ne peux, sur mon âme... »
BOILEAU
Hier il fut à Saint-Cloud appelé par Madame [1].

---

[1] Henriette d'Angleterre, duchesse d'Orléans.

CHAPELLE

Bon! Qu'il livre sa voile au vent de la faveur.

MOLIÈRE

Il n'y laissera rien de sa naïve humeur :
Il est grand ennemi des allures pédantes.

MAUVILLAIN

A propos, n'a-t-il pas, en deux lettres mordantes,
Imitant la façon de feu monsieur Pascal,
Daubé gaillardement les gens de Port-Royal[1]?

BOILEAU

C'est fort mal fait à lui.

CHAPELLE, montrant Boileau.

Voyez le janséniste.

BOILEAU

Mais aussi vous savez, le prélat moliniste,
De la Sainte-Chapelle indigne trésorier,
Messire Claude Auvry, devient un grand guerrier[2].

CHAPELLE

Comment? Contre le Turc il prêche une croisade?

BOILEAU

Non, bien mieux que cela; c'est toute une Iliade.
Il s'agit d'un lutrin...

UN LAQUAIS

Messieurs, on a servi.
Le souper vous attend.

LULLI

Parbleu, j'en suis ravi.

CHAPELLE, avec solennité.

Aux joutes de Bacchus, messieurs, on nous appelle.
Marchons.

BOILEAU

Moi, sans combat, je le cède à Chapelle.

---

[1] J. Racine, Lettres à l'auteur des *Hérésies imaginaires* et des *Deux Visionnaires*.

[2] Sur le fond historique du *Lutrin*, voir le P. Cahour, *Bibliothèque critique des poètes français*, tome II.

LULLI

Moi, je veux disputer.

CHAPELLE, secouant la Fontaine.

Allons, mon beau rêveur,
Venez boire.

LA FONTAINE

Ah! j'entends.

BOILEAU

Quel enragé buveur!

CHAPELLE, acculant Boileau dans un coin et à demi-voix.

Çà, maître Despréaux, trêve de pédantisme.
Rappelez-vous le jour où votre jansénisme,
Venant au cabaret prêcher contre le vin,
Au fond d'une bouteille a laissé son latin.

LULLI, à Molière.

Eh bien...?

MOLIÈRE

Non, je ne puis être de la partie.

LULLI

Bon! notre amphitryon nous fausse compagnie.

CHAPELLE

Qu'est-ce à dire?

MOLIÈRE

Messieurs, l'état de ma santé...

BOILEAU

Ce que c'est que chez soi loger la faculté.
Monsieur de Mauvillain, vous allez en répondre.

LULLI

Allons donc! Jouons-nous *Elomire Hypocondre*[1]?

MOLIÈRE

Mais point.

CHAPELLE

Qu'est devenu ce généreux courroux?
Avec les médecins vous raccommodez-vous?
Pour mourir, disait-on, vous n'en aviez que faire.

---

[1] Mauvaise comédie de *Leboulenger de Chalussay*. On y voit Molière malade recourir aux médecins, qui se moquent de lui.

MAUVILLAIN

Mais pour vivre, messieurs, c'est tout une autre affaire.

MOLIÈRE

Aussi bien tels courroux ne sont que jeux d'esprit.
Tout homme bien portant d'Hippocrate se rit;
Mais quand un feu secret dans nos veines s'allume,
Quand un mal dévorant lentement nous consume,
Le plus ferme courage est bien vite alarmé.
Des Barreaux croit en Dieu dès qu'il est enrhumé [1].
Pour moi, sans faire éclat d'une vaine bravade,
Je crois aux médecins dès que je suis malade,
Et du sieur Mauvillain j'implore le secours.
Mais il a fait serment de respecter mes jours,
Et par un bon contrat, passé devant notaire,
M'a promis pour trente ans de me laisser sur terre.

LULLI, émerveillé.

Je veux être pendu si je ne vais demain
Congédier Valot, ce docteur inhumain,
Qui, pour des fluxions à la chasse gagnées,
M'a fait en quatre jours endurer huit saignées.

BOILEAU

Je renonce à Fagon.

CHAPELLE

Nous sommes tous vos gens,
Monsieur de Mauvillain. Mais vos soins indulgents
Ne peuvent-ils ce soir nous accorder Molière?
Jurons qu'il va garder une abstinence entière.

BOILEAU et LULLI

Nous le jurons.

MAUVILLAIN

Le bruit de tant de gais propos...
Je crains...

MOLIÈRE

Non, mes amis, laissez-moi mon repos.

---

[1] Célèbre fanfaron d'athéisme.

LULLI
Votre absence chez nous suspendra toute joie ;
Je tremble d'en jeûner.

MOLIÈRE
Souffrez que j'y pourvoie,
Et que, sans autre épreuve expliquant le destin,
Ma seule autorité fasse un roi du festin.
Je délègue, messieurs, tous mes droits à Chapelle.

CHAPELLE
J'accepte avec transport une charge si belle.

BOILEAU, à part.
S'il veut vider sa cave, il ne peut mieux choisir.

CHAPELLE
Messieurs, on boira sec : tel est mon bon plaisir.

Ils sortent, excepté Mauvillain.

SCÈNE III

MOLIÈRE, MAUVILLAIN

MOLIÈRE
Vous ne les suivez pas ?

MAUVILLAIN
Je n'en sens nulle envie.

MOLIÈRE
Souffrez-vous à regret leur aimable folie ?

MAUVILLAIN
Chaque homme suit son goût. Permettez que le mien
S'accommode plutôt d'un solide entretien.
Oui, j'estime assez peu cette bruyante ivresse,
Ce fracas de bons mots, ces fureurs d'allégresse,
Ces fatigants éclats de bouffonne gaîté,
Où se perd le bon sens par l'humeur emporté ;

Où l'homme bien souvent, — pardonnez ma franchise, —
Commençant par l'esprit, finit par la sottise.

MOLIÈRE
Au vieux rire gaulois faites-vous le procès?

MAUVILLAIN
Non : j'approuve le rire et j'en blâme l'excès ;
Je serais trop fâché que ma philosophie
Tranchât du sot orgueil de la misanthropie.
On ne me voit jamais dans les cercles joyeux
Affecter l'air chagrin d'un censeur ennuyeux ;
Je me prête aux plaisants, et d'assez bonne grâce.
Mais le plaisant forcé m'importune, me lasse,
Et me pousse à chercher des agréments plus doux
Dans les sages discours d'un ami tel que vous.
A mes prétentions trouvez-vous à redire?
 Et puis il est, monsieur, bien des façons de rire.
Despréaux, quand il veut, plaisante finement ;
La Fontaine est divin dans son libre enjouement ;
Mais quel astre envieux leur a fait pour modèle
Adopter un maraud tel que votre Chapelle,
Qui, lorsqu'il n'est pas ivre, est plus lourd qu'un oison,
Et n'attrape l'esprit qu'en perdant la raison?
Je hais par-dessus tout les bouffons après boire ;
Leurs propos avinés me donnent l'humeur noire,
Et je ne puis m'y plaire, alors qu'à chaque trait,
Morbleu! je sens à plein l'odeur du cabaret.

MOLIÈRE
Oui, Chapelle a grand tort, et je vous l'abandonne.
Je l'ai, sur ce sujet, prêché plus que personne.
Je lui vois cent défauts, que ma vieille amitié
Tolère par faiblesse ou plutôt par pitié.
Pourtant votre chagrin me semble un peu sévère,
Mauvillain.

MAUVILLAIN
 Vous pensez?

MOLIÈRE

      Et puis, soyons sincère,
Vous parlez de Chapelle, et dans le fond je voi
Vos coups passer par lui pour arriver à moi.

MAUVILLAIN

Entre Chapelle et vous grande est la différence.
Le Ciel pour vous former joignit Plaute à Térence,
Et Chapelle n'est, lui, qu'un cerveau de travers,
Un drôle, un bel esprit qui tourne bien les vers.
Mais à vous parler franc, de vos fameux ouvrages
Je voudrais bien, monsieur, déchirer quelques pages.

MOLIÈRE

Déchirer!

MAUVILLAIN

   Déchirer, et pour l'amour de vous.
Pourrais-je, mon ami, ne pas être en courroux
A vous voir abaisser le plus heureux génie,
Quitter ce ton charmant de bonne compagnie,
Ce badinage fin, noble en sa liberté,
Étincelant de verve et de simplicité,
Ces traits éblouissants de naïve peinture
Où l'esprit sans dégoût reconnaît la nature,
Et tout ce qui de vous fait le roi des auteurs;
Pour aller trop souvent, déchu de ces hauteurs,
Avec l'appât grossier d'une équivoque sale
Orner un lieu commun de petite morale?

MOLIÈRE

Hé! monsieur, comme moi vous savez mon désir.
Parbleu! si je pouvais travailler à loisir,
Si pour seuls auditeurs de mes heureuses pièces
J'avais des ducs et pairs, des marquis, des comtesses,
Si pour les gens de goût libre je m'appliquais...

MAUVILLAIN

J'entends. Il faut aussi divertir les laquais.
Alceste est pour la cour, Scapin pour la canaille.

MOLIÈRE

Ouais, mon Scapin lui-même a fait rire à Versaille.
On y goûterait peu votre sévérité.

MAUVILLAIN

Quand on prend les humains par leur méchant côté,
Monsieur, fût-ce à la cour, on est trop sûr de plaire,
Et toute flatterie appelle son salaire.

MOLIÈRE, piqué.

Enfin que voulez-vous? Un rimeur tel que moi
Ne voit rien au-dessus des suffrages du roi.
Il me protège.

MAUVILLAIN

Soit.

MOLIÈRE

Il m'honore.

MAUVILLAIN

Peut-être.
Entre nous, vous flattez les caprices du maître.
Ne vous y fiez pas; le rôle est dangereux.
Un jour ils passeront; vous passerez comme eux.

MOLIÈRE

Vous croyez?

MAUVILLAIN

J'en suis sûr.

MOLIÈRE

Hélas!

MAUVILLAIN

Et puis en somme,
Si grand que soit le prince, en êtes-vous moins homme?
Et consumer ses jours à divertir un roi,
Est-ce là pour un homme un assez digne emploi?
Des plus humbles respects entourer sa personne,
Affronter les hasards si sa gloire l'ordonne,
Voilà par où l'on doit mériter ses bienfaits.
Son serviteur toujours, mais son bouffon jamais.
Ai-je tort?

MOLIÈRE

Non, monsieur; c'est grand, noble, héroïque...
Mais vraiment vous chaussez le cothurne tragique,
Et Chrémès en courroux n'aurait point parlé mieux.

MAUVILLAIN

Ai-je tort ou raison? C'est tout ce que je veux.

MOLIÈRE

Soit. Mais vous me poussez d'une étrange manière.
Que prétendez-vous donc?

MAUVILLAIN

              Ah! mon pauvre Molière,
Ma constante amitié ne peut-elle obtenir
Que vous rompiez...?

MOLIÈRE

              Allons, je vous vois bien venir.
Il faut...

MAUVILLAIN

        Il faut, monsieur, n'être plus que poète;
Il faut vous résigner, la conséquence est nette,
A ne plus engager par un lâche trafic
Votre geste et votre air aux sifflets du public;
Il faut vous affranchir enfin, il faut en croire
La voix de vos amis, et surtout votre gloire.

MOLIÈRE

Oui, vous me conseillez de la bonne façon,
Et ma gloire a, monsieur, parfaitement raison;
Mais je n'en ferai rien.

MAUVILLAIN

            Quoi! votre âme obstinée
Voudrait...?

MOLIÈRE

         Tenez, monsieur, chacun sa destinée :
La mienne est là; suffit : je la suis jusqu'au bout.

MAUVILLAIN

Cependant...

MOLIÈRE
Oui, d'accord, oui, je conviens de tout.
Dites que ce métier ne m'est pas nécessaire;
Dites que je suis riche assez pour ne rien faire;
Que parmi le beau monde et chez les courtisans
Je m'épargnerais là mille traits méprisants.
Pour le bien de mes jours gendarmez-vous encore;
Dites que je me tue. Est-ce que je l'ignore,
Parbleu? J'ai contre moi santé, gloire, bonheur;
Je n'en démordrai pas : ce m'est un point d'honneur.
MAUVILLAIN
Plaisant honneur vraiment! Sur les ais d'un théâtre
Affecter les éclats d'une gaîté folâtre,
En spectacle public s'offrir à tout venant;
S'immoler au plaisir du beau premier manant
Qui, pour ses quinze sous devenu votre maître,
Par-devant son bon goût vous force à comparaître,
Et vous peut jeter... — Non! j'aimerais mieux cent fois,
Plutôt que mériter par semblables emplois
Ces indignes honneurs et ces honteux salaires,
Pendant quatre-vingts ans ramer sur les galères.
MOLIÈRE
Monsieur, de vingt acteurs je suis le gagne-pain.
Pour vous plaire faut-il les livrer à la faim?
Me les nourrirez-vous si je les abandonne?
MAUVILLAIN
Donnez-leur vos chefs-d'œuvre, et non votre personne.
Ils n'y peuvent rien perdre, et faire plus pour eux
Enfin, c'est être aveugle et non pas généreux.
Mais non, confessez tout; un autre nœud vous lie,
Et dans le fond du cœur...
MOLIÈRE
Brisons là, je vous prie.
Vous êtes mon ami, vous me voulez du bien,
Vous parlez sagement, mais vous n'obtiendrez rien.
A tout votre courroux mon esprit se résigne,

Et quant à vos bontés, monsieur, j'en suis indigne,
Et si...

MAUVILLAIN

Vous vous moquez.

MOLIÈRE

Non, sérieusement,
Vous ne me ferez pas quitter mon sentiment.

MAUVILLAIN

Hélas!

MOLIÈRE

Docteur, je tiens qu'une heureuse folie
Est l'unique remède aux maux de cette vie.
Que vois-je autour de moi? Des vices, des travers,
Des cœurs lâches et faux, des têtes à l'envers,
Des gens à grands canons, des marquis, des comtesses,
Des partisans niais enflés de leurs richesses,
Des beaux esprits de cour, des pédants attitrés,
De toute baliverne admirateurs jurés,
Des bourgeois bien épais tranchant du gentilhomme.
D'honneur, si je ne ris, ce spectacle m'assomme.
Rions donc. Aussi bien je ne suis pas d'humeur
A faire un Héraclite, un pédant, un pleureur.
Puis de tous les fâcheux le plus insupportable,
De tous les assassins le plus inévitable,
Pour chacun d'entre nous, c'est lui-même, je croi.

MAUVILLAIN

Vous ne vous trompez point.

MOLIÈRE

Eh bien! pour moi, c'est moi.
Tous moyens me sont bons, pourvu que je m'applique
A réduire aux abois ce traître domestique.
Je suis comédien : vu par son beau côté,
Mon état est bruyant, variable, agité;
Et vous me demandez après pourquoi je l'aime!
Hé! parbleu! c'est qu'il m'aide à m'oublier moi-même.
N'en parlons plus, docteur, et demeurons amis.

MAUVILLAIN

Je vous ferai, monsieur, grâce de mes avis :
Mais dussiez-vous encor me trouver incommode,
Sachez que je réprouve une telle méthode;
Que, malgré le silence où vous m'avez contraint,
Ma sincère amitié vous condamne et vous plaint.
Je ne vous dirai pas qu'un véritable sage
Dans l'oubli de ses maux ne met pas son courage,
Que d'un ferme regard, sans faste et sans courroux,
Il aime pour les vaincre à les contempler tous.
Non. — Mais pour apaiser l'ennui qui vous possède,
Je vous souhaiterais un plus puissant remède.
Du bruit de sa folie on a beau s'étourdir,
Ce sont éclats d'un jour, que suit le repentir.
Même parmi les jeux de la scène comique,
L'invisible ennemi nous harcèle et nous pique.
En vain nous le bravons d'un sourire moqueur :
L'esprit ne guérit pas les blessures du cœur.
— Mais de cet entretien la longueur importune
Vous fatigue, et je veux...

MOLIÈRE

Du moins pas de rancune.

MAUVILLAIN

Non, mais reposez-vous en malade soumis;
Regagnez votre chambre. Auprès de vos amis
Je m'en vais excuser cette prompte retraite.

MOLIÈRE

J'y consens : Hippocrate aura ce qu'il souhaite.
Bonsoir.

MAUVILLAIN

Adieu.

SCÈNE IV

MAUVILLAIN, seul.

Pourtant, s'il ne veut pas guérir,
Je ne puis me résoudre à le laisser mourir.
J'espère quelque jour le trouver plus traitable.
Pauvre homme! Il cache mal le chagrin qui l'accable :
C'est pitié!... Mais quel bruit! Eh! qu'est-ce que j'entends?

BOILEAU, derrière le théâtre.

C'est dit.

LULLI, de même.

C'est résolu.

CHAPELLE, de même.

Ne perdons point de temps.

La porte s'ouvre.

SCÈNE V

MAUVILLAIN, CHAPELLE, BOILEAU
LA FONTAINE, LULLI

CHAPELLE

Ah! voici Mauvillain.

MAUVILLAIN, à part.

Ils sont tous au plus ivre.

LULLI, aux arrivants.

Je vais l'angarier.

A Mauvillain.

Docteur, il faut nous suivre.

MAUVILLAIN

Mais où donc?

BOILEAU

A la Seine.

MAUVILLAIN
A la Seine ! Pourquoi ?

LA FONTAINE
La sotte question !

CHAPELLE
Pour nous noyer, ma foi.

LULLI
Nous allons, s'il vous plaît, mourir de compagnie,
Entre nous, sans flambeaux et sans cérémonie.

BOILEAU
Venez.

MAUVILLAIN, à part.
Que diable faire avec ces quatre fous ?
Haut.
Messieurs, considérez...

LA FONTAINE
Allons, décidons-nous.
Je suis impatient de sortir de ce monde.

CHAPELLE
Faites tôt.

LULLI
Dépêchez.

MAUVILLAIN
Avant que je réponde, —
A part.
Il faut gagner du temps, —
Haut.
Pourrais-je pas savoir
Au moins quelques raisons de ce beau désespoir ?
J'admire, je l'avoue, une action si prompte,
Et de ce que je fais j'aime à me rendre compte.

LA FONTAINE
C'est du lantiponage.

CHAPELLE
Il tourne autour du pot.

BOILEAU
Noyez-vous sur parole.

MAUVILLAIN

    Eh! non; de grâce, un mot.
Sur vos pas, dans l'instant, je cours à la rivière,
Mais je prétends mourir avec choix et lumière.
Voyons.

    LA FONTAINE
  Parle, Chapelle.

    CHAPELLE
    Allons, parle, Boileau.

   LULLI, *impatienté.*
Faut-il tant de façons pour se jeter à l'eau ?

   A Mauvillain.
Moi je vous dis en bref que l'humaine existence
Est un charivari.

    MAUVILLAIN
  C'est bien ce que je pense.

    LULLI
Concert sans harmonie et plein de contre-temps,
Cacophonie horrible, à rendre sourds les gens,
Indigne pot pourri de musique brutale.
Or sus, allegretto ! je siffle et je détale.

    CHAPELLE
Très bien.

    LA FONTAINE
  Voilà parler.

    MAUVILLAIN
   C'est trop juste.

    BOILEAU
       Docteur,
Imaginez un peu les chagrins d'un auteur.
L'envie ou le faux goût étouffent son mérite.
S'il est grave, on s'endort; s'il plaisante, on s'irrite;
S'il parle de satire, on se sauve d'effroi...
L'auteur de la Pucelle est mieux renté que moi !

    MAUVILLAIN
C'est criant.

CHAPELLE
Voyez-moi : l'on me connaît à peine !

MAUVILLAIN
Oui, cela me révolte.

LULLI
Allons donc à la Seine.

LA FONTAINE
Docteur, qu'aperçoit-on dans ce triste univers ?
Les pauvres innocents grugés par les pervers.
« La raison du plus fort est toujours la meilleure. »
Le loup vous assassine et le renard vous leurre.
Lisez l'histoire : « On voit, hélas ! que de tout temps,
« Les petits ont pâti des sottises des grands. »
Et moi, chétif, perdu dans ce monde où j'enrage,
Je ne vois qu'un parti, c'est de plier bagage.

BOILEAU
Point d'autre.

CHAPELLE
Assurément.

MAUVILLAIN
J'en demeure d'accord.

CHAPELLE, avec gravité.
« Chaque instant de la vie est un pas vers la mort [1], »
A dit monsieur Corneille ; et s'il faut qu'on arrive,
En dépit qu'on en ait, à l'infernale rive,
Sans attendre en moutons qu'on nous vienne chercher,
Au-devant du trépas il est beau de marcher.
Allons avant le temps, d'une façon gaillarde,
Dérouter les destins et narguer la camarde !
Pluton n'y verra goutte.

LULLI
Oui, morbleu ! c'est bien dit.
Rien n'est, ma foi, plus sot que mourir dans son lit.

---

[1] *Tite et Bérénice*, acte V, scène I.

MAUVILLAIN

Messieurs, à vos raisons je dois rendre les armes ;
Et pour qui vous ouït la mort a tant de charmes
Que je serais un fat de ne me pas noyer.
Mais prenons garde aussi de ne rien oublier.

CHAPELLE

Qu'est-ce à dire ?

MAUVILLAIN

Qu'il faut, si vous voulez m'en croire,
Faire à nos héritiers bénir notre mémoire.
Instrumentons un peu, messieurs ; faites état
Qu'il est fort incivil de mourir intestat.

CHAPELLE

Je n'ai point d'héritiers.

LA FONTAINE

Je n'ai point d'héritage
Dont on puisse après moi contester le partage.

LULLI

Moi j'ai dix mille écus de dettes à léguer.
Je les donne à qui veut.

BOILEAU

C'est trop nous haranguer,
Docteur. J'ai trois cousins natifs de Normandie ;
Ils plaideront vingt ans ; la chose est plus jolie.

MAUVILLAIN

Messieurs...

A part.

Qu'inventerai-je... ?

BOILEAU

Eh ! mais je crois, au fait,
Que ce noble trépas fera meilleur effet
Si nous en consignons une marque publique
En trois ou quatre mots d'écriture authentique.
Tenez, pour compléter cette grande action,
Donnons un petit bout de déclaration.

LULLI
Bah!

CHAPELLE
Mais oui.

BOILEAU
Deux instants.

LA FONTAINE
Que le diable m'emporte
Si j'y songeais!

LULLI, se résignant.
Allons.

MAUVILLAIN, à part.
Courons chercher main forte.
Il sort.

SCÈNE VI

LA FONTAINE, BOILEAU, CHAPELLE, LULLI

CHAPELLE, en posture d'écrire.
Dicte-moi, Despréaux : le projet me sourit.

BOILEAU
Écris : « Nous soussignés, gens de cœur et d'esprit,
« Considérant, primo... »

LULLI
Quel style de chicane!

BOILEAU
Monsieur, sur ce point-là vous êtes un profane.

LA FONTAINE
Voulez-vous prendre ici le ton du madrigal?

CHAPELLE
Laissez faire.

LULLI
Après tout, cela m'est fort égal.

BOILEAU

« Considérant, primo, que le monde où nous sommes... »

CHAPELLE

J'y suis.

BOILEAU

« A de tout temps méconnu les grands hommes,
« A ce faire incité par un esprit jaloux... »

LULLI

Où donc est Mauvillain?

LA FONTAINE

S'est-il moqué de nous?

BOILEAU

Qu'est-ce?

LULLI

Il a, sans mot dire, enfilé la venelle.

CHAPELLE

Le lâche!

Entre Molière.

SCÈNE VII

LES MÊMES, MOLIÈRE

MOLIÈRE

Eh bien! j'apprends une étrange nouvelle!
Des lois de l'amitié l'on fait ici grand cas.
Non, de tels procédés ne se pardonnent pas.

CHAPELLE

Ah! Molière...

MOLIÈRE

Comment! Un dessein mémorable,
Inouï, merveilleux!... Mais c'est abominable.

BOILEAU

Eh! je...

MOLIÈRE
Le concevoir...

LA FONTAINE
Si nous...

MOLIÈRE
L'exécuter...

CHAPELLE
C'est que...

MOLIÈRE
Sans m'en instruire et sans me consulter!

LULLI
Non, si...

MOLIÈRE
Vous me trouvez indigne de vous suivre?

CHAPELLE
Point...

MOLIÈRE
J'ai donc mérité l'affront de vous survivre?

LA FONTAINE
En aucune façon. Je...

MOLIÈRE
Parbleu! c'est flatteur.
Vous croyez bonnement que la mort me fait peur?

BOILEAU
Hé...!

MOLIÈRE
Qu'on ne saura pas se noyer comme un autre?

CHAPELLE
Nenni. Je connais bien...

MOLIÈRE
Quelle idée est la vôtre?
Je vous trouve plaisants de me juger ainsi.

LA FONTAINE
Écoute...

MOLIÈRE
Non, vraiment; je vous déclare ici

Que mon cœur, affranchi par ce cruel outrage,
Des nœuds de l'amitié pour jamais se dégage.

LULLI

Mais crois...

MOLIÈRE

Je ne crois rien.

BOILEAU

Si tu...

MOLIÈRE

Pas de raisons.

Entre Mauvillain.

SCÈNE VIII

LES MÊMES, MAUVILLAIN

CHAPELLE

Enfin...

MAUVILLAIN, à l'oreille de Molière.

Tout sera prêt.

MOLIÈRE, à Mauvillain, de même.

J'ai bridé nos oisons.

CHAPELLE, à Mauvillain.

Docteur, faites au moins que Molière m'entende.

MOLIÈRE

Non, je n'entendrai point : ma colère est trop grande.
Ah! vous me dédaignez! Assez d'autres, ma foi,
Se feraient quelque honneur de mourir avec moi;
Et voici Mauvillain, si peu que je l'en prie,
Qui jusqu'au fond de l'eau me tiendra compagnie.

MAUVILLAIN

Assurément.

CHAPELLE, à Molière.

Veux-tu me voir à tes genoux?

MOLIÈRE

A d'autres.

MAUVILLAIN, à part.

Suis-je pas à l'hôpital des fous?

MOLIÈRE

Et puis, si vous m'aviez averti de l'affaire,
J'aurais pu vous donner quelque avis salutaire.

BOILEAU

Comment?

MOLIÈRE

Vit-on jamais se noyer à minuit,
Comme des gens honteux, en cachette et sans bruit?

LULLI

Mais...

MOLIÈRE

Vous n'entendez rien. Allez, je vous pardonne :
Vous êtes trop naïfs et j'ai l'âme trop bonne.

CHAPELLE, avec attendrissement.

Ah!

MOLIÈRE

Mais songez du moins à ce qu'on pensera
Quand demain vers Saint-Cloud l'on vous repêchera.

LA FONTAINE

Bah! Nous n'y serons plus.

BOILEAU

Que veux-tu que l'on dise?

MOLIÈRE

Hé! l'on ne dira rien. Voilà votre sottise.
Le beau projet vraiment, mourir incognito!
On dira : Ces messieurs prenaient l'air en bateau.

CHAPELLE

Tiens, au fait!...

MOLIÈRE

Vous voulez faire honte à la France,
Et d'un siècle sans goût punir l'indifférence?
Mais c'est devant témoins, mais c'est en plein soleil
Qu'il faut exécuter cet exploit sans pareil.

BOILEAU

Nous allions rédiger...

MOLIÈRE

Voudra-t-on vous en croire?
Vos jaloux s'entendront pour ternir votre gloire;
Et monsieur de Visé, ce conteur impudent [1],
Au *Mercure* écrira que c'est pur accident.

LULLI

Nous devions y songer.

BOILEAU

C'est un trait de lumière.

LA FONTAINE

Tout le monde n'a pas tant d'esprit que Molière.

CHAPELLE

Je ne suis qu'un grand sot; je ne me comprends pas.

LULLI, à Molière.

Ordonne : nous ferons tout ce que tu voudras.

MOLIÈRE

Eh bien, messieurs, demain sans retard, avant l'heure
Où chacun pour dîner regagne sa demeure,
Au Pont-Neuf...

BOILEAU

Au Pont-Neuf, parmi les charlatans,
Auprès de Brioché!

MOLIÈRE

C'est bien ce que j'entends.
Vous voulez une place où le public abonde :
C'est près des charlatans qu'il faut chercher le monde.

LA FONTAINE

C'est bien vrai.

BOILEAU

Je me rends.

MOLIÈRE

Donc, demain vendredi,

---

[1] Donneau de Visé, rédacteur du *Mercure*.

Quand l'horloge au Palais aura sonné midi,
Dessus le parapet sans vergogne je monte;
Là, d'un style énergique, à la foule je conte
Que, las d'un monde ingrat, les plus fameux auteurs...

LULLI, enthousiasmé.

Oh parbleu! j'y voudrais cent mille spectateurs.

MOLIÈRE

... Au pays de Pluton, s'en vont chercher fortune.
Après cet impromptu de façon peu commune,
Je saute; mon exemple est par vous imité,
Et la mort nous élève à l'immortalité.

BOILEAU

Bravo!

LULLI

  Bravissimo!

LA FONTAINE

    Quel éclat!

CHAPELLE

      Quel tapage!

LA FONTAINE

Mais nous n'y serons plus, et vraiment c'est dommage.
Ah! si de l'autre monde on pouvait revenir!

LULLI

Qui sait?

BOILEAU

  En quel endroit faut-il nous réunir?

LA FONTAINE

Il suffit d'être à l'heure au Pont-Neuf.

A Molière.

      Que t'en semble?

CHAPELLE

Avant de nous quitter, si nous jurions ensemble
Par l'Olympe et le Styx...

MOLIÈRE

    Hé! non, ne jurons pas;
Et quant au rendez-vous, ce n'est point l'embarras.

Molière sonne. Un laquais entre.

A tous les quatre ici je puis offrir un gîte.
Souffrez que pour la nuit Molière vous invite :
Tous sous le même toit nous attendrons le jour.

BOILEAU

Las ! nous ne pourrons plus te payer de retour.

LA FONTAINE

C'est au mieux.

CHAPELLE, à Molière.

Mon ami, vous êtes un grand homme.

MOLIÈRE

Allons, dormez en paix pour votre dernier somme.
Demain, quand il faudra, j'irai vous avertir.

CHAPELLE

Çà, nous déjeunerons avant que de partir ?

MOLIÈRE

Sans doute. Laissez-moi ; l'affaire me regarde.

Au laquais.

Conduisez ces messieurs,

A part.

Et faites bonne garde.

Haut.

Au revoir.

CHAPELLE

A bientôt.

Ils sortent.

SCÈNE IX

MOLIÈRE, MAUVILLAIN

MOLIÈRE

La nuit porte conseil,
Et vous serez, messieurs, bien penauds au réveil.

Il tombe sur un fauteuil.

Je n'en puis plus.

MAUVILLAIN
         Eh bien! leur aimable folie
Est-elle un bon remède aux maux de cette vie?
Que dit de tout cela votre facile humeur?
            MOLIÈRE
Mauvillain, vous avez le secret de mon cœur;
La tristesse est au fond... Demeurez-moi fidèle.
Oui, je le sens; il faut, pour me défendre d'elle
Et pour n'être ici-bas malheureux qu'à demi,
Qu'un homme sérieux soit mon premier ami.

FIN DU SOUPER D'AUTEUIL

RICHELIEU

HOMME DE LETTRES

COMÉDIE

EN UN ACTE ET EN VERS

PERSONNAGES

Armand du Plessis, cardinal, duc de RICHELIEU.
François le Métel, sieur de BOISROBERT, abbé de Châtillon-sur-Seine.
Pierre CORNEILLE, avocat à la table de marbre du parlement de Normandie.
Jean ROTROU.
Guillaume COLLETET, avocat au parlement de Paris.
Claude DE L'ESTOILE, sieur du Saussay.
François MAYNARD, président au présidial d'Aurillac.
François TRISTAN L'HERMITE, gentilhomme de Monsieur.
Georges DE SCUDÉRY, gouverneur de Notre-Dame-de-la-Garde.
Jean DE MAYRET, domestique du comte de Belin.
Pierre DU RYER, secrétaire du duc de Vendôme.
Jean DESMARETS, sieur de Saint-Sorlin, conseiller du roi
Valentin CONRART, conseiller secrétaire du roi, maison et couronne de France.
Claude Favre, sieur de VAUGELAS, baron de Peroges, chambellan de Monsieur.
Jean CHAPELAIN.
Deux pages.
Un huissier.

La scène est à Rueil, chez le cardinal.

(1635)

RICHELIEU

HOMME DE LETTRES

SCÈNE I

RICHELIEU, BOISROBERT, CORNEILLE
ROTROU, COLLETET, L'ESTOILE assis.

RICHELIEU
A toutes ces raisons je ne saurais me rendre,
Corneille, et vos écarts ont de quoi me surprendre.
Est-ce quelque autre pièce? On ne reconnaît plus
Mille traits que d'abord nous avions résolus.
Le tour est moins piquant, la suite moins exacte,
Et vous m'avez, tout franc, gâté mon troisième acte.
Qu'en pense Colletet?

COLLETET
Monseigneur a jugé,
Et son plan n'était pas pour être ainsi changé.

BOISROBERT, hautain.
Monsieur Corneille est jeune, et l'esprit, à cet âge,
Souffre peu la contrainte où le devoir l'engage.

CORNEILLE

Monsieur de Boisrobert, si j'avais quelque tort,
En l'expliquant ainsi vous vous tromperiez fort.

RICHELIEU

Avouez-le pourtant : votre muse étourdie
A rompu tout le fil de cette comédie,
Et le genre et le ton qu'il vous a plu garder
Avec notre sujet ne peuvent s'accorder.
Retrouve-t-on chez vous la galante finesse,
Le subtil imbroglio que voulait notre pièce,
Ces traits ingénieux, recherchés, délicats,
Qu'un parterre idolâtre accueille avec fracas,
Ces jeux, ces concetti dont la cour est éprise
Et qui vont nous menant de surprise en surprise?
Vous êtes froid. — Tenez, relisez donc un peu...
Cet endroit... le discours de l'oncle à son neveu.

CORNEILLE, lisant.

« ...Que sur mon amitié votre esprit se repose.
« Vous savez que mon cœur est à vous tout entier,
« Que je vous tiens pour fils et pour seul héritier ;
« Que, pour vous assurer d'une amour plus sincère,
« Je quitte le nom d'oncle et prends celui de père,
« Qu'en vos prospérités j'arrête mes désirs,
« Qu'à vos contentements j'attache mes plaisirs,
« Et que, mon sort du vôtre étant inséparable,
« Je ne puis être heureux et vous voir misérable.
« Puisque de vos malheurs je sentirais les coups,
« Craignez-vous que je fasse un mauvais choix pour vous[1]? »

RICHELIEU

Quel brillant ont ces vers? Quel esprit s'y dévoile?
Je les trouve bourgeois, rampants. Et vous, l'Estoile?

L'ESTOILE

S'il faut à monseigneur dire mon sentiment,
J'aimerais dans le style un peu plus d'ornement.

[1] *Les Thuilleries*, comédie des Cinq Auteurs, acte III. Paris, Augustin Courbé, 1642.

BOISROBERT, à Corneille.

Votre bonhomme d'oncle et sa prose vulgaire
Près de nos courtisans ne réussiront guère.

COLLETET

C'est le parler commun qu'en tous lieux on entend.

L'ESTOILE

Le dernier honnête homme en pourrait dire autant.

ROTROU

Eh! messieurs... Permettez, monseigneur.

RICHELIEU

         Oui, j'écoute.
Vous plaidez pour Corneille?

BOISROBERT

        Ah! Rotrou veut sans doute
En courtois chevalier défendre ses amis.

ROTROU

Monsieur, j'en ai le droit! Monseigneur l'a permis.

RICHELIEU

Parlez.

ROTROU

  Je ne prétends que faire une demande.
Est-ce donc, après tout, une faute si grande
De savoir au besoin baisser un peu le ton?

BOISROBERT

Au théâtre, monsieur, le supporterait-on?

CORNEILLE, vivement.

Mais quoi! blâmerez-vous la fidèle peinture
Des inégalités qui sont dans la nature?
Le théâtre veut-il qu'on raffine toujours,
Qu'on prodigue l'esprit dans les moindres discours?
Et, pour aimer l'éclat, dédaigne-t-il en somme
L'air facile et naïf dont parle un honnête homme?

RICHELIEU

Oyez un mot, Corneille, et le retenez bien :
C'est que le trop d'esprit ne gâte jamais rien.

CORNEILLE

Mais, monseigneur...

RICHELIEU

Assez. Vos propos sont frivoles.
Raisonnons moins, jeune homme, et croyez mes paroles.
Votre simplicité n'aura pas de succès.
La nature sans fard ne va point aux Français :
Ils ont pour ce qui brille une pente trop forte.
Qu'y faire? Nos esprits sont tournés de la sorte.
Il n'est que l'imprévu pour les bien réjouir,
Et, si l'on veut nous plaire, il nous faut éblouir.
C'est le bon goût.

BOISROBERT, à Corneille.

Monsieur, imitez l'Italie!

COLLETET

C'est là qu'on voit fleurir l'élégance polie,
Qu'on brode sur un rien des vers ingénieux,
Qu'on parle en se jouant le langage des dieux.

L'ESTOILE

C'est là qu'il faut chercher les plus galants modèles.

BOISROBERT

Feuilletons nuit et jour en disciples fidèles
Et le libre Tansille, et le tendre Guarin,
Et les mille sonnets du cavalier Marin.

ROTROU

Oh! pour le coup, monsieur!

BOISROBERT

Le conseil vous offense?

RICHELIEU, à Rotrou.

Mais vous qui de Corneille embrassez la défense,
Vous confesserez bien, je crois, puisqu'il me sert,
Qu'il devait avec nous travailler de concert.
Chacun de ces messieurs nous a lu sa partie.
La sienne avec le tout devait être assortie :
Eh bien! je vous dis, moi, qu'on pourra sans effort
Entre ses compagnons le distinguer d'abord.

ROTROU
Peut-être...
RICHELIEU
Vous faut-il sentir la différence?
Colletet voudra bien nous redire, je pense,
Les beaux vers qu'il a faits sur le jardin du roi.
COLLETET
Monseigneur le commande?
RICHELIEU
Oui, pour l'amour de moi.
COLLETET, lisant.
« Parterres enrichis d'éternelle peinture,
« Où les grâces de l'art ont fardé la nature,
« Que votre abord me plaît! Que vos diversités
« Me montrent à l'envi d'agréables beautés!
« C'est avecque plaisir que le ciel vous éclaire.
« Il semble que l'hiver ait peur de vous déplaire;
« L'été n'ose ternir votre aimable verdeur,
« Et sa flamme pour vous n'a que de la splendeur.
« Vieux chênes, vieux sapins dont les pointes chenues
« S'éloignent de la terre et s'approchent des nues,
« Bois, où l'astre du jour, confondant ses rayons,
« Fait naître cent soleils pour un que nous voyons,
« Beaux lieux dont la tranquille et plaisante demeure
« Ne reçoit point d'ennui qu'aussitôt il n'y meure,
« Vous voir, vous posséder est mon bien le plus doux.
« N'est-ce pas être heureux que de vivre chez vous [1]? »
RICHELIEU
Voilà du style enfin : c'est comme il faut écrire,
Et Corneille, après tout, n'y saurait contredire.
Qu'en pense-t-il?
CORNEILLE
Daignez m'en croire, monseigneur :
D'applaudir à ces vers je me fais un bonheur.

---

[1] *Les Thuilleries,* monologue (prologue).

RICHELIEU

Vous avez bonne grâce à louer ceux des autres !
Il fallait, à ce compte, y conformer les vôtres.

BOISROBERT

Chacun de son esprit fait sortir ce qu'il peut.

L'ESTOILE

Au rang de Colletet ne monte pas qui veut.

RICHELIEU

Il est vrai que son style a des grâces fleuries,
Que l'on ne pouvait mieux peindre les Tuileries,
Que chacun de ses vers fait lui seul un tableau.
Vous souvient-il, messieurs, de la cane sur l'eau,
De la cage aux lions, du bois, de la volière?...
S'il nous disait encor cette partie entière?

COLLETET

Pour Dieu! que monseigneur m'en veuille dispenser.
Ces messieurs m'ont ouï, je crains de les lasser.

L'ESTOILE

Jamais.

RICHELIEU

Non, je le veux, cessez de vous défendre.

BOISROBERT, à Colletet.

On ne se lasse pas, monsieur, de vous entendre.

COLLETET, lisant.

« Poursuivant mon chemin par un oblique tour
« Et côtoyant les murs de ce plaisant séjour,
« J'ai rencontré des paons dont les divers plumages
« De la beauté des fleurs sont les vives images ;
« Je les ai vus marcher en superbe appareil,
« Exposer leurs miroirs aux rayons du soleil [1]... »

RICHELIEU

De quelle exactitude il peint ce *tour oblique!*
Ce vers est à mes yeux d'une élégance unique.

L'ESTOILE

De *superbe appareil* je me sens fort épris.

[1] *Les Thuilleries*, monologue (prologue).

BOISROBERT

Mais surtout *leurs miroirs* me semble hors de prix.

COLLETET, lisant.

« J'ai vu d'autres oiseaux de diverse peinture,
« Dont le vol est borné d'une riche clôture,
« Démentir par leurs chants ceux qui, contre raison,
« Soutiennent qu'il n'est pas d'agréable prison.
« Dans le ressentiment de leur bonheur extrême,
« Leurs nœuds leur sont plus doux que la liberté même,
« Et je crois en effet que ce lieu de plaisir
« Ne les retient pas tant que leur propre désir [1]... »

BOISROBERT

Parbleu ! Corneille, il faut que cet endroit vous plaise.

CORNEILLE

J'en suis ravi.

BOISROBERT

Pour moi, je ne me sens pas d'aise.

COLLETET, lisant.

« A même temps j'ai vu sur le bord d'un ruisseau
« La cane s'humecter dans la bourbe de l'eau,
« D'une voix enrouée et d'un battement d'aile
« Animer le canard qui languit auprès d'elle [2]... »

RICHELIEU

Ah ! j'estime à ce trait que vous vous surpassez.

COLLETET

Monseigneur, c'en est trop.

RICHELIEU

Non, ce n'est point assez.
Pour que les actions répondent aux paroles,
Recevez de ma main ces soixante pistoles [3].

COLLETET

Quoi ! d'un si riche don...

---

[1] *Les Thuilleries*, monologue (prologue).
[2] *Ibidem*.
[3] Ces détails sont historiques. Voir Pellisson, *Histoire de l'Académie*.

RICHELIEU
Je prétends faire voir
Ce que le vrai mérite a sur moi de pouvoir.

COLLETET
Monseigneur est prodigue, et...

RICHELIEU
Je ne suis que sage,
Et n'ai voulu payer que le dernier passage.
Quant au reste, Monsieur, le roi dans son trésor
Pour de telles beautés n'aurait point assez d'or.

COLLETET
Le ciel me soit témoin que l'honneur de vous plaire
De mon humble Apollon fait le meilleur salaire!

RICHELIEU
Oui, mais je veux de plus qu'on touche en mes bienfaits
De mon contentement les solides effets.

BOISROBERT
Est-il rien si joli que les vers de la cane?

RICHELIEU, à Colletet.
Et pourtant j'en reviens à ma vieille chicane.
Je vous l'ai déjà dit : au lieu de *s'humecter*,
A votre place, moi, j'aurais mis *barboter* [1].

COLLETET
Si monseigneur y tient, j'obéirai sans doute;
Mais pour ma part...

RICHELIEU
Allons, ce changement vous coûte;
Et puisque de plein gré je ne puis l'obtenir,
N'en parlons plus. — Je crois qu'il est temps de finir,
Boisrobert.

BOISROBERT
L'heure approche où doit Votre Éminence
Donner aux beaux esprits l'ordinaire audience.

---

[1] Pellisson, *Histoire de l'Académie.*

RICHELIEU. — Tous se lèvent.

Vous dites vrai. — Messieurs, Conrart va s'y trouver.
Je serais devant vous bien aise d'achever
Ce que j'ai résolu touchant l'académie.
N'y manquez pas. — D'ailleurs, pour notre comédie,
Je réponds du triomphe, et j'attends les bravos
Que réserve la cour à vos doctes travaux.

L'ESTOILE

La gloire en est à vous.

RICHELIEU

Enfin, c'est à merveille,
Messieurs. Un seul pourtant...

CORNEILLE

Monseigneur...

RICHELIEU

Oui, Corneille,
De votre procédé je suis mal satisfait.
Mon troisième acte est froid, sans couleur, sans effet.
Ce genre familier, ce style terre à terre
Heurtent trop du sujet le commun caractère ;
Devant nos courtisans ils ne peuvent passer,
Et, pour le trancher net, c'est à recommencer.

CORNEILLE

Du moins que monseigneur n'accuse pas mon zèle.
Je veux, avant huit jours, d'une forme nouvelle...

RICHELIEU

Non, laissez-nous ces vers. S'il les faut rajuster,
Quelque autre mieux que vous saura s'en acquitter.
Vous le savez, messieurs : je n'ai point la manie
De plier à mon goût votre libre génie ;
Vous ne me voyez point, par un fâcheux travers,
Vous imposer mon style et vous dicter mes vers.
Votre délicatesse aurait droit de s'en plaindre.
Me préserve le ciel de jamais vous contraindre !
Mais, sans tenir la bride à vos inventions,
J'aime qu'on entre aussi dans mes intentions,

Qu'on mette en son travail une ferme conduite,
Un feu sage et discret, certain esprit de suite [1],
Et que l'on n'aille point, par son humeur trompé,
Faire mal à propos le cheval échappé.
A Corneille.
Vous l'avez fait, monsieur; ce mot doit vous suffire.
— Jusqu'au revoir, messieurs.
Il sort.

SCÈNE II

CORNEILLE, ROTROU, BOISROBERT, L'ESTOILE
COLLETET, puis UN PAGE

ROTROU, à Corneille.
       Monseigneur se retire
Fort mécontent.
CORNEILLE
    Parbleu! je le suis plus que lui.
L'ESTOILE, à Colletet, qui compte son argent.
Eh bien! tout le Pactole est chez vous aujourd'hui.
COLLETET
« Armand, qui pour six vers m'as donné six cents livres,
Que ne puis-je à ce prix te vendre tous mes livres [2]! »
BOISROBERT
Mais l'on doit à Corneille un mot de compliment. —
Monsieur Corneille!
CORNEILLE
    Eh bien!
BOISROBERT
       Votre Apollon normand
N'est pas heureux toujours.
CORNEILLE
      Il vous semble?

---

[1] Le mot est authentique.
[2] Ces deux vers sont de Colletet.

L'ESTOILE

        Et que diable !
Vous êtes aussi bien d'une audace incroyable,
Mon cher. Vit-on jamais pareil original ?
Corriger sans façon les plans du cardinal !

ROTROU

Encor !

BOISROBERT

Monsieur répugne à travailler par ordre :
Il a son petit genre et n'en sait pas démordre.

CORNEILLE

Chacun de son esprit fait sortir ce qu'il peut,
Monsieur de Boisrobert.

BOISROBERT

      Ah ! ce trait vous émeut.

CORNEILLE

Moi ? non. Je suis ravi qu'on me rende justice.

COLLETET

Mais au moins saurons-nous quel bizarre caprice,
Quelle présomption, vous montant au cerveau,
Vous oblige à trancher d'un style si nouveau ?

BOISROBERT

Êtes-vous, s'il vous plaît, docteur en poésie ?

CORNEILLE

Non, vous l'êtes en vers ainsi qu'en courtoisie.

ROTROU, à Corneille.

De grâce !

L'ESTOILE

   Votre goût va-t-il faire la loi ?

CORNEILLE

C'est le vôtre, monsieur, qui doit régner sur moi.

BOISROBERT

Comme feu du Perron, seriez-vous d'aventure
Colonel général de la littérature[1] ?

---

[1] Ce titre bizarre fut réellement donné à du Perron par quelques-uns de ses contemporains.

CORNEILLE, avec éclat.
Çà ! que me voulez-vous enfin ? Si j'ai souffert...
UN PAGE, entrant.
Son Éminence attend monsieur de Boisrobert.
BOISROBERT, à Corneille.
Méditez un conseil qui vous siéra peut-être :
Bien fou qui veut avoir plus d'esprit que son maître.
Il sort.

CORNEILLE
Fort grand merci.

SCÈNE III

CORNEILLE, ROTROU, L'ESTOILE, COLLETET

L'ESTOILE
Pour moi...
ROTROU
Trêve de vains discours.
COLLETET
C'est vrai. Dans les jardins venez faire deux tours,
L'Estoile. Nous serons à temps pour l'audience.
L'ESTOILE
Retirez quelque fruit de cette expérience,
Monsieur Corneille. Adieu. C'est trop nous quereller.
COLLETET
Nous vous laissons Rotrou, qui va vous consoler.
Il sort avec l'Estoile.

SCÈNE IV

CORNEILLE, ROTROU

CORNEILLE
Non, n'y prétendez point.
ROTROU
Serait-ce vous déplaire?
CORNEILLE
Encouragez plutôt ma trop juste colère.
Dites-moi qu'on m'offense et que j'en dois rougir;
Dites-moi qu'il est temps enfin de m'affranchir.
ROTROU
Vous affranchir! Comment?
CORNEILLE
Vous devez bien m'entendre.
ROTROU
Mais non.
CORNEILLE
Vous n'aurez plus le soin de me défendre,
Monsieur, ni le chagrin de me voir outragé :
Je vais au cardinal demander mon congé.
ROTROU
Votre congé? vous?
CORNEILLE
Oui, dans ce lieu, tout à l'heure.
ROTROU
Oh! vous ne ferez pas cet esclandre, ou je meure!
CORNEILLE
Quoi! vous me conseillez de souffrir plus longtemps
Du petit Boisrobert les dédains éclatants!
Il faudrait de sa part endurer en silence
Tout ce qu'un courtisan peut montrer d'insolence,
Et les airs protecteurs et le ton précieux

Et la fatuité dont l'ornèrent les cieux !
Que me veut-il d'ailleurs ? Quelle mouche le pique ?
Pourquoi contre moi seul déchaîner sa critique ?
D'où me vient cet honneur de son inimitié,
Ou l'honneur plus amer encor de sa pitié ?
Ai-je contre ses vers ameuté la cabale,
De ses petits succès improuvé le scandale,
Empêché monseigneur de trouver bonnement
Sa malice agréable et son caquet charmant ?
Ai-je troublé jamais sa gloriole extrême,
Le gré prodigieux qu'il se sait à lui-même
Dans le double métier qu'il remplit tour à tour
De suisse du Parnasse et de bouffon de cour ?
Trouvez quelque prétexte à sa risible haine.
Moi, j'y perds patience et veux rompre ma chaîne.

ROTROU

Savez-vous bien, monsieur, que vous m'étonnez fort ?

CORNEILLE

Et pourquoi, s'il vous plaît ?

ROTROU

Dans ce brusque transport
Je ne retrouve point l'humeur simple et modeste,
Le timide embarras qu'on vous connaît de reste.
Vous semblez un autre homme.

CORNEILLE

Eh bien ! prétendiez-vous
Que rien ne dût jamais échauffer mon courroux ?

ROTROU

Il n'est si douce humeur que l'injure ne lasse ;
J'en conviens. Mais, monsieur, réfléchissons, de grâce.

CORNEILLE

J'ai réfléchi.

ROTROU

N'importe. On s'expliquera peu
Que Boisrobert vous force à quitter Richelieu ;
Et moi tout le premier je ne puis reconnaître

Que le valet suffise à vous gâter le maître.
Quoi! parce qu'un faquin nous traite avec hauteur,
Faut-il rompre en visière à notre bienfaiteur,
Abandonner le poste où son choix nous convie
Et l'honneur souverain que tout poète envie?

CORNEILLE

Et si ce même honneur, que vous semblez priser,
M'est un joug importun que je prétends briser?

ROTROU

Monsieur...!

CORNEILLE

Quel est-il donc, ce brillant privilège?
Comme petits grimauds sur les bancs du collège,
Travailler à la tâche et, d'un soin diligent,
Retourner les leçons que nous dicte un régent!
N'est-ce pas bien cela? Faisons-nous autre chose
Que de Son Éminence accommoder la prose?
Armand pense pour nous et nous rimons pour lui.

ROTROU

Il faut de quelque peine acheter son appui;
C'est le commun devoir des muses protégées.

CORNEILLE

Dites le déshonneur de nos muses gagées.
Manœuvres écrivains, serviles traducteurs,
De quel nom signons-nous? — Messieurs les cinq auteurs.
Ainsi de ce qu'il fait chacun n'ose répondre!
Dans le travail d'autrui le mien va se confondre!
Je ne puis au public dire de bonne foi :
Cette scène est mon œuvre et ce vers est à moi!
Quel charme ont à vos yeux les bravos qu'on nous donne,
Lorsque de Richelieu nous couvrons la personne,
Et quand lui-même enfin penserait s'avilir
S'il avouait les plans qu'il nous force à remplir?

ROTROU

Mais vous ne lui prêtez qu'une part de vos veilles.
On vous laisse le temps de créer des merveilles

Qui n'ont rien à devoir aux plans de monseigneur
Et dont votre génie emporte tout l'honneur.

CORNEILLE

Non, même en ces travaux, fruits de ma seule veine,
Le poids de sa faveur m'importune, me gêne,
Et si quelques succès prétendent me flatter,
L'inquiétude est prompte à m'en désenchanter.
Les dois-je à son appui? Les dois-je à mon mérite?
Et tel qui me poursuit d'un hommage hypocrite,
De mes vers protégés admirateur banal,
Veut-il en me louant louer le cardinal?
Le doute m'est permis, et j'ai l'âme trop fière
Pour qu'un honneur douteux l'emplisse tout entière :
Trop de honte s'y mêle. — Oh! que j'aimerais mieux
Attendre de moi seul un renom glorieux,
Et, pour tous partisans n'ayant que mes ouvrages,
Du libre spectateur disputer les suffrages!
Non, je ne croirai pas qu'il en faille accuser
Quelque secret orgueil subtil à m'abuser;
Et vous-même, Rotrou, quand votre voix me blâme,
Je gage que tout bas vous m'approuvez dans l'âme.

ROTROU

Hélas!

CORNEILLE

Vous dont la noble et fidèle amitié
De tous mes déplaisirs endure la moitié,
Vous que, malgré votre âge, une estime sincère
M'incline à saluer de ce doux nom de père [1],
Dites : n'est-il pas vrai que vous sentez aussi
Le poids du joug doré qui nous retient ici?

ROTROU

Vous voulez...

CORNEILLE

Parlez franc.

---

[1] Détail historique.

ROTROU

Eh bien! oui, je l'avoue.
S'il faut dire le vrai, mon amitié vous loue
Des nobles sentiments que vous me faites voir,
Et comme vous, monsieur, je les voudrais avoir.
Mais ce rigide honneur est chose peu commune.
Quitter le cardinal, c'est quitter la fortune ;
Et pour un moindre gain les poètes du jour
A de moindres seigneurs font bravement la cour.
Tel s'estime très fier, qui rampe sans vergogne
Près des comédiens de l'hôtel de Bourgogne,
Et qui ne se tiendrait aucunement flétri
De saluer très bas monsieur de Mondory [1].
Même j'en sais plus d'un dont la muse affamée
Des cuisines d'autrui savoure la fumée.
Déshonneur, j'en conviens! abaissement fatal!
Que faire? On ne veut point mourir à l'hôpital.

CORNEILLE

Que de ces froids calculs la gloire nous délivre!

ROTROU

La gloire sans argent ne suffit pas à vivre.

CORNEILLE

Non, ne m'opposez point ces indignes raisons.
Du sort injurieux je sais les trahisons ;
Mais s'il faut que jamais l'épreuve m'en instruise,
Qu'importe en quel état le malheur me réduise?
Riche de mon travail et de ma dignité
Je porterai bien haut ma fière pauvreté.

ROTROU

Donc aux bienfaits d'Armand vous serez infidèle?

CORNEILLE

J'honore ses bienfaits ; je brise sa tutelle.

ROTROU

Pourtant il vous fut cher. Épris de sa splendeur,

---

[1] Comédien célèbre alors.

De ce génie altier vous aimiez la grandeur ;
Vous l'admiriez, Corneille.

CORNEILLE

Oui, monsieur, je l'admire.
Soit que, donnant le branle aux destins d'un empire,
Il dompte les complots de ses fiers ennemis ;
Soit que, régnant en paix sur les peuples soumis,
Il soit de tous les arts l'orgueil et l'espérance :
J'aime dans Richelieu la grandeur de la France.
J'aime par-dessus tout le dessein qu'il a pris
D'assembler en un corps les plus nobles esprits,
D'en former un sénat dont la critique sage
Enseigne le bon goût, répare le langage,
Et, donnant une règle à sa mobilité,
Assure à nos écrits leur immortalité.
Mais ces titres d'honneur que je sais reconnaître
Ne me font point résoudre à le garder pour maître.
Je le quitte sans fiel et toujours l'estimant...
Et faut-il jusqu'au bout dire mon sentiment ?
Je l'estimerais plus si, content de sa place,
Il ne se mêlait point de briller au Parnasse.
L'homme qu'en ce haut rang Dieu voulut élever
Doit protéger les arts, et non les cultiver.
La gloire des beaux vers ne sied point à qui règne.
Même en la couronnant je veux qu'il la dédaigne,
Et je souffre de voir aux mains de l'imprimeur
Un ministre poète, un cardinal rimeur.

ROTROU

Personne à tout cela ne contredit, je pense,
Et... Mais on vient. Ce sont les gens de l'audience.

SCÈNE V

CORNEILLE, ROTROU, MAYNARD, TRISTAN

CORNEILLE

Très humble serviteur du président Maynard.

ROTROU

Bonjour, monsieur Tristan.
Il l'emmène au fond du théâtre.

MAYNARD, à Corneille.

Quel fortuné hasard
Fait qu'en entrant ici, monsieur, je vous rencontre!

CORNEILLE

Monsieur, j'en suis fort aise.

MAYNARD

Il faut que je vous montre
Un placet... Vous savez, je n'ai pas le bonheur
D'attirer comme vous les yeux de monseigneur.
Voilà trois ans passés qu'en vain je sollicite.
Si Corneille daignait à mon faible mérite
Donner l'appui d'un mot...

CORNEILLE

Qui? moi?

MAYNARD

Nous savons bien
Que le cardinal-duc ne vous refuse rien.

CORNEILLE, à part.

Voilà prendre son temps!

MAYNARD

Oui, vous n'avez qu'à dire
Et j'obtiendrai d'abord tout ce que je désire.
Mais quoi! de mes propos vous semblez interdit.

CORNEILLE

Je ne soupçonnais pas avoir tant de crédit.

MAYNARD

Vous en avez beaucoup, monsieur, je vous le jure.
Écoutez : du placet je vous donne lecture.

« Armand, l'âge affaiblit mes yeux,
« Et toute ma chaleur me quitte ;
« Je verrai bientôt mes aïeux
« Sur le rivage du Cocyte.
« C'est où je serai des suivants
« De ce bon monarque de France,
« Qui fut le père des savants
« En un siècle plein d'ignorance[1].
« Dès que j'approcherai de lui,
« Il voudra que je lui raconte
« Tout ce que tu fais aujourd'hui
« Pour combler l'Espagne de honte.
« Je contenterai son désir
« Par le beau récit de ta vie,
« Et calmerai le déplaisir
« Qui lui fait maudire Pavie.
« Mais s'il demande à quel emploi
« Tu m'as occupé dans le monde
« Et quels biens j'ai reçus de toi,
« Que veux-tu que je lui réponde[2] ? »

Que pensez-vous des vers ?

CORNEILLE

J'aime le trait final.
Il ne saurait manquer de plaire au cardinal.

MAYNARD

Vous daignerez sans doute appuyer ma requête ?

CORNEILLE

Monsieur, vous obliger me serait une fête ;
Mais Rotrou vous ménage un bien meilleur appui.
Souffrez qu'à mon défaut je vous adresse à lui.

---

[1] François Ier.
[2] La pièce est de Maynard.

MAYNARD

Comment donc...!

CORNEILLE

Mon refus ne doit pas vous surprendre.
Venez : en quatre mots nous allons nous entendre.

Il l'emmène au fond du théâtre. Entrent Scudéry, Mayret, du Ryer.

SCÈNE VI

LES MÊMES, SCUDÉRY, MAYRET, DU RYER

SCUDÉRY, saluant.

Serviteur. — Je vous dis, monsieur Jean de Mayret,
Et du Ryer que voilà sans peine en conviendrait,
Que ceux du parlement n'ont pas l'impertinence
De vouloir jusque-là choquer Son Éminence.
Ils n'arrêteront pas dans l'exécution
Un dessein glorieux à notre nation,
Et l'on ne verra point la chicane ennemie
Étouffer au berceau la pauvre académie [1].

MAYRET

Parbleu ! les gens de loi ne vous sont pas connus,
Scudéry.

DU RYER

Ces messieurs sont toujours prévenus
Contre les nouveautés qui troublent la routine,
Et par provision la robe se mutine.

MAYRET

Si pour monsieur Conrart le roi signe un édit,
Point d'enregistrement.

DU RYER

Ils l'ont déjà bien dit.

Entrent Desmarets, l'Estoile et Colletet, qui vont se grouper au fond du théâtre.

---

[1] Pour tout ce qui suit, voir Pellisson, *Histoire de l'Académie*.

MAYRET
Je gage qu'il faudra pour apaiser la noise
Qu'on les mène enrager quatre mois à Pontoise.
SCUDÉRY
Que fait l'Académie à nos beaux magistrats?
Doit-elle censurer leur gothique fatras,
Des arrêts de la cour humaniser le style,
Brider des avocats la faconde inutile,
Jeter dans le décri le jargon des procès
Et forcer la justice à nous parler français?
Plût au ciel !
MAYRET
Vous verrez que je suis bon prophète
Et qu'à Son Éminence ils vont rompre la tête.
SCUDÉRY
Oh! de leur incartade ils seront bientôt las.
DU RYER
Voici fort à propos Conrart et Vaugelas
Suivis de Chapelain.

SCÈNE VII

LES MÊMES, CONRART, VAUGELAS
CHAPELAIN

MAYRET
Tout à votre service,
Messieurs.
CONRART
Très obligé.
SCUDÉRY
Nous parlions du caprice
Qui prévient contre vous Messieurs du parlement.
CHAPELAIN
Nous sommes bien marris de ce dissentiment.

CONRART
Si le cardinal-duc eût voulu nous en croire,
Il eût à sa grande âme épargné ce déboire.

VAUGELAS
Jamais un tel honneur n'aurait inquiété
De nos réunions l'heureuse obscurité.

MAYRET
Comment! sous le boisseau dérober la lumière!

CONRART
Oh! Monsieur...

SCUDÉRY
Mais la France y perdrait la première.

DU RYER
C'est de vous qu'elle attend ce noble tribunal
Dont les doctes arrêts...

UN HUISSIER
Monsieur le cardinal.

Tous se rangent des deux côtés du théâtre. Le cardinal entre, suivi de Boisrobert et de deux pages.

SCÈNE VIII

LES MÊMÉS, RICHELIEU, BOISROBERT
DEUX PAGES

RICHELIEU
Dieu vous garde, messieurs!

BOISROBERT, présentant Tristan.
Monsieur Tristan l'Hermite,
Officier de Gaston.

RICHELIEU
Nous aimons son mérite
Et sa fidélité pour le frère du roi.
Le bruit de vos desseins est venu jusqu'à moi,
Monsieur. Quand verrons-nous la belle tragédie...
Marianne, je crois?

BOISROBERT
Souffrez qu'il la dédie
A l'oracle des arts.
RICHELIEU
Volontiers.
TRISTAN
Monseigneur,
Ma pièce n'eût jamais espéré tant d'honneur.
BOISROBERT, présentant.
Le président Maynard.
RICHELIEU
Ah! l'auteur de Philandre,
L'ami de feu Malherbe.
MAYNARD
Oserai-je prétendre
Que sur ces petits vers vous arrêtiez les yeux?
RICHELIEU
Voyons... C'est un placet!
Il lit rapidement et prononce le dernier vers : Que veux-tu que je lui réponde?
Bien. Très ingénieux.
Boisrobert vous dira ce qu'il lui faut répondre [1].
Il suffit.
MAYNARD
Mon espoir se verra-t-il confondre?
RICHELIEU
Monsieur, le bon secret pour me solliciter,
C'est d'attendre mes dons et de les mériter. —
Mais voilà Scudéry.
SCUDÉRY, saluant.
Monseigneur...
RICHELIEU
Il nous semble
Qu'on voit, en le voyant, Mars et Mercure ensemble.
Bon soldat, bon poète.

---

[1] Richelieu fut en réalité plus dur encore. Il répondit : « Rien. »

BOISROBERT
Il a double laurier.
RICHELIEU, à Scudéry.
Nous songerons à vous.
BOISROBERT, présentant du Ryer.
Monsieur Pierre du Ryer.
RICHELIEU
Nous avons pris plaisir à voir votre Lucrèce,
Monsieur. Redonnez-nous bientôt quelque autre pièce.
— Bonjour, monsieur Mayret. Il n'est bruit que de vous,
Et votre Sophonisbe a fait bien des jaloux.
MAYRET
Messieurs les cinq auteurs préparent un ouvrage
Qui sur notre Parnasse en fera davantage.
RICHELIEU
Vous croyez? — Mais je vois monsieur de Saint-Sorlin.
A me complaire en tout je le sais fort enclin;
Il tient en grand mépris les pièces de théâtre,
Mais il m'en fait des plans dont je suis idolâtre.
DESMARETS
Rien ne m'arrête plus dès que vous commandez.
RICHELIEU
Je vais vous prendre au mot.
DESMARETS
Qu'est-ce à dire?
RICHELIEU
Attendez.
Je goûte infiniment le sujet d'Aspasie.
DESMARETS
La pièce à monseigneur a paru bien choisie?
RICHELIEU
Et le dessein parfait. Mais j'ose m'en flatter :
Celui qui l'a conçu voudra l'exécuter.
DESMARETS
Oh! monseigneur!
RICHELIEU
Eh bien!

DESMARETS
Mais c'est une surprise.
RICHELIEU
C'est une trahison que je me suis permise.
DESMARETS
Que devient mon Clovis?
RICHELIEU
Contentez mon désir.
Je vieillis, Desmarets : aurai-je le loisir
De voir jamais la fin d'un aussi long poème?
J'ai hâte de jouir d'une muse que j'aime,
Et, sans vous imposer de trop pressantes lois,
Je compte à votre pièce applaudir dans six mois.
N'est-ce pas?
DESMARETS
Je suis pris et n'ai qu'à me soumettre.
<small>Richelieu veut passer de l'autre côté du théâtre. Corneille le suit.</small>
CORNEILLE
Monseigneur!
RICHELIEU
Quoi, monsieur?
CORNEILLE
Daignez-vous permettre...?
RICHELIEU
Parlez.
CORNEILLE
J'ai le malheur de vous avoir déplu...
RICHELIEU
Soit. Mais pour l'avenir qu'avez-vous résolu?
CORNEILLE
Je tremble, si je garde un poste qui m'honore,
D'être assez malheureux pour vous déplaire encore.
RICHELIEU
Monsieur...!
CORNEILLE
Quoi qu'il en coûte, il me faut l'éviter.
Je vous conjure donc...

RICHELIEU
Voulez-vous me quitter?
BOISROBERT
Quel étrange dessein!
RICHELIEU, à Boisrobert.
Monsieur, laissez, de grâce :
Entre Corneille et moi cette affaire se passe.
A Corneille.
Quoi! vous nous quitteriez! Y pensez-vous vraiment,
Corneille?
CORNEILLE
Oui, monseigneur, avec votre agrément.
J'ai dû pour y songer me faire violence.
Le poids de vos bienfaits me tenait en balance;
L'honneur de vous servir m'eût à jamais ravi;
Mais, je le sens trop bien, je vous ai mal servi,
Et plus je m'examine et plus il me faut croire
Que je n'étais pas fait, hélas! pour tant de gloire.
Je ne méritais pas de vous appartenir.
RICHELIEU, après un silence.
Eh bien! je ne saurais, monsieur, vous retenir.
Soyez libre, partez. Du moins cette retraite
Ne me laissera pas d'amertume secrète.
Je vous estime encore, et ne veux point penser
Qu'un dépit misérable ait pu vous y forcer.
Enfin c'est en ami que je vous congédie.
Mes bontés vous suivront dans votre Normandie.
Boisrobert!
BOISROBERT, se rapprochant.
Monseigneur...
RICHELIEU
C'est notre intention :
Corneille, en nous quittant, garde sa pension.
CORNEILLE
Ah! ce dernier bienfait rend mon âme confuse.
RICHELIEU
Vivez heureux, Corneille, et puisse votre muse,

Honorant le loisir que je vous ai rendu,
Augmenter mon regret de vous avoir perdu.
Il appelle Chapelain.
Chapelain! — Nous donnons bientôt les Tuileries.
Si j'ai pu concevoir ces belles rêveries,
Étant ce que je suis, devant le spectateur
J'aurais quelque scrupule à m'en dire l'auteur.
Vous avez part au plan : devenez ma ressource;
Prêtez-moi votre nom : je vous prête ma bourse.
Voulez-vous?

CHAPELAIN
Monseigneur, j'obéirai.

RICHELIEU
Merci. —
Combien je suis heureux de rencontrer ici
Mon fidèle Conrart et monsieur de Péroges [1]!
Tout est conclu. Le roi fait de vous mille éloges;
Il a signé l'édit.

CONRART
Messieurs du parlement
S'opposeront peut-être à l'enregistrement.

RICHELIEU
Oui, mais j'ose compter qu'on verra ma constance
De leurs préventions vaincre la résistance.
Jaloux de soutenir mon rang de protecteur,
Je me ferai près d'eux votre solliciteur.
La volonté du roi d'ailleurs est sans réplique,
Et ma voix dès ce jour va la rendre publique.
Il fait un signe : tous les assistants se rapprochent de lui.
Messieurs, depuis longtemps vous saviez nos projets.
Le roi, préoccupé du bien de ses sujets,
Daigne y mettre le sceau de la toute-puissance,
Et notre académie aujourd'hui prend naissance.
Comptant que la nouvelle a de quoi vous charmer,
Je n'ai rien attendu pour vous en informer.

[1] Vaugelas, baron de Péroges.

C'est peu que devant nous l'Europe déjà tremble [1];
Je veux pour mon pays tous les lauriers ensemble.
Si nos armes partout font craindre leur pouvoir,
La France aspire encore aux palmes du savoir,
Et, non moins que l'effroi répandant la lumière,
Entre les nations doit marcher la première.
Il semble que pour nous le moment soit venu.
Je sens dans les esprits un transport inconnu;
Je vois l'oisiveté, l'ignorance bannies,
Tous les arts florissants, nombre d'heureux génies
Par qui notre langage, habilement dompté,
Dépouille sa rudesse, épure sa beauté
Et, sur tous nos voisins nous donnant la victoire,
Promet au nom français une nouvelle gloire.
Il faut, pour achever, qu'assemblés en un corps,
Les plus doctes esprits unissent leurs efforts;
Il faut que désormais la jeune académie
Offre à tous les talents une critique amie,
Fasse aimer son crédit sans jamais l'imposer,
Et dirige le goût sans le tyranniser.
  Animez-vous, messieurs, de l'ardeur qui m'inspire;
Du plus noble des arts méritez-nous l'empire;
De vos premiers succès magnanimes rivaux,
Concevez chaque jour de plus dignes travaux.
Allez; et de ma bouche acceptez l'assurance
Que je compte sur vous pour l'honneur de la France.

[1] Voir dans Pellisson l'édit de fondation de l'Académie française, rédigé par Conrart et inspiré par Richelieu.

FIN DE RICHELIEU HOMME DE LETTRES

A FERNEY

COMÉDIE

EN UN ACTE ET EN VERS

PERSONNAGES

VOLTAIRE.
LE CHEVALIER D'AUMONT, jeune poète.
LE BARON D'HÉRICOURT, capitaine aux gardes françaises.
HARDY DE BOISGUIMONT, pseudonyme de STANISLAS FRÉRON[1].
LE MARQUIS DE THIBOUVILLE,
LE MARQUIS DE FLORIAN, } officieux de Voltaire.
LE MARQUIS DE VILLETTE,
LE DOCTEUR TRONCHIN.
TRUDAINE, intendant général des finances.
L'ABBÉ JACQUES DELILLE, professeur de poésie latine au collège de France.
BITAUBÉ, homme de lettres.
DE LA BORDE,
FORESTIER, } colons de Ferney.
WAGNIÈRE, secrétaire et majordome.
CLAUDE,
RICHARD,
MATHURIN, } laquais.
LAFLEUR,
MARTIN,
COLONS ET INVITÉS.

(Août 1777)

---

[1] On sait le rôle que joua pendant la révolution le fils du malheureux critique. Toutefois les sentiments que nous lui prêtons ici, à la date de 1777, sont justifiés par le zèle qu'il mit tout d'abord à défendre la mémoire de son père. (Cf. *Année littéraire*, 1776, t. IV.) — Quant à son voyage de Ferney, il va sans dire que c'est une pure fiction.

A FERNEY

SCÈNE I

WAGNIÈRE, CLAUDE, MARTIN, LAFLEUR
MATHURIN, RICHARD

Les laquais rangent tout dans le salon. Mathurin et Lafleur apportent une table.

MATHURIN

Par ici ?

WAGNIÈRE

Non, par là. Dépêchons, je vous prie. — Martin !

MARTIN

Monsieur ?

WAGNIÈRE

Des fleurs dans cette galerie,
Des fleurs sur le perron, dans la salle à manger.

MARTIN

On y court.

Il sort.

WAGNIÈRE

Hâtons-nous. — Tiens ! J'aurais dû songer...
Vraiment ce Joseph Deux me tournera la tête.

Il écrit dans un portefeuille.

LAFLEUR

Monsieur Wagnière.

WAGNIÈRE

Eh bien?

LAFLEUR

Pour compléter la fête,
L'empereur à Ferney va se faire bénir,
Et nous laisser, je pense, un petit souvenir.

RICHARD

Il nous doit bien cela pour le mal qu'il nous donne.

WAGNIÈRE

Taisez-vous.

MATHURIN

Quel honneur! l'empereur en personne,
Incognito!

LAFLEUR, étourdi du mot.

Comment?

CLAUDE

Voir une majesté
Trônant dans ce fauteuil par moi Claude apporté!
Eût-on pensé jamais que j'aurais tant de gloire?

RICHARD

Te voilà chambellan.

LAFLEUR

Tu seras dans l'histoire.

WAGNIÈRE, écrivant.

Pour notre sérénade il faut dix violons...
Pour le feu d'artifice il conviendrait...

MATHURIN

Allons!
Voilà ce que l'on gagne à servir un grand homme,
Un poète, un Voltaire...

WAGNIÈRE, écrivant.

Et cent pétards...

RICHARD

En somme,
Le côté merveilleux de cet événement,

C'est Voltaire guéri, guéri subitement.
Monsieur, l'autre semaine, était à l'agonie,
Et...

LAFLEUR

Bah! monsieur se meurt chaque fois qu'il s'ennuie [1]
Le manège est connu.

WAGNIÈRE

Silence, babillard.

RICHARD, plus bas.

Le seul mot d'empereur vous l'a rendu gaillard.
Par la maison, dès lors, il fait le diable à quatre,
Ne cessant de courir, de jurer et de battre.

MATHURIN

Il a bon pied, bon œil, bonne langue.

RICHARD, douloureusement.

Et bon bras.

LAFLEUR

Voilà, mon cher. Les jours ne se ressemblent pas.
L'ennui nous fait mourir et l'honneur nous réveille.
Va, pour un empereur on se porte à merveille.

RICHARD

Pourtant si Joseph Deux ne venait point...

MATHURIN

Holà!

On n'en est donc pas sûr?

WAGNIÈRE

Qui vous a dit cela?

MATHURIN

Ce n'est pas moi, Monsieur.

WAGNIÈRE

L'empereur est trop sage

Pour ne profiter point de son heureux passage,

---

[1] Sur ces variations subites dans la santé de Voltaire, voir *Mémoires de Bachaumont*, 14 juillet 1769, t. IV, p. 269; 23 septembre 1777, t. X, p. 230. — *Mémoires de Marmontel*, t. II, p. 230.

Et puisque dans Genève il doit coucher ce soir,
Pour lui c'est un plaisir, un honneur, un devoir
De porter à Voltaire...

RICHARD
En a-t-on la promesse,
Un petit mot d'écrit?

WAGNIÈRE
Taisez-vous, sotte espèce.
Allez dans la cuisine, où Fanchon vous attend :
Vous pourrez à votre aise y faire l'important.
Je vous dis qu'il viendra.

CLAUDE
Bravo, monsieur Wagnière!

MATHURIN
Et nous le recevrons avec croix et bannière.

Ils sortent.

WAGNIÈRE
De quoi se mêlent-ils?

SCÈNE II

WAGNIÈRE, THIBOUVILLE

THIBOUVILLE
Eh bien! sommes-nous prêts,
Monsieur le factotum? L'heure avance.

WAGNIÈRE
A peu près,
Monsieur de Thibouville.

THIBOUVILLE, *regardant à la fenêtre.*
On vient. Dans l'avenue
Je vois de nos colons fourmiller la cohue,
Manants endimanchés qui vont, avec fureur,
De leur grosse allégresse étourdir l'empereur.

Mais n'allons pas omettre un point obligatoire.
Ce bon peuple est charmant quand on lui donne à boire ;
Il a le cœur plus tendre et le verbe plus haut.
Faites porter du vin. — Pour les gens comme il faut,
Le marquis de Villette, en attendant Voltaire,
Leur montre tout du long les beautés du parterre.

WAGNIÈRE

Monsieur ne reçoit pas encore ?

THIBOUVILLE

En ce moment,
Il achève au galop son petit compliment.

WAGNIÈRE

Ah ! fort bien. Respectons les loisirs du génie.

THIBOUVILLE

Nous ferons dans une heure entrer la compagnie.

SCÈNE III

WAGNIÈRE, THIBOUVILLE, CLAUDE

CLAUDE

Monsieur, trois visiteurs se présentent ici.

WAGNIÈRE

Indiquez les jardins.

CLAUDE

Je l'ai fait, Dieu merci.
L'un d'eux m'a répondu qu'un homme de sa sorte
Ne vient point de Paris pour attendre à la porte.
C'est un garde-française.

THIBOUVILLE

Oh ! quel déterminé !
Va-t-il prendre d'assaut la place de Ferney ?

CLAUDE

L'autre d'un ton plus doux me presse, me conjure.
Il veut voir le grand homme.

THIBOUVILLE

Ah! j'en fais la gageure,

C'est un poète.

CLAUDE

Enfin tous deux sont fort bien mis.

WAGNIÈRE

Et l'autre original qui brûle d'être admis?

CLAUDE

C'est un petit monsieur de mine rechignée,
Tout noir du haut en bas comme une cheminée.

THIBOUVILLE

En grand deuil.

CLAUDE

J'oubliais, Monsieur, le capital :
Le plus jeune a deux mots du comte d'Argental.

WAGNIÈRE

Que ne le disais-tu?

THIBOUVILLE

Fais donc entrer de suite.

Claude sort.

WAGNIÈRE

Maladroit! — Moi je cours à mon poste.

THIBOUVILLE

Allez vite,

Allez.

SCÈNE IV

THIBOUVILLE, seul.

Voir le grand homme! Eh! pauvres jeunes fous,
Si vos yeux chaque jour le voyaient comme nous!
Qu'un héros, vu de près, est souvent peu de chose!
Mais vos illusions servent la bonne cause.
Quand l'aigle impérial donne dans le panneau,
C'est tout simple d'y prendre un petit étourneau.

SCÈNE V

THIBOUVILLE, D'AUMONT, D'HÉRICOURT
HARDY

D'AUMONT, apercevant Thibouville.

C'est lui! De mes transports je ne suis plus le maître.
C'est lui!
Il s'avance rapidement.

THIBOUVILLE

Pardon, Monsieur; vous vous trompez peut-être.

D'AUMONT

Quoi! vous ne seriez pas...?

THIBOUVILLE

Voltaire? Non vraiment.
Marquis de Thibouville, à vos ordres.

A part.

Charmant!

D'AUMONT

Ciel!... Excusez.

THIBOUVILLE
Je suis flatté de la méprise,
Et quelque ressemblance en effet l'autorise.
Qui donc ai-je l'honneur...?

D'AUMONT
Le chevalier d'Aumont.

D'HÉRICOURT
Le baron d'Héricourt.

HARDY
Hardy de Boisguimont,
Avocat.

THIBOUVILLE
L'un de vous, Messieurs, porte une lettre.

D'AUMONT
Moi, Monsieur.

THIBOUVILLE
Vous plaît-il que je l'aille remettre?
Voltaire est enfermé. Vous aurez pu savoir
Quelle visite auguste il compte recevoir.

D'HÉRICOURT
Oui, Monsieur.

D'AUMONT, donnant la lettre.
Croyez-vous qu'avec ce mot de passe
D'un moment d'audience il nous fera la grâce?

THIBOUVILLE
Je le pense. — Restez les maîtres de ce lieu.
Notre bibliothèque est ici près. Adieu.
Il sort.

SCÈNE VI

D'AUMONT, D'HÉRICOURT, HARDY

D'HÉRICOURT, à d'Aumont.
Bravo, petit cousin. Ton entrée impayable
Nous mettra bien en cour.
D'AUMONT
Mauvais plaisant!
D'HÉRICOURT
Que diable!
Avant de se répandre en propos obligeants,
Avant de se jeter à la tête des gens,
On les regarde au moins.
D'AUMONT
Quand voudra-t-il se taire?
Je ne t'écoute pas.
D'HÉRICOURT
Soit.
Il parcourt le salon en lorgnant tout.
D'AUMONT
Je suis chez Voltaire[1].
O triomphe à mes vœux si longtemps refusé!
Rêve de tous mes jours enfin réalisé!
Quoi! ce vieillard divin, ce poète, ce sage,
Cet esprit éclatant qui règne sur notre âge,
De la raison sévère embellissant les lois,
L'idole de l'Europe et le maître des rois!...
Oh! le voir, l'admirer, m'enivrer de sa gloire!
Comme un riche trésor, fixer dans ma mémoire

---

[1] Il y a au début de cette scène quelques traits imités d'une jolie pièce en prose de MM. Louis Lurine et Albéric Second, *la Comédie à Ferney*.

Quelque trait de son âme en passant dérobé,
Un mot, rien qu'un seul mot de ses lèvres tombé!...
Que je dois à la foule être un objet d'envie!
Pour ce jour de bonheur je donnerais ma vie.

D'HÉRICOURT

Sais-tu que son château ne me plaît pas du tout?
Le style en est vulgaire et du plus mauvais goût.
C'est bourgeois.

D'AUMONT, sans l'écouter.

   Et pourtant qu'oserai-je lui dire?
Je tremble, épouvanté de l'honneur où j'aspire.
Il peut à chaque instant paraître devant moi.
Je sens que le respect, l'émotion, l'effroi
A mon enthousiasme imposeront silence...
Dieu! qu'en pensera-t-il?... — Ne pourrais-je d'avance...?
Ah! si mon pauvre cœur trouvait un peu d'esprit!
Essayons quelques vers.
Il s'assied.

D'HÉRICOURT

   Que fait-il? Il écrit?

D'AUMONT, écrivant.

« Merveille de nos jours, esprit vaste et sublime... »

D'HÉRICOURT

Des vers! — Faut-il, cousin, te chercher une rime?

D'AUMONT

Laisse-moi. — Muse, viens seconder mon effort.

D'HÉRICOURT, après un silence.

Ah çà! mais je commence à m'ennuyer très fort.
A peine arrivons-nous, d'Aumont tombe en extase,
Hardy ne souffle mot; il n'est que moi qui jase.
Nous faisons à nous trois de plaisants pèlerins.
A Hardy, qui est resté assis dans un coin.
— Çà, vous êtes muet?

HARDY

   Vous savez mes chagrins.
Pardonnez.

D'HÉRICOURT
Sur votre âme ils ont trop de puissance.
Quand dimanche, à Lyon, nous fîmes connaissance,
Et durant ces trois jours, ils vous ont bien permis
De montrer bon visage à vos nouveaux amis.
Puis l'aspect de ces lieux devrait vous en distraire.

HARDY
Non, l'aspect de ces lieux les redouble au contraire.

D'HÉRICOURT
Par exemple! Et pourquoi?

HARDY
Permettez qu'aujourd'hui
Je ne le dise pas.

D'HÉRICOURT
C'est donc un mystère?

HARDY
Oui,
Jusqu'à demain.

D'HÉRICOURT
Monsieur, je vous demande excuse.
— Allons, à moi tout seul il faut que je m'amuse.
Par bonheur, la matière ici ne manque point,
Et surtout Joseph Deux nous viendra fort à point.
Voltaire, l'empereur, c'est double comédie,
Sans compter mon cousin.

D'AUMONT, jetant la plume.
Non, ma veine engourdie
S'y refuse.

D'HÉRICOURT
Tant mieux. Il y faut renoncer.
Viens.

D'AUMONT
Que dire au grand homme? et que va-t-il penser?

D'HÉRICOURT
Tout ce qu'il lui plaira. Viens.

D'AUMONT
Où donc, je te prie?

D'HÉRICOURT
Voir sa bibliothèque.

D'AUMONT
Allons, soit.

D'HÉRICOURT, à Hardy.
Je parie
Que vous resterez là.

HARDY
S'il vous plaît.

D'HÉRICOURT, à d'Aumont, en s'éloignant.
Quel guignon
De nous être accolé ce fâcheux compagnon !

Ils sortent.

SCÈNE VII

HARDY, seul.

C'est vrai : trio bizarre ! un curieux frivole,
Un apprenti poète, épris de son idole,
Et moi, qui sous un masque ai bien osé venir,
En voyant ce grand homme apprendre à le punir.
Oui, je le punirai... — Fréron, mon noble père,
De ton persécuteur voilà donc le repaire.
C'est d'ici que partaient ces libelles hideux,
Ces traits dont le venin nous a flétris tous deux.
Il t'a tué d'ici. Mais sa jalouse rage
Sur ton nom, sur le mien verse encore l'outrage ;
De ses ricanements il poursuit ton cercueil [1]...
Ah ! vienne un empereur aduler son orgueil !
Qu'un triomphe aujourd'hui couronne tant de crimes !

---

[1] Fréron mourut du chagrin que lui causa la suppression de l'*Année littéraire*, suppression obtenue du ministre Malesherbes par la secte philosophique. — Cf. L'abbé Maynard, *Voltaire*, liv. IV, chap. II.)

Non, rien n'y manquera, pas même ses victimes.
A leur morne douleur s'il lui plaît d'insulter,
Fréron, ton fils est là pour les représenter.

Rentre d'Aumont.

SCÈNE VIII

HARDY, D'AUMONT, puis D'HÉRICOURT

D'AUMONT

Dieu! qu'ai-je vu?

HARDY, à part.

Déjà! — Malgré sa folle ivresse,
Le petit chevalier m'attire et m'intéresse.
Quel dommage!...

D'HÉRICOURT, reparaissant à la porte de la bibliothèque, à d'Aumont.

Eh bien! quoi? Qu'est-ce? Quelle stupeur!
Ce diplôme encadré te fait-il si grand peur?

D'AUMONT

Je n'en crois pas mes yeux.

D'HÉRICOURT

Il faut bien les en croire.

HARDY, s'approchant.

Comment?

D'HÉRICOURT

Figurez-vous une plaisante histoire.
Juste entre les portraits de Clairon, de Gaussin[1],
Un diplôme où Voltaire est reçu capucin[2];
Oui, père temporel de l'ordre séraphique.

---

[1] Célèbres actrices du temps.

[2] Chaudon, *Mémoires sur Voltaire*, 1re partie, p. 239. Voltaire écrivait à Richelieu le 9 février 1770 : « J'ai l'honneur d'être capucin. Notre général, qui est à Rome, m'a envoyé mes patentes signées de sa vénérable main. Je suis du tiers ordre, mes titres sont : *Fils spirituel de saint François et père temporel.* »

D'Aumont n'en revient pas. Le cadre est magnifique
Et l'acte en bonne forme, imprimé, sauf le nom.

D'AUMONT, désolé.

Serait-il hypocrite ?

D'HÉRICOURT

Eh ! mon Dieu ! pourquoi non ?

HARDY, à d'Aumont.

Vous vous en étonnez, Monsieur ?

D'HÉRICOURT

Le bon apôtre
S'arrange des amis pour ce monde et pour l'autre,
Fort bien avec le diable, assez bien avec Dieu.

D'AUMONT

Voltaire serait homme à jouer double jeu !
Non, cet affreux soupçon répugne à tout mon être.

HARDY

Mais ce Voltaire enfin que vous pensez connaître,
De toutes les vertus ce modèle achevé,
Ce héros d'un beau songe, où l'avez-vous trouvé ?

D'AUMONT

Dans ses écrits, Monsieur. Son âme droite et belle
Dans ce vivant miroir à mes yeux se révèle.
Je l'y vois tel qu'il est, sage, religieux,
Mais jaloux d'épurer la foi de nos aïeux,
Mais d'un zèle indigné poursuivant l'ignorance,
Jamais intolérant que pour l'intolérance.

D'HÉRICOURT

Un petit saint, un ange.

HARDY

Et ces lâches pamphlets,
Ces blasphèmes grossiers, ces impudents soufflets
Prodigués par cet homme à tout ce qu'on révère !

D'AUMONT

Il n'en avoue aucun.

HARDY

Vous le croyez sincère ?

A FERNEY

D'HÉRICOURT

La bonne âme!

D'AUMONT

On voudrait qu'ardent à s'excuser
Voltaire s'abaissât jusqu'à se déguiser?
Non, non; contre sa gloire armez la calomnie :
Je veux croire son cœur plus haut que son génie.

HARDY

Son cœur! Ah! devant moi qu'on n'en parle jamais!

D'AUMONT

Pourquoi donc?

HARDY

Il suffit.

D'HÉRICOURT, à Hardy,

Moi, je vous le promets :
Je n'en parlerai point, vu que je n'y crois guère.

D'AUMONT

Mais à tous les tyrans n'a-t-il pas fait la guerre,
Flétri tous les abus, prêté sa noble voix
A tous ceux qu'opprimaient de trop sévères lois,
Aux Calas, au Sirven...?

D'HÉRICOURT

Et l'a-t-on vu défendre
Les moines qu'à Lisbonne un ministre a fait pendre[1]?
En nouveau Don Quichotte, en redresseur de torts,
A-t-il de la Pologne applaudi les efforts[2]?
Moi, j'admire comment ses fibres sympathiques
Ne s'émeuvent jamais qu'aux pendus hérétiques.

HARDY, à d'Aumont.

Mes paroles, Monsieur, risquent de vous blesser.
Dans vos illusions je voudrais vous laisser;

---

[1] Voir dans sa correspondance des années 1759 et 1760 les injures dont il accablait les victimes de Pombal.
[2] Voir sa correspondance avec Frédéric et Catherine de Russie, en 1772 et 1773.

Mais à votre avenir il importe peut-être
D'estimer moins cet homme et de le mieux connaître.
Vous oubliez, séduit par de brillants appas,
Que le cœur aux talents ne se mesure pas.
Vous ignorez encor tout ce qu'une âme humaine
Peut enfermer d'orgueil, de bassesse et de haine.
Aussi jeune que vous, ne soyez pas surpris,
Monsieur, si le malheur me l'a plus vite appris.
 Tous les dons de l'esprit sont échus à Voltaire,
Mais Dieu lui refusa tous ceux du caractère.
Fourbe, rampant, cruel...

D'AUMONT, indigné.
    Monsieur!

HARDY
       Ce n'est pas tout.

D'HÉRICOURT
Comme il y va!

HARDY
   Daignez m'entendre jusqu'au bout.
J'affirme qu'un orgueil insatiable, immense,
Chatouilleux à l'excès, vain jusqu'à la démence,
Dans toute sa conduite est prompt à se trahir;
Qu'il ne sait pas aimer, qu'il sait trop bien haïr;
Que, tandis qu'il étale au public idolâtre
Ses sentiments fardés, ses vertus de théâtre,
Si des sages, armés d'un plus ferme bon sens,
Osent bien à ce dieu disputer leur encens,
Apre à venger sur eux sa vanité battue,
Sa voix les déshonore et sa haine les tue.
Je l'affirme aujourd'hui, mais, plus libre demain,
Je vous en convaincrai : j'en ai la preuve en main.
Ah! sans chercher longtemps des témoins à produire,
Ces vêtements de deuil pourraient vous en instruire.

D'HÉRICOURT, à d'Aumont.
Dieu! quelle philippique!

D'AUMONT, à d'Héricourt.
A-t-il perdu l'esprit ?
D'HÉRICOURT, à Hardy.
Mais dites donc, mon cher...
HARDY
J'en ai déjà trop dit.
Permettez. Je me tais.
Il s'assied à l'autre bout du théâtre.
D'HÉRICOURT
Mystère sur mystère.
Tout de bon, viendrait-il assassiner Voltaire ?
D'AUMONT
L'outrager à ce point dans sa propre maison !
D'HÉRICOURT
C'est fort, et cependant...
D'AUMONT
Quoi ?
D'HÉRICOURT
S'il avait raison...
D'AUMONT
Non, mille fois.
D'HÉRICOURT
Qui sait ?
D'AUMONT
Non, certes, je le jure.
La gloire a mis Voltaire au-dessus de l'injure.
D'HÉRICOURT
Pourtant...
D'AUMONT
C'est impossible.
D'HÉRICOURT
Enfin que dirais-tu ?
D'AUMONT
Je dirais qu'en ce monde il n'est plus de vertu ;
J'en serais à douter du ciel et de mon âme ;
Je penserais... Mais non, c'est faux, absurde, infâme ;
J'en suis sûr.

<small>D'HÉRICOURT</small>
Nous allons le savoir aujourd'hui.
J'entends des pas, on vient.
<small>A Hardy qui passe de leur côté.</small>
Contenez-vous.
<small>D'AUMONT</small>
C'est lui !

SCENE IX

D'AUMONT, D'HÉRICOURT, HARDY THIBOUVILLE, VOLTAIRE

<small>VOLTAIRE, aux trois visiteurs.</small>
Excusez-moi, Messieurs.
<small>Il s'écarte avec Thibouville, mais parle assez haut pour être entendu.</small>
Vous, mon cher Thibouville,
Allez donc, s'il vous plaît, d'une façon civile,
Redire à mon curé que Voltaire l'attend.
Il faut que le bonhomme aujourd'hui soit content.
Quant aux saints Génevois, je n'en veux pas à table.
Donnons pieusement les huguenots au diable.
<small>D'HÉRICOURT, bas, à d'Aumont.</small>
Il est intolérant.
<small>VOLTAIRE, bas, à Thibouville.</small>
C'est qu'il importe au bien
Qu'à Ferney l'empereur me trouve bon chrétien.
Il en fera ma cour à la grande Thérèse.
<small>THIBOUVILLE, bas.</small>
Et le bruit en viendra peut-être à Louis Seize.
<small>VOLTAIRE, de même.</small>
Vous avez trop d'esprit. Taisez-vous.
<small>Haut.</small>
En passant,
Voyez si le courrier n'a rien d'intéressant.

Il regarde sa montre.
Hé! nous devrons bientôt faire entrer notre monde.

THIBOUVILLE

C'est vrai.

VOLTAIRE

Sont-ils nombreux?

THIBOUVILLE

Oui, le public abonde.

VOLTAIRE

Bon.

THIBOUVILLE

Force gros bourgeois, force petits seigneurs.
Villette les amuse et leur fait les honneurs.
Je cours.
Il sort.

SCÈNE X

VOLTAIRE, D'AUMONT, D'HERICOURT, HARDY

VOLTAIRE

Eh bien! Messieurs, dans mon humble domaine
Quel charme, quel attrait aujourd'hui vous amène?
Joseph Deux, je suppose.

D'HÉRICOURT

Oh! Monsieur, quelle erreur!

D'AUMONT

Non, nous cherchons ici bien mieux qu'un empereur.

VOLTAIRE

Et qui donc?

D'AUMONT

Un grand homme, un roi sans diadème,
Celui que l'empereur y vient chercher lui-même.

VOLTAIRE

Ah! vous êtes poète, et je vous connais là.
Le chevalier d'Aumont?

D'AUMONT
Oui, Monsieur.

VOLTAIRE, à d'Héricourt.
C'est cela :
Un cadet qui forligne et qui, — Dieu lui pardonne! —
Pour suivre Melpomène a déserté Bellone.

D'HÉRICOURT
L'honneur en est égal, et le même laurier
Ceint le front du poète et celui du guerrier.

VOLTAIRE
On le dit quelquefois... en vers.

D'AUMONT
Et j'ose croire
Que Dieu fait au poète une plus pure gloire ;
Que mille ambitieux préfèrent comme moi
Les lauriers de Zaïre à ceux de Fontenoy.

VOLTAIRE, à d'Héricourt.
Oh! oh! qu'en pensez-vous, monsieur le militaire?

D'HÉRICOURT
Je n'oserai jamais en douter chez Voltaire.

VOLTAIRE
La malice est aimable. — Eh là! Messieurs, tout doux!
Vous flattez un vieillard, et c'est fort mal à vous.

D'AUMONT
Vous flatter!

VOLTAIRE
Par bonheur, le temps m'a rendu sage.
On ne fait plus tourner les têtes de mon âge.
J'ai quatre-vingt-trois ans, un siècle presque entier!...
Allons, monsieur d'Aumont, soyez mon héritier ;
Jeune poète, allons, montez vite au Parnasse.
Demain je déménage et vous lègue ma place.

D'AUMONT
La vôtre!

VOLTAIRE
Ah! jeunes gens, que vous poussez les vieux!

La mort a déjà pris mes oreilles, mes yeux,
Et, comme Fontenelle, attendant le voyage,
Je fais partir devant tout mon gros équipage [1].

D'HÉRICOURT

Mais, Monsieur...

VOLTAIRE

L'empereur, que je vais recevoir,
Que cherche-t-il ici? Que pense-t-il y voir?

D'AUMONT

Il pense dans son temple honorer le génie.

VOLTAIRE

Il n'aura qu'un malade, hélas! à l'agonie,
Un barbon qui radote, un pauvre vieux hibou [2]
Qui s'est enfui du monde et se meurt dans un trou.
On vient en grande pompe enterrer le bonhomme.

D'HÉRICOURT, bas à d'Aumont.

Il tourne au noir.

D'AUMONT

Hélas!

VOLTAIRE, se tournant brusquement vers Hardy.

Vous, Monsieur, l'on vous nomme?

HARDY

Hardy de Boisguimont.

VOLTAIRE

Vous êtes?

HARDY

Avocat.

VOLTAIRE

Puis-je vous demander sans être indélicat
Pourquoi ce deuil?

---

[1] Vous venez voir un malade à l'extrême-onction, un agonisant qui fait un dernier effort pour vous recevoir. La mort s'est déjà emparée de mes dents, de mes yeux, de mes oreilles ; comme Fontenelle, j'envoie devant mes gros équipages. » (Sherlock, *Lettres d'un voyageur anglais*.)

[2] Voltaire se prodigue à lui-même cette qualification dans sa correspondance (dernières années).

HARDY

Monsieur, depuis la mort d'un père...

VOLTAIRE

Ah ! je vous plains, Monsieur.

D'HÉRICOURT, bas à Hardy.

Pas de scène, j'espère.

HARDY, bas à d'Héricourt.

Non.

VOLTAIRE, demi-distrait

Votre père est mort !... Sans indiscrétion,
Vous avez hérité de sa profession?
Il fut homme de robe?

HARDY

Écrivain.

VOLTAIRE

A merveille.

A part.

Hardy ! Jamais ce nom n'a frappé mon oreille.

Haut.

Où donc écrivait-il? A Paris?

HARDY

A Paris.

VOLTAIRE, à part.

Je veux être pendu si j'ai lu ses écrits.

Haut.

Dur métier que le nôtre !... Il est mort à la peine,
Sans doute.

HARDY

Non, Monsieur.

VOLTAIRE

Qui l'a tué?

HARDY

La haine.

VOLTAIRE

Il eut des ennemis?

HARDY

Oui, puissants et nombreux.

VOLTAIRE, à part.

Je n'y suis pas.

HARDY

Longtemps persécuté par eux,
Enfin jusqu'au tombeau leur rage inassouvie
De dégoûts en dégoûts traîna sa noble vie.

VOLTAIRE, à part.

Quel roman! Sur l'honneur, je n'en crois pas un mot.
Haut.
Oui, pauvres écrivains, voilà bien notre lot.
Sitôt que parmi nous quelque talent s'élève,
La critique l'abat, la police l'achève.

HARDY

Les jaloux de mon père ont bien su l'accabler;
Mais la police au moins n'eut pas à s'en mêler.

VOLTAIRE

Voyez moi, qui jamais n'ai fait tort à personne :
Que d'ennemis, bon Dieu! les prélats, la Sorbonne,
Boyer de Mirepoix, Jean François Montillet [1],
Auteur de plats sermons que dicte Patouillet,
Et tout l'arrière-ban de la ligue dévote,
Le bon Cogé-pecus [2] et le petit Nonnotte,
Et ce Guénée enfin, sacristain par quartier,
Orné de plus d'esprit que n'en veut son métier.
Tout cela me poursuit, me dénonce et me damne,
Pour avoir dit : « Midas a des oreilles d'âne. »
Il n'en sera, parbleu! que ce que Dieu voulut :
Rien que pour les narguer je ferai mon salut.

D'HÉRICOURT, bas à d'Aumont.

Eh bien!

VOLTAIRE, s'animant.

Voyez encor Desfontaines, ce prêtre,
Ce Cartouche en soutane échappé de Bicêtre,

---

[1] Archevêque d'Auch. Sur Patouillet, Nonnotte, etc., voir l'abbé Maynard, livre IV, chap. IV.
[2] Recteur de l'université de Paris. (Cf. Maynard, livre IV, chap. III.)

Plus ingrat que méchant et plus méchant que sot.
Voyez Piron, Clément, Sabotier, Polissot[1]!...
Le destin me gardait, pour en clore la liste,
Un écumeur d'écrits, un petit journaliste,
Un âne littéraire, un maître Aliboron,
Un Zoïle enragé qui s'appelait Fréron.

HARDY, à part.

Oh Dieu!

Entre Florian, des lettres à la main.

SCÈNE XI

VOLTAIRE, D'AUMONT, D'HÉRICOURT, HARDY FLORIAN

FLORIAN

Votre courrier, Monsieur, qu'on vous apporte.

VOLTAIRE

Vous, marquis!

FLORIAN

Hé! vos gens gardent si bien la porte,
Qu'empêché de vous voir et le désirant fort,
J'ai trompé la douane avec ce passe-port.
Me pardonnerez-vous mon petit stratagème?

VOLTAIRE

Comment donc?

Le présentant.

Un voisin que j'estime et que j'aime,
Monsieur de Florian.

FLORIAN, saluant.

Messieurs...

D'HÉRICOURT, à Voltaire.

Depuis longtemps

---

[1] Sabatier, Palissot. Ces travestissements sont de Voltaire.

Nous vous prenons, Monsieur, de précieux instants.
Nous serions indiscrets...

VOLTAIRE

Eh bien! soit, je vous chasse.
Florian, ces messieurs n'ont point vu ma terrasse.
Menez-les à Villette, et venez de ce pas
Au plus vite avec moi débrouiller ce fatras. —
Mais j'y pense : il me faut encore un secrétaire.
Qui de vous trois, Messieurs, veut obliger Voltaire?

D'HÉRICOURT

Oh! tous trois.

D'AUMONT

Moi, de grâce.

VOLTAIRE

Allons, ce sera vous,
Monsieur le chevalier.

D'HÉRICOURT

Vous faites deux jaloux.

VOLTAIRE

Au revoir, et pardon.

Florian, Hardy et d'Héricourt sortent.

SCÈNE XII

VOLTAIRE, D'AUMONT

D'AUMONT

Combien ce choix m'honore!

VOLTAIRE

J'entends de vos bontés réclamer plus encore.
Soyez mon secrétaire et mon lecteur.

D'AUMONT

Comment?

VOLTAIRE

Vous le saurez. Je suis à vous dans un moment.

Il sort.

SCÈNE XIII

D'AUMONT, seul.

De tout ce que je vois mon âme est confondue.
Que d'esprit, que de grâce à propos répandue!
Quelle mélancolie! et parfois quelle aigreur!
En croirais-je Hardy?

SCÈNE XIV

D'AUMONT, VOLTAIRE

VOLTAIRE, un papier à la main.
     J'ai fait pour l'empereur
De méchants petits vers [1]. Le régal est fort mince,
Mais il est obligé quand on héberge un prince.
    D'AUMONT
C'est un morceau de roi que vous lui préparez.
    VOLTAIRE
Il vous semble? Fort bien. Vous le lui servirez.
    D'AUMONT
Quoi! ces vers?
    VOLTAIRE
   Oui, Monsieur.
    D'AUMONT
     Mais pardon : qu'est-ce à dire?
    VOLTAIRE
Que devant Joseph Deux vous voudrez bien les lire.

---

[1] Un compliment en vers avait été préparé pour Joseph II. Il devait être récité par Mlle de Varicourt, la future marquise de Villette.

D'AUMONT
Moi !
VOLTAIRE
Faites cet honneur à mes versiculets [1].
Voyons, asseyez-vous d'abord. Transcrivez-les.
D'AUMONT, s'asseyant.
Vous me comblez.
Entre Florian.

SCÈNE XV

D'AUMONT, VOLTAIRE, FLORIAN

VOLTAIRE
Il s'assied à une table de l'autre côté du théâtre.
Marquis, hâtons-nous, le temps presse.
Venez. De chaque lettre examinons l'adresse.
Sachons qui nous écrit : nous devinerons quoi.
FLORIAN, présentant une lettre.
Voici l'aigle de Prusse.
VOLTAIRE
Eh ! parbleu, c'est du roi...
Il la parcourt.
Il sait que Joseph Deux me doit faire visite.
FLORIAN
Sans doute par avance il vous en félicite.
VOLTAIRE
En vers. Lisez plutôt.
D'AUMONT, à part.
Des vers de conquérant !
Oh ! j'écoute.
VOLTAIRE, à Florian.
Lisez.
D'AUMONT, à part.
De Frédéric le Grand !

---

[1] Ce joli barbarisme est de Voltaire. (Correspondance, *passim*.)

FLORIAN, lisant.

« Oui, vous verrez cet empereur,
« Qui voyage afin de s'instruire,
« Porter son hommage à l'auteur
« De Henri Quatre et de Zaïre.
« Votre génie est un aimant,
« Qui, tel que le soleil attire
« A soi les corps du firmament,
« Par sa force victorieuse,
« Attire les esprits à soi,
« Et Thérèse la scrupuleuse
« Ne peut renverser cette loi.
« Joseph a bien passé par Rome
« Sans qu'il fût jamais introduit
« Chez le prêtre que Jurieu nomme
« Très civilement l'Antechrist.
« Mais à Genève qu'on renomme,
« Joseph, plus fortement séduit,
« Révérera le plus grand homme
« Que tous les siècles aient produit[1]. » —

Frédéric a du goût.

VOLTAIRE

Les vers sont peu de chose.
Je les trouve... prussiens. Parcourez donc la prose.

FLORIAN, lisant.

« Si cela arrive, vous l'emporterez en tout sur Jésus.
« Il n'y eut que des rois, ou je ne sais quels mages, qui
« vinrent à son étable de Bethléem, et Ferney recevra
« les hommages d'un empereur[2]. »

D'AUMONT, à part, avec dégoût.

Oh!

FLORIAN

Le héros du Nord plaisante lestement.

---

[1] Du roi de Prusse à Voltaire, 9 juillet 1777.
[2] Du même au même, 17 juin 1777.

A FERNEY

VOLTAIRE

Ce n'est pas tout. Lisez.

FLORIAN, lisant.

« Pour rendre le parallèle parfait, je substitue à l'étoile
« qui guidait les mages les lumières de la raison qui
« conduit notre jeune monarque [1]. »

Je vous fais compliment.

VOLTAIRE

Il me prend par mon faible, et voilà ce que j'aime.

FLORIAN

Oui, c'est piquant.

D'AUMONT, à part.

Voltaire aime donc le blasphème!

VOLTAIRE, parcourant une lettre.

Ah! les Welches maudits! les Visigoths français!

FLORIAN

Qu'est-ce?

VOLTAIRE

La barbarie a gagné son procès,
Et Gilles Letourneur et Gilles Shakespeare
Des lettres parmi nous vont régenter l'empire [2].
Quoi! ce paillasse anglais, ce bouffon pris de vin,
Shakespeare à Paris est traité de divin!
Un pays qui possède et Corneille et Racine!

FLORIAN

Et Voltaire.

VOLTAIRE

Mon cher, tout cela m'assassine.
Il est temps que je meure.

FLORIAN

Allons!

---

[1] Du roi de Prusse à Voltaire, 17 juin 1777.

[2] Protester contre l'engouement nouveau des Français pour Shakespeare était alors une des grandes préoccupations de Voltaire. — Cf. Correspondance avec d'Alembert, 1776, 1777. C'est là que Shakespeare et son panégyriste Letourneur sont appelés du nom de Gilles.

VOLTAIRE

Et je prévoi,
Monsieur, que le bon goût sera mort avant moi.
N'en parlons plus.—Voyons d'où nous vient cette épître...
De Paris... d'Alembert encore?... Autre chapitre..
Pauvre philosophie! Ah! je suis accablé.
De Sales dans les fers et son livre brûlé [1]!

FLORIAN

Quel est son crime?

VOLTAIRE

Il a, sans flatter l'imposture,
En homme raisonnable écrit sur la nature.

FLORIAN

Cas pendable en effet.

VOLTAIRE

Monsieur, c'est un martyr.
Mais des griffes du loup je le ferai sortir.
Je veux pour le sauver remuer ciel et terre.

FLORIAN

Beau projet!

D'AUMONT, à part.

Vais-je enfin retrouver mon Voltaire?

VOLTAIRE

Messieurs du Châtelet, juges persécuteurs,
Qui brûlez les écrits et souvent les auteurs,
Jansénistes pétris de sottise et de haine,
Pour vous voir tête en bas culbutés dans la Seine,
Ayant au lieu de pierre un moliniste au cou [2],
Morbleu! je donnerais tout mon bien comme un sou.

---

[1] Delisle de Sales, ex-oratorien, auteur de la *Philosophie de la nature* (1769). Condamné par le Châtelet, il fut pourvu, grâce à Voltaire et à d'Alembert, d'une charge à la cour de Prusse. — Cf. Correspondance avec d'Alembert, 1777.

[2] Nous ne faisons que retourner une proposition de Voltaire. « Il ne serait pas mal qu'on envoyât chaque jésuite au fond de la mer avec un janséniste au cou. » (A Chabanon, 21 décembre 1767.)

A FERNEY

D'AUMONT, à part.

Il s'aigrit.

VOLTAIRE,

Plats pédants!

FLORIAN, présentant une lettre.

Quel est ce cachet jaune?

VOLTAIRE

Donnez... — Un capucin qui demande l'aumône.

FLORIAN

A vous?

VOLTAIRE

Et pourquoi pas? — Un capucin de Gex,
Qui se prétend cousin de mon laquais Bigex [1],
Pour ses frères en Dieu me présente requête...
Son couvent... un procès... Il me casse la tête.
Hé! ses frères en Dieu peuvent mourir de faim.

D'AUMONT, à part.

Qu'il est dur!

VOLTAIRE

Après tout, s'ils demandent du pain,
Qu'ils jettent là le froc et deviennent plus sages.
A titre de bouviers je les prends à mes gages,
Voire à titre de bœufs, avec gages meilleurs [2].
S'ils ne sont pas contents, qu'ils s'adressent ailleurs.

D'AUMONT, à part.

Voilà donc sa bonté!

VOLTAIRE

Ces gens souillent la France.
Qu'on l'en purge au plus tôt!

D'AUMONT, à part.

Voilà sa tolérance!

---

[1] Claude Bigex était alors, avec Wagnière, l'homme de confiance à Ferney.

[2] Cela fut écrit en 1764 à propos des jésuites proscrits en France. « J'ai besoin de deux ou trois bouviers dans ma terre. Si vous pouvez m'envoyer le P. Kroust et deux de ses compagnons, je leur donnerai de bons gages; et si au lieu du métier de bouvier ils veulent servir de bœufs, cela serait égal. » (A Dupont, 29 décembre 1764.)

FLORIAN

Vous êtes cependant leur père temporel.

VOLTAIRE

Pour rire à leurs dépens.

D'AUMONT, à part.

Oh! ce diplôme! ciel!

VOLTAIRE, lisant une signature.

Ponce Écouchard-Lebrun. — C'est une ode sans doute.

FLORIAN, bas, après avoir observé d'Aumont.

Prenez garde. Je crois que Monsieur nous écoute.

VOLTAIRE, bas.

Qui? le petit d'Aumont? Oui, j'allais l'oublier.

Haut.

Eh bien! est-ce fini, monsieur le chevalier?

D'AUMONT

Dans un instant, Monsieur.

VOLTAIRE, bas à Florian.

C'est un enfant, du reste,
Et de nos bons amis, d'Argental me l'atteste.

FLORIAN

Que veut monsieur Pindare?

VOLTAIRE

Il prétend me gruger!

FLORIAN

Que vous demande-t-il?

VOLTAIRE

Quelques os à ronger
Pour le vieux Jean-François, le dernier des Corneille [1].

FLORIAN

Le père de Marie?

---

[1] Pour l'histoire du mariage de Marie Corneille et des procédés de Voltaire à l'égard du malheureux père, voyez l'abbé Maynard, liv. IV, chap. II, §§ 6 et 7.

A FERNEY

VOLTAIRE

Oui.

FLORIAN

De vrai, c'est merveille
Que la fille soit riche et le père n'ait rien.

VOLTAIRE

Vous verrez qu'il faudra lui donner tout mon bien !
D'ailleurs il est facteur de la petite poste.

FLORIAN

Un Corneille !

VOLTAIRE

Oui, Monsieur. Qu'il vive de son poste.

FLORIAN

Quoi ! tandis que sa fille embellit votre cour,
Il saute les ruisseaux pour trente sous par jour !

VOLTAIRE

Et que prétend de plus le père de Marie ?
Il avait une fille : eh bien ! je la marie ;
Je veux de mon travail doter cette enfant-là ;
J'épluche Agésilas, Pertharite, Attila ;
Je donne cent louis au bonhomme de père [1],
Pour qu'il ne vienne pas ici, le pauvre hère,
Tenir à nos époux ses propos familiers
Et salir mes tapis avec ses gros souliers.
Que diable !

D'AUMONT, à part.

Un père exclu des noces de sa fille !

VOLTAIRE

Je n'ai pas, j'imagine, épousé la famille.

FLORIAN

Il est vrai.

VOLTAIRE

J'aime fort la nièce de Cinna.

---

[1] C'est trop dire. Voltaire n'acheta que vingt-cinq louis l'absence de Jean-François Corneille, lequel eut de la peine à se résoudre au marché. (A d'Argental, 26 et 30 janvier 1763 ; 29 mars 1766.)

Quant à ces Cornillons, cousins de Suréna [1],
J'ai de leur gueuserie une pitié profonde ;
Mais je ne puis enfin marier tout le monde.
Dieu veuille protéger le pauvre Jean François !

Entre Wagnière.

SCÈNE XVI

VOLTAIRE, FLORIAN, D'AUMONT, WAGNIÈRE
puis THIBOUVILLE

WAGNIÈRE

Monsieur...

VOLTAIRE

Quoi ?

WAGNIÈRE

L'empereur est entré dans Versoix.
Bigex à toute bride est venu me l'apprendre.

VOLTAIRE

Hé ! mais nous n'avons plus qu'un quart d'heure à l'attendre.
Vite, appelons nos gens.

FLORIAN

Moi, je cours les chercher.

Il sort.

VOLTAIRE, à Wagnière.

Nos deux ambassadeurs ont-ils pu l'approcher ?

WAGNIÈRE

L'empereur les a vus aux portes de la ville.

VOLTAIRE

Parfait. Qu'on range tout.

<small>Wagnière sonne. Claude et Richard se présentent, et, sur un signe, commencent à tout ranger. Entre Thibouville.</small>

---

[1] « On nous menace d'une douzaine d'autres petits Cornillons, cousins germains de Pertharite, qui viendront l'un après l'autre demander la becquée. Mais Marie Corneille est comme Marie sœur de Marthe, elle a pris la meilleure part. » (A d'Argental, 9 mars 1763.)

A FERNEY

Vous voilà, Thibouville.
Eh bien ! notre curé ?

THIBOUVILLE
Nous nous en passerons.

VOLTAIRE
Il me refuserait ! Pour le coup, nous verrons
Si je ne lui fais pas quelque bonne avanie.

THIBOUVILLE
Il est chez un manant qu'on dit à l'agonie.

VOLTAIRE
Ah !

THIBOUVILLE
Je l'ai fait prier de hâter son retour.

VOLTAIRE, ramassant les lettres.
Ce manant pouvait bien mourir un autre jour.

D'AUMONT, présentant sa copie.
Monsieur...

VOLTAIRE
Bon. Gardez-les. Merci de l'obligeance.
On vous avertira. Je cours en diligence
Enfermer ces papiers.

Il sort.

THIBOUVILLE
Revenez promptement.

A d'Aumont.
Avez-vous à Ferney trouvé quelque agrément,
Monsieur ? L'esprit du maître est bien fait pour séduire,
N'est-ce pas ?

D'AUMONT
Avant tout, il est fait pour instruire.
J'apprends ici beaucoup.

THIBOUVILLE
Voici nos invités.

SCÈNE XVII

THIBOUVILLE, D'AUMONT, FLORIAN
D'HÉRICOURT, HARDY, VILLETTE, DELILLE
BITAUBÉ, DE LA BORDE, FORESTIER
TRUDAINE, autres invités
puis VOLTAIRE

On se place. D'Héricourt et Hardy rejoignent d'Aumont à la gauche du spectateur.

D'HÉRICOURT, à d'Aumont.

Quoi de neuf, beau cousin?

D'AUMONT

De tristes vérités,
Hélas!

D'HÉRICOURT, à Hardy.

Et vos discours que l'on traitait de fables!
On y revient.

Entre Voltaire. Salut général.

VOLTAIRE

Messieurs, que vous êtes aimables!
Attendant l'empereur nous pouvons nous asseoir.
Quand viendra le moment de l'aller recevoir,
Nous serons avertis; n'en soyez pas en peine.
Il ne tardera guère. — Ah! monsieur de Trudaine,
De ma pauvre bourgade unique fondateur [1],
Combien je suis ravi!...

TRUDAINE

L'éloge est trop flatteur.
A vos plans généreux mon amitié conspire :
C'est peu. Voltaire seul est fondateur d'empire.

---

[1] Trudaine, maintenu dans ses fonctions après la chute du ministère Turgot, fit beaucoup pour la prospérité de la colonie de Ferney. L'histoire de cette colonie mérite d'être étudiée. — V. l'abbé Maynard, liv. IV, chap. I, §§ 6 et 7.

VOLTAIRE

Moi, Messieurs, point du tout. Je suis maître horloger.

VILLETTE

Neptune fut maçon.

DELILLE

Apollon fut berger.

VOLTAIRE

Mon Dieu! j'avais trouvé pour toute seigneurie
Un bouge, un hôpital, une maladrerie,
Trente ou quarante gueux rongés par tous les maux.
D'industrieux colons je peuplai ces hameaux;
L'amour-propre s'en mit : je bâtis une église,
Une ville, un château. Cette noble sottise
M'a pris, bon an, mal an, les trois quarts de mon bien.
Je mourrai sans le sou, mais ne regrettant rien.

LA BORDE

Oui, le bonheur d'autrui récompense le sage.

VOLTAIRE

J'ai fait quelques heureux : c'est mon plus bel ouvrage [1].

TRUDAINE

Art sublime, en effet.

BITAUBÉ

Plus que celui des vers.

DELILLE

Seul fait pour mériter l'amour de l'univers.

VOLTAIRE

Hé! Messieurs, pas toujours. — Mais vous, mon cher Delille,
Vous revenez tout droit du tombeau de Virgile.
Que vous a dit le maître?

DELILLE

Il était en courroux.

VOLTAIRE

Bah!

---

[1] « J'ai fait un peu de bien, c'est mon meilleur ouvrage. » (Voltaire, *Épître à Horace*.)

DELILLE
De se voir traduit par un autre que vous.

VOLTAIRE
Son ombre vous a fait un conte ridicule.

DELILLE
Il voulait un géant pour ce travail d'Hercule.

VOLTAIRE
Il se peut; mais enfin vous avez su prouver
Que l'Hercule nouveau n'était plus à trouver.

DELILLE
Oh!

VOLTAIRE
J'en appelle à vous, Bitaubé l'homérique.
Ai-je bien dit?

BITAUBÉ
L'arrêt n'attend pas de réplique.

VOLTAIRE
Les vieux s'en vont, Messieurs; il faut les remplacer.

DELILLE
Qui le pourra?

VOLTAIRE
Que dis-je? il faut les surpasser.
A mon âge, on revit pour applaudir encore
Les plus jeunes talents que le ciel fait éclore.
Au déclin d'un long jour, et quand tout va finir,
On aime à saluer l'espoir de l'avenir.
Voilà mon successeur, et je vous le présente :
Le chevalier d'Aumont.

D'AUMONT
Qui? Moi! Monsieur plaisante.

VOLTAIRE
Aucunement.

D'AUMONT, à part.
Bon Dieu! quelle dérision!
Haut,
De grâce, ayez pitié de ma confusion.

A FERNEY

D'HÉRICOURT
Aussi bien l'avenir est une chambre noire.
Restons dans le présent que remplit votre gloire.

VILLETTE
Pour vous, à pareil jour, manquerait-il d'appas?

LA BORDE
Alors qu'un souverain porte vers vous ses pas?

VOLTAIRE
Nous avons notre faible, et l'honneur nous caresse;
Mais enfin cet honneur, est-ce à moi qu'on l'adresse?

THIBOUVILLE
A qui donc?

VOLTAIRE
    A vous tous. L'héritier des Césars
Dans mon humble personne encourage les arts.

VILLETTE
Le bruit court, entre nous, qu'il aurait bien l'étoffe
D'un roi sans préjugés.

FORESTIER
    Voire d'un philosophe.

VOLTAIRE
Tant que vivra sa mère, il doit la ménager.

BITAUBÉ
Soit, mais après?

VOLTAIRE
    Après, le vent pourrait changer.

THIBOUVILLE
Joseph a de l'esprit.

FLORIAN
    Je crois qu'il serait homme
A taquiner un peu le grand Lama de Rome.

TRUDAINE
Ce qu'il fait aujourd'hui me donne bon espoir.

LA BORDE
Oui, c'est un gage.

VOLTAIRE
            Au fait, si l'on daigne me voir,
Si, bravant la censure, on vient à l'agonie
Bénir le vieux pécheur que Rome excommunie,
C'est qu'à la vérité j'ai toujours fait la cour;
C'est que, pour le bon droit plein d'un sincère amour,
J'ai pendant soixante ans combattu l'imposture;
C'est que j'ai travaillé pour une ère future,
Où, suivant la raison, reine du genre humain,
Tous les peuples unis se donneront la main.
Messieurs, voilà ma gloire.

FORESTIER
            Est-il gloire plus belle?

VOLTAIRE
Je ne jouirai pas de cette ère nouvelle [1],
Où l'homme sera sage en dépit des Frérons.
Vous la verrez, Messieurs.

FLORIAN
            Et nous vous bénirons.

TRUDAINE
Oui, l'Europe a suivi l'exemple de la France :
Elle s'éveille enfin de sa longue ignorance.

LA BORDE
Tous les honnêtes gens commencent à penser.

FORESTIER
Mais le peuple?

VOLTAIRE
            Oh! le peuple? on peut l'en dispenser.

VILLETTE
Vous ne prétendez point le convertir?

VOLTAIRE
            A d'autres.

---

[1] « Je ne mangerai pas des fruits de l'arbre de la tolérance que j'ai planté; je suis trop vieux, je n'ai plus de dents; mais vous en mangerez un jour, soyez-en sûr. » (A Lavaysse, 5 janvier 1769.)

C'est fort peu gentilhomme, et bon pour les apôtres [1].

D'AUMONT, à part.

Comment!

LA BORDE

Mais la raison luit pour tous les mortels.

VOLTAIRE

Mon cher, il faut au peuple un joug et des autels.
Je laisserai toujours mon curé, qui s'en vante,
Gouverner mon laquais, mon cocher, ma servante.

THIBOUVILLE

Le peuple est un troupeau fait pour être conduit.

VOLTAIRE

Il faut qu'il soit guidé, mais non qu'il soit instruit.
En est-il digne [2]?

D'AUMONT

Eh quoi! c'est l'avis de Voltaire?

VOLTAIRE

Je vous parle, Messieurs, en bon propriétaire.
Pour mener ma charrue et pour faucher mes prés,
Je veux des ignorants, non des clercs tonsurés [3].

FLORIAN

Quand vos laquais auront de la philosophie,
Faites-les obéir.

VOLTAIRE

Moi, je vous en défie.

D'HÉRICOURT

Donc la moitié du monde est vouée à l'erreur?

---

[1] « On n'a jamais prétendu éclairer les cordonniers et les servantes; c'est le partage des apôtres. » (A d'Alembert, 2 septembre 1768.)

[2] « Il est à propos que le peuple soit guidé, et non pas qu'il soit instruit; il n'est pas digne de l'être. » (A Damilaville, 18 mars 1766.)

[3] « Je vous remercie de proscrire l'étude chez les laboureurs. Moi qui cultive la terre, je vous présente requête pour avoir des manœuvres, et non des clercs tonsurés. Envoyez-moi surtout des frères ignorantins pour conduire mes charrues, ou pour les y atteler. » (A la Chalotais, 28 février 1763.)

VOLTAIRE

Qu'y faire? Il le faut bien.

D'AUMONT

Mais...

Entre Claude.

SCÈNE XVIII

LES MÊMES, CLAUDE, puis WAGNIÈRE

CLAUDE, à Voltaire.

Monsieur, l'empereur!

VOLTAIRE

L'empereur!

On se lève.

CLAUDE

Le premier, j'ai couru vous le dire.
Son carrosse est là-bas.

VOLTAIRE, à d'Aumont.

Tenez-vous prêt à lire,
Monsieur le chevalier. — Messieurs, nous descendons.

WAGNIÈRE, entrant.

Arrêtez, arrêtez, Monsieur. Mille pardons!
Ce n'est pas lui.

VOLTAIRE

Comment?

CLAUDE, désespéré.

Ce n'est pas lui!

VOLTAIRE

Quel rôle
Désagréable et sot nous fait jouer ce drôle!
Qu'on le chasse.

CLAUDE

Ah! Monsieur!...

VOLTAIRE

Qu'on le chasse à l'instant.

CLAUDE, à part.

Et de ce Joseph Deux j'avais espéré tant!

Il sort.

VOLTAIRE

Messieurs, je suis confus.

A part.

Ridicule aventure!

THIBOUVILLE, à Wagnière.

Mais d'où vient la méprise? A qui cette voiture?

SCÈNE XIX

LES MÊMES, TRONCHIN

RICHARD, annonçant.

Monsieur Tronchin.

WAGNIÈRE, à Thibouville.

Voilà.

TRONCHIN

Votre humble serviteur, Messieurs.

A Voltaire.

Ah! cher malade!

VOLTAIRE

Est-ce bien vous, docteur? Je vous croyais là-bas, à Paris.

TRONCHIN

J'en arrive Depuis deux jours.

VOLTAIRE

Parfait. Soyez notre convive.

TRONCHIN

Aucuns vous disaient mort.

VOLTAIRE

Ils sont un peu pressés. Je ne suis que mourant; c'est déjà bien assez.

TRONCHIN

Et l'on tient cour plénière. Une belle assemblée,
Sur ma foi! Quelle fête aurais-je donc troublée?

THIBOUVILLE

Eh! ne savez-vous pas...?

TRONCHIN

Je ne sais rien.

THIBOUVILLE

Mais si.
L'empereur...

TRONCHIN

Joseph Deux?

VOLTAIRE

Nous l'attendons.

TRONCHIN

Ici?
L'empereur?

VOLTAIRE

Oui, Monsieur.

TRONCHIN

Mais il est à Genève.

FLORIAN

Déjà! Vous l'avez vu?

TRONCHIN

De mes yeux.

VOLTAIRE

Est-ce un rêve?

TRONCHIN

A souper avec lui j'étais même invité;
Mais pour un vieil ami que n'aurait-on quitté?

VOLTAIRE

Trop aimable.

A part.

A Genève! Il faudra que j'en meure.

VILLETTE

Ne sait-on pas au moins le temps qu'il y demeure?

TRONCHIN

Lui-même a déclaré qu'il s'en va dès demain,
Et ne veut s'arrêter nulle part en chemin.

LA BORDE

Vous l'avez entendu?

TRONCHIN

Sans doute.

VILLETTE

Quel prodige!

THIBOUVILLE, à Voltaire.

Que faire?

VOLTAIRE, s'éloignant.

Laissez-moi.

THIBOUVILLE

Mais...

VOLTAIRE

Laissez-moi, vous dis-je.

Il sort.

THIBOUVILLE

Bon! le voilà parti.

D'HÉRICOURT, à d'Aumont.

Superbe dénoûment!

VILLETTE, à Tronchin.

Il ne viendra donc pas?

TRONCHIN

Le prince? Apparemment.

Quoi! Voltaire y croyait?

TRUDAINE

Autant que l'on peut croire.

THIBOUVILLE

Et vous n'en saviez rien! La chose était notoire.
Rapports officieux, compliments des amis,
Tout l'annonçait. Joseph avait presque promis.

FLORIAN

De Berlin Frédéric en donnait l'assurance.

VILLETTE

Personne, excepté vous, ne l'ignorait en France.

TRONCHIN

Je n'ai pas ouï dire un mot de tout cela.

Voltaire paraît à une porte en robe de chambre et en bonnet de nuit. Stupeur.

                    FORESTIER
Bon Dieu !
                    VOLTAIRE
    Que font chez moi tous ces importuns-là ?
Faut-il pour un mourant tant de cérémonie ?
Laissez-moi donc en paix finir mon agonie [1].
                        Il s'éloigne lentement. Silence.
        D'HÉRICOURT, éclatant de rire derrière son chapeau.
C'est le comble !
                    TRONCHIN, à Thibouville.
    Courons, tâchons de le calmer.
                    LA BORDE
Quelle histoire !
                    THIBOUVILLE
    Impossible. Il vient de s'enfermer.
                    D'AUMONT
O mes illusions !
                    TRONCHIN
    Le malheureux Voltaire !
Et c'est moi !...
                    THIBOUVILLE, à part.
    Je voudrais être à cent pieds sous terre.
                    D'AUMONT
Je n'y tiens plus.
                    A Thibouville.
    Monsieur, ces papiers sont à lui.
Je vous les rends.
                    A d'Héricourt.
    Sortons. Viens, d'Héricourt.
                    D'HÉRICOURT
                            Oh ! oui,
Allons-nous-en.
                    THIBOUVILLE
    Messieurs... excusez... à son âge...
Pardon... Vous comprenez.

---

[1] « Voltaire sort à pas de loup ; bientôt, pâle, en robe de chambre et en bonnet de nuit, il entr'ouvre la porte, et, d'une voix cassée : « Qu'est-ce que tous ces importuns font là ? Ne laissera-t-on pas mourir en paix un pauvre vieux malade comme moi ? » (L'abbé Maynard, t. II, p. 280.)

D'HÉRICOURT
Nous comprenons.

THIBOUVILLE, à part.
J'enrage.

TRUDAINE
Retirons-nous.

DELILLE
Partons.

Tous s'apprêtent à sortir.

HARDY, les arrêtant.
Non, Messieurs, un moment.
J'apportais à cet homme un autre châtiment.
Malheureux orphelin dont il tua le père,
Je venais l'accabler du poids de ma colère,
Et voir si, du remords habile à s'affranchir,
Voltaire, en m'écoutant, ne saurait pas rougir.
Je fais taire un courroux, hélas! trop légitime :
Il est assez puni. Le fils de sa victime,
En le voyant si bas, trop fier pour l'insulter,
A sa confusion dédaigne d'ajouter.
Il saura qu'il m'avait pour témoin de sa honte.
C'est toute ma vengeance; il me la faut; j'y compte.

THIBOUVILLE
De grâce!

D'HÉRICOURT
Assez, Hardy. Je...

HARDY
Monsieur le baron,
Ce nom n'est plus le mien. Je m'appelle Fréron.

FIN

TABLE

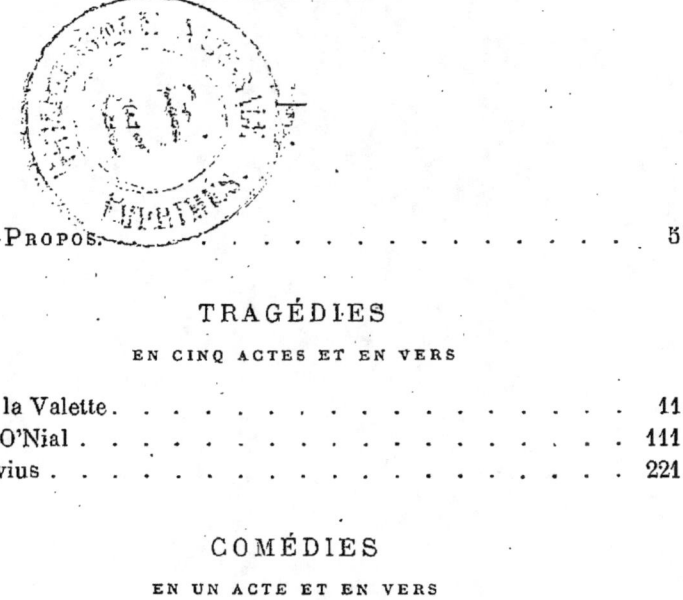

Avant-Propos 5

TRAGÉDIES
EN CINQ ACTES ET EN VERS

Jean de la Valette 11
Connor O'Nial 111
Les Flavius 221

COMÉDIES
EN UN ACTE ET EN VERS

Le Souper d'Auteuil 319
Richelieu homme de lettres 353
A Ferney 385

8632. — Tours, impr. Mame.

EN PRÉPARATION

Les cinq tragédies et les trois comédies
du Théâtre chrétien
publiées séparément dans le format in-18.

Tours. — Impr. Mame.

www.ingramcontent.com/pod-product-compliance
Lightning Source LLC
Chambersburg PA
CBHW060935230426
43665CB00015B/1952